KB037435

촛불철학

촛불철학
문재인 정부에 보내는 한 철학도의 물음

초판 1쇄 인쇄 2017년 6월 23일
초판 1쇄 발행 2017년 6월 30일

지은이 황광우
펴낸이 홍석 전무 김명희
책임편집 온현정 디자인 신병근
마케팅 홍성우·이가은·김정혜·김정선 관리 최우리

펴낸 곳 도서출판 풀빛 등록 1979년 3월 6일 제8-24호
주소 03762 서울특별시 서대문구 북아현로 11가길 12 3층
전화 02-363-5995(영업), 02-362-8900(편집) 팩스 02-393-3858
홈페이지 www.pulbit.co.kr 전자우편 inmun@pulbit.co.kr

ⓒ 황광우, 2017

ISBN 979-11-6172-700-4 03300

이 도서의 국립중앙도서관 출판예정도서목록(CIP)은 서지정보유통지원시스템
홈페이지(seoji.nl.go.kr)와 국가자료공동목록시스템(www.nl.go.kr/kolisnet)에서
이용하실 수 있습니다.(CIP제어번호 : CIP2017012934)

문재인 정부에 보내는 한 철학도의 물음

촛불 철학

황광우 지음

풀빛

1

'그 배'를 보러 바다에 갔다. 가는 길은 노란 개나리꽃으로 눈부셨다. 노란 리본도 오늘따라 밝게 빛났다. 바닷가 사람들은 우리를 맞이해주 었다.

"마지막 한 사람까지 기다리겠습니다." — 이로동 주민자치위원회
"리멤버 20140416 영원히 잊지 않겠습니다." — 옥암동 새마을 부녀회
"오래도록 잊지 않고 매일 매순간 아파하며 기억하겠습니다."
— 강현 단아네 가족

이웃의 슬픔을 나의 슬픔으로 아파하는 분들의 행렬은 끊이지 않았 다. 절망의 세월이었다. 이 애도의 행렬이 있어 이 땅에 희망이 피어나 고 있었다.

2

내가 이 책을 집필하겠다고 마음먹은 것은 2017년 3월 1일이다. 이날 의 의미를 독자들은 알 것이다. 그날 나는 책의 제목을 잡았고 글을 쓰 기 시작했다. 4월 1일 책의 초고를 손에 쥐었다.

나는 오늘 초고를 편집부에 보낸 후 '그 배'를 보러 갔다. 바다 밑에서 올라온 그 배 말이다.

3

이 책은 내가 만든 책들 중에서 가장 빠르게 쓴 책이다. 동시에 내가 만든 책들 중에서 가장 더디게 쓴 책이기도 하다.

내가 이 작업을 시작한 것은 1996년도였다. 우리 젊은이들은 1995년 11월 16일 무슨 일이 있었는지 모를 것이다. 2017년 3월 31일 우리의 눈앞에서 벌어진 일이 그때에도 똑같이 벌어졌다. 전두환·노태우 전직 두 대통령이 감옥에 들어갔다.

1996년도의 신문 기사들은 그냥 보고 버릴 예사로운 기사가 아니었다. 1981년부터 1991년까지 전개되었던, 재벌과 권력 간의 정경유착에 관한 그 모든 국가 기밀이 쏟아져 나왔다. 나는 그 방대한 기사를 내 기억의 파일함에 모두 주워 담았다. 밤을 새가며 '전두환 파일'과 '노태우 파일'을 작성했다.

4

우리의 젊은이들은 1997년 11월 이 땅에 무슨 일이 있었는지 잘 모를 것이다. 하지만 IMF 사태에 대해선 들어보았을 것이다. 경제 전문가들의 입에서 '워싱턴 컨센서스'라는 낯선 단어가 튀어나왔다. IMF 사태가 워싱턴의 음모였다는 것이다. 나는 동의할 수 없었다. 머시여, IMF 사태가 워싱턴의 음모라고?

IMF 사태는 해외에서 차입한 채무 1000억 달러를 갚지 못해 생긴 일이었다. 왜 갚지 못했는가? 해외에서 들어온 1000억 달러가 사라져

버린 것이다. 사태의 진실은 간단했다. 재벌들이 권력과 짜고서 달러를
해외로 빼돌린 것이었다.

5

김대중 정부와 노무현 정부에 대해 어떻게 평가해야 좋을지 모르겠다.
남북관계의 개선에서, 그리고 복지정책의 도입에서 분명 후한 점수를
매겨야 할 것이다. 하지만 내가 기억하는 한 민생에서 나아진 것은 없
었다. 아니 더 팍팍해졌다.

두 대통령은 서민의 편에 선 정치인이었으나, 청와대에 들어가기가
무섭게 재벌의 옹호자로 변신했다. 대통령이 그러했으니, 청와대 수석
들과 삼성 구조본 이학수가 밤마다 어떻게 놀았을지 훤히 보인다. 서
울의 아파트값이 천정부지로 솟구친 것은 2006년 노무현 정부의 일
이었다.

나는 고뇌했다. 김대중과 노무현은 분명 박정희와 전두환에 대든, 용
기 있는 정치인들이었다. 그런데 왜 이분들이 집권하자마자 재벌의 옹
호자가 되었는가. 박정희는 갔지만 박정희가 만든 프레임, 성장주의의
프레임은 강고했다. 김대중과 노무현은 독재자들과 싸웠으나, 독재자
들이 추진한 성장주의 프레임을 깨지 못했다. 그것이었다.

나는 오랜 시일 분석한 부정축재의 구조에 관한 나의 글들을 미련 없
이 버렸다. 문제를 푸는 열쇠는 성장 프레임에 있었다.

6

2010년 전남대 철학과에 진학했다. 삶을 이끌어주는 철학을 만나고 싶
었다. 삶이 없는 철학은 공허하고, 철학이 없는 삶은 맹목이다.[1] 운 좋게

도 나는 소크라테스를 공부했다. 고대 아테네인들의 제국주의적 오만과 물질주의를 겨냥한 소크라테스의 비판과 투쟁은 나에게 한국의 현재를 밝히는 등불이 되어주었다.

7

이 책은 필자가 몸으로 겪은 한국의 현실이요 역사다. 나는 지난 20년 동안 다섯 차례 집필했다가 그때마다 출간을 포기했다. 이번에도 촛불이 아니었다면 나는 또 절망했을 것이다. 철학은 세계를 개조하기 위한 도구이다. 그런데 철학이라는 망치를 사용해줄 일꾼이 없다면 철학은 무용지물이지 않겠는가? 이번에 글을 마무리할 수 있었던 것은 전적으로 '촛불의 힘'에 의지한다.

8

이 책에 실린 글들은 모두 독자적이다. 집필 시점도 1984년에서 2017년까지 모두 다르다. 따라서 굳이 처음부터 끝까지 편집된 순서에 따라 읽지 않아도 좋다. 성급한 독자라면 제1부의 4장과 5장, 제2부의 2장과 4장을 먼저 읽어도 좋다.

글의 작성 시점을 꼭 확인하길 바란다. 지난 40년 동안 화폐의 가치가 현저하게 달라졌으므로 그 시절의 물가에 유의하여 읽어주길 바란다.

9

제1부의 글들은 젊은이들을 위해 작성했다. 이야기는 1970년대의 대한뉴스에서부터 시작한다. 한 편의 영화를 보기 위해 우리는 독재자의 치적을 홍보하는 〈대한뉴우스〉를 시청해야만 했다. 박정희는 초등학생들

에게 국민교육헌장을 암송하도록 강제했고, 쥐잡기를 요구했으며, 무엇보다 100억 달러 수출의 신화를 우리에게 세뇌시켰다.

독재는 성장의 필요악일까? 성장의 수혜자들은 그렇게 독재를 변명한다. 그것은 악행을 미화하는 궤변이다. 성장을 위해 독재는 재벌의 뒤를 봐주었고 특혜를 주는 대가로 독재자들은 뇌물을 챙겼다. 그것이 그들의 관례였다. 그녀의 '죄의식 없음'은 여기에서 비롯된 것이다.

10

제2부의 글들은 파탄 난 나라, 오늘의 대한민국을 있는 그대로 재현했다. 지금 10대 재벌의 곳간엔 600조 원이 넘는 부가 쌓여 있는데, 서민들의 가계부채는 1300조 원을 넘었다. 재벌은 팽창했고 민생은 파탄 났다. 이것이 성장 프레임의 민낯이다.[2]

11

우리는 성장의 구호에 도취되어 살았다. 우리는 삼성의 성장이 나의 성장인 것으로 착각했다. 그랬다. 재벌들은 더욱 성장했다. 2010년 20대 재벌의 자산은 975조 원이고, GDP의 83%다. 2010년 삼성의 자산은 230조 원이며, GDP의 20%이다.

이상한 일이었다. 1993년 제조업 종사자 388만 명이었는데, 2009년에 들어와 오히려 327만 명으로 줄었다. 고용 없는 성장이다. 낙수효과는 거짓이었다. 비정규직은 600만 명을 넘어섰고 '사실상의 청년실업'은 400만 명을 넘었다.

12

실업과 시험³ 사이에서 우리 청년들이 죽어가고 있다. 25만 명이 공무원 시험에 몰렸다. 경쟁률이 50대1이다. 한 명의 합격자를 위해 49명이 낙오되어야 하는 이것은 시험이 아니다. 죽음의 행진이다. 그래서 '이번 생은 망했다'고 청년들은 절망한다.

그녀만이 감옥에 있는 것이 아니다. 1천만 청년들이 사는 이곳도 '사실상의 감옥'이다. 실업과 시험, 비정규직과 차별에 갇혀 살고 있는 이곳 말이다.

13

서울의 아파트 한 채가 5억 원이다. 30세에 결혼하면 55세까지 매년 주택구입비로 연간 2천만 원을 지급해야 한다. 고대 그리스의 노예들은 주인에게 몸값을 치르고 노예해방증서를 구입했다. 그 몸값이 대략 2000여만 원이었다.⁴ 조선시대에서도 노비의 몸값이 대략 2000여만 원이었다.⁵ 오늘 대한민국에 사는 청년들은 매년 2000만 원을 25년 동안 바쳐야 한다. 이게 나라인가.

14

지금 대한민국은 재벌과 건물 소유주, CEO 임원 등 20만 명의 졸부들의 나라이다. 교수, 교사, 의사, 약사, 간호사, 공무원, 대기업 정규직의 경우 겨우 견딜 수 있다. 나머지 90%는 희망이 없다.⁶

15

정치는 경제의 집중적 표현이라고 했다. 독재란 민중을 억압하여 재벌과 졸부를 지원하는 체제이다. 독재가 민중을 유혹하기 위해 내건 프레임이 '성장'이었다.

다들 적폐 청산을 말한다. 그 적폐란 지난 50년 전부터 독재가 남긴 적폐일 것이다. 김대중도 독재와 싸웠고 노무현도 독재와 싸웠다. 그런데 그 투사들이 청와대에 들어가면 순한 양이 되었다. 또 삼성을 두둔했고 또 성장을 외쳤다. 왜 그랬을까? 이것이 이 책의 문제의식이다.

16

성장주의의 뿌리는 깊다. 독재는 나쁜 것이나 성장은 좋은 것이라는 환상을 우리는 아직도 갖고 있다. 부동산 투기가 나쁜 것이라고 알고 있지만 우리 모두가 부동산 투기와 간통하며 살고 있다. 성장 프레임을 쓸어내지 않는 한 적폐는 청산되지 않는다. 부정축재와 부동산 투기, 비정규직과 차별, 입시와 청년실업은 모두 '성장의 나무에서 열린 열매들'이다. 독수독과(毒樹毒果), 독 나무에서 열린 독 열매들이다. 정녕 나라다운 나라를 만들려면 우리는 무엇을 버려야 할 것인가? 문재인 정부에게 나는 이 물음을 드린다.

17

성장주의는 한국인에게 모태 신앙과 같다. 나는 지난 20년 동안 이 성장주의와 힘든 씨름을 했다. 사색의 결과를 더러는 발표했고 더러는 발표하지 않았다. '나의 고백'은 내가 더듬어온 어둠의 발자취이다.

나는 젊은이들과 함께 철학을 묻고 답하는 기회를 가진 적이 있다. 그때 나누었던 대화를 실었다. 또 나는 매주 어머니들과 함께 고전을 읽고 있다. 매 꼭지의 마지막에 노자와 맹자, 소크라테스의 이야기를 실었다. 성장주의에 중독된 우리의 영혼을 정화하고 싶다.

이 책의 주인은 우리 젊은이들이다. 우리는 배를 잘못 운행했다. 젊은
이들이여, 새로운 항로를 선택하시라.

18

정녕 나라다운 나라를 만들려면 우리는 무엇을 이루어야 할 것인가?
문재인 정부에게 나는 이 물음을 드린다. 제3부의 글들은 이 물음에 대
한 답변이다. 나는 열 가지를 생각한다.

① 부정축재자의 재산 몰수

② 재벌 해체, 노동자 경영 참여

③ 상속세·소득세·법인세 누진 상향 조정, 종합부동산세 복구

④ 독일식 정당명부 비례대표제 실시

⑤ 입시 폐지, 무상교육 실시

⑥ 공공주택 보급

⑦ 농촌 살리기

⑧ '동일노동·동일임금' 준수, 최저임금 시급 1만 원 보장

⑨ 한반도 평화 실현

⑩ 주 3일 노동제

19

문재인 정부에게 바란다. 권력자와 재벌의 부정축재를 환수하자. 이재
용의 편법 상속을 재조사하자. 재벌을 해체하자. 대기업의 경영을 정상
화하고 노동자의 경영 참여를 도입하자.

입시를 폐지하자. 30조 원의 사교육비를 국민이 부담하고 있다. 더

이상 무슨 말이 필요한가? 서울대를 폐지하고[7] 수능을 폐지하자. 언제까지 우리의 아이들을 경쟁의 수레바퀴에 집어넣고, 인생을 시작하기도 전에 3등급·5등급 낙인이 찍힌 패배자로 만들 것인가?

청년들이 죽어가고 있다. 최저임금 시급 1만 원을 실시하라. 자영업자가 600만 명이고, 영세상공인 밑에서 일하는 저임금노동자들이 1000만 명에 달한다. 최저임금제를 영세상공인들에게 맡기지 말고 정부가 나서자.

서울 아파트값이 평균 5억 원이다. 젊은 부부가 5억 원짜리 아파트를 마련하려면 매년 2000만 원씩 25년을 부어야 한다. 언제까지 이 미친 짓을 해야 하나? 공공주택을 청년들에게 제공하자.

농촌을 살리자. 우선적으로 농촌 청년들에게 기본소득을 제공하자.

지구상에서 우리만큼 어리석은 민족은 없다. 왜 미국과 소련이 강제한 분단의 철조망을 운명처럼 수용해야 하는가? 베트남도 미국과 국교를 맺었다. 왜 북한은 미국과 수교하지 못하는가? 이 못난 분단 현실을 손자들에게까지 물려주어야 하는가?

20

감옥살이에는 희망이 있다. 형기가 만료되면 바깥으로 나갈 수 있기 때문이다. 형기 없는 감옥살이가 있다. 그것은 지옥이다. 지금 대한민국은 지옥이 아닌가?

이 감옥을 부수고 우리가 가야 할 곳은 어디인가? 우리가 만들어야 할 새 세상은 무엇인가? 나이 스무 살 때부터 나는 이것을 고뇌했다. 이것이 이 책을 쓰게 된 또 하나의 문제의식이다.

자, 400만 명의 청년들이 취업을 하지 못하고 경제활동 밖에서 서성이고 있다. 600만 명의 청년들이 비정규직의 올가미에 묶여 몸부림치고 있다. 어떻게 하면 좋은가? 간단하다. 다 같이 주 4일 일하면 된다. 노동시간 단축은 세계사의 법칙이다. 이것이 이 책이 들려주는 또 다른 이야기다.

살날이 많이 남지 않았다. 죽기 전에 DMZ의 철조망이 제거되는 그날을 보고 싶다. 평양을 거쳐, 신의주를 건너, 길림으로, 이르쿠츠크로, 모스크바로, 베를린으로, 파리로, 런던으로 달리는 KTX를 타 보고 싶다.

2017년 5월 24일
빛고을에서
황광우

책을 펴내며 4

1부
그 시절 이야기

1 그때 독재자는 무일 했지   21

시대의 성찰: 〈대한뉴우스〉 21

철학, 광장에 가다   **나의 고백** | 신과 부는 함께 섬길 수 없다 29   **대화** | 우리에게 무슨 기대를 갖는가 34   **함께 읽는 고전** | 아낌없이 주면서 만물을 이룬다 36

2 독재자가 흔든 깃발   39

시대의 성찰: 성장의 실상 39

• 성장은 노동자의 저임금과 장시간 노동이었다 41   • 성장은 정경유착·부정축재였다 42   • 성장은 재벌의 성장이었다 45   • 성장은 재벌에 대한 특혜 금융이었다 46   • 성장은 부동산 투기였다 47

철학, 광장에 가다   **나의 고백** | 소유냐 삶이냐 49   **대화** | 가난을 어떻게 생각해야 하는가 51   **함께 읽는 고전** | 족함을 알면 욕됨이 없다 52

3 한 나라의 대통령이 학살자일 때   55

시대의 성찰: 정경유착 55

• 일해재단 55   • 사회가 악랄해졌다 61   • 5공 비리 뒤에 숨어 있는 재벌의 도둑질 63

철학, 광장에 가다   **나의 고백** | 사람은 어떻게 살아야 하는 것이냐 67   **대화** | 운동을 하면서 겪은 고통은 무엇인가 70   **함께 읽는 고전** | 천지는 유구하다 72

4 망할 놈의 돈태우여!   75

시대의 성찰: 부정축재 75

• '믿어주세요' 90

철학, 광장에 가다   **나의 고백** | 왜 이렇게 망가졌는가 95   **대화** | 대한민국은 어디로 가야 하나 97   **함께 읽는 고전** | 필요로 하는 것이 가장 적은 사람 98

5 IMF 사태의 장본인은?   101

시대의 성찰: 달러의 해외 도피 101

• IMF 사태의 직접적 원인 101   • 저승에서 온 편지 — 로비의 원리 109

[철학, 광장에 가다] **나의 고백** | 실업, 그리고 나의 행복관 122 **대화** | 가슴으로 살아야 하
나 머리로 살아야 하나 124 **함께 읽는 고전** | 최고의 가치는 명성 126

2부
성장 프레임의 파탄

1 나라 살림 400조 원을 쓰면서도   133

시대의 성찰: 정치는 세금이다 133

• 홍도의 세금 이야기 135   • 악독한 정부 141

[철학, 광장에 가다] **나의 고백** | 쾌락주의에 대해 145 **대화** | 올바른 삶은 무엇일까요 148
함께 읽는 고전❶ | 오색은 눈을 멀게 한다 149 **함께 읽는 고전❷** | 쾌락으로부터의 자유 151

2 청와대와 삼성, 누구의 힘이 더 셀까   153

시대의 성찰: 삼성 X파일 154

[철학, 광장에 가다] **나의 고백** | 공리주의에 대해 163 **대화** | '자유'는 무엇인가요 166 함
께 읽는 고전 | 역성혁명(易姓革命) 168

3 "당신들만의 천국에서 우리는 내리겠다"   169

시대의 성찰: 거대한 감옥 172

• 부자들의 천국 172   • 성장주의를 버리자 176

[철학, 광장에 가다] **나의 고백** | 행복의 세 원천 179 **대화** | 재능은 타고나는 것인가 182
함께 읽는 고전 | 어짊을 드러내지 않아 184

4 낙수효과는 없었다   187

시대의 성찰: 고용 없는 성장 188

• 삼성왕국 190   • 양극화 192   • 최저임금 1만 원 196

[철학, 광장에 가다] **나의 고백** | 인격적 만남 199 **대화** | 소크라테스의 철학하기 200 함
께 읽는 고전 | 음식을 실컷 먹고 다니는 사람 202

5 1300조 원 가계부채   205

시대의 성찰: 성장의 결과 206

철학, 광장에 가다   **나의 고백** | 태초에 '노동하는 인간'이 있었다 210   **대화** | 소크라테스는 왜 소피스트와 싸웠나요 213   **함께 읽는 고전** | 가장 풍요로운 사람 218

6 눈물 흘리는 젊은이   221

시대의 성찰: 비정규직과 차별 속에서 222

• 대학생 윤OO 222   • 첫 사회생활 223   • 사실상의 청년실업 229

철학, 광장에 가다   **나의 고백** | 자유인의 공동체 231   **대화** | 긍지에 대해 234   **함께 읽는 고전** | 항산(恒産) 235

7 또 700조 원을 빼앗다니!   237

시대의 성찰: 부동산 투기 237

• 나의 어리석음 240   • 졸부들의 부동산 투기 243

철학, 광장에 가다   **나의 고백** | 물신숭배 249   **대화** | 노자의 '아유삼보(我有三寶)'에 대해 의문이 들어요 255   **함께 읽는 고전** | 아테네엔 단 한 사람의 훌륭한 정치가가 없다 256

3부
다가오는 새 세상

1 다른 세상은 있었다   261

시대의 성찰: '모래시계' 세대를 넘어 261

• 순희에게 쓰는 편지 261

철학, 광장에 가다   **나의 고백** | 나는 개치는 소년 272   **대화** | 거인의 어깨 위에 올라서자 278   **함께 읽는 고전** | 동굴의 우화 281

2 절망을 딛고   283

시대의 성찰: 잃어버린 10년 283

• 봉하의 비극 283   • 노동자, 크레인 위에서 자결하다 288   • 금방 사고가 날 것만 같다 290   • 국민을 상대로 독극물을 난사해도 되는가 293   • 나는 죄인이었다 295

철학, 광장에 가다 **나의 고백** | 『국부론』에 대해 298 **대화** | 다시 대학생이 된다면 299 **함께 읽는 고전** | 알묘조장(揠苗助長) 301

3 행복은 성적순이 아니라는데   303

시대의 성찰: 입시 폐지 304

• 한국인의 고뇌, 입시 304 • 교육 문제를 푸는 세 가지 제언 307

철학, 광장에 가다 **나의 고백** | 유토피아 314 **대화** | 공부의 노하우 320 **함께 읽는 고전** | 너의 무지를 알라 321

4 벼랑 위에 선 농촌   325

시대의 성찰: 농촌을 살리자 326

• 사멸하는 농촌 326 • 농촌을 살리자 329 • 독일 간호사로 지낸 5년 335

철학, 광장에 가다 **나의 고백** | 고전을 공부해야 하는 이유 338 **대화** | 한국의 미래는 어떻습니까 342 **함께 읽는 고전** | 귀거래사(歸去來辭) 343

5 DMZ의 철조망을 거두자   347

시대의 성찰: 어리석은 냉전 348

철학, 광장에 가다 **나의 고백** | 30년 후 353 **대화** | 불의한 삶은 살고 싶지 않은데… 357 **함께 읽는 고전** | 적벽부(赤壁賦) 358

촛불에 바란다 **주 3일 일하는 사회를 만들자**   361

후기 369

참고문헌 372

주 376

그 시절
이야기

그때 독재자는
무얼 했지[*]

1970년대 세계사는 몇 명의 독재자들을 기억한다. 이란의 팔레비, 필리핀의 마르코스, 칠레의 피노체트가 그 예들이다. 그들은 모두 미국의 후원을 받는 제3세계의 독재자들이었다. 이들 무리에 한국의 독재자 박정희도 낀다. 박정희는 1961년 탱크를 앞세워 권력을 장악한 후 18년 동안이나 장기 집권을 했다.

박정희 군부집단은 국민을 독재의 노예로 부려먹기 위해 아주 교활한 세뇌공작을 했다. 북한이 쳐들어온다는 남침 위협을 앞세워 국민을 협박하고 꼼짝하지 못하게 만들었다. 북한을 무찔러야 할 원수로 간주하는 반공주의는 독재를 보장하는 안전판이었다.

시대의 성찰: 〈대한뉴우스〉

상기하자 6.25¹

아 아 잊으랴 어찌 우리 이날을/ 조국을 원수들이 짓밟아오던 날을

---

* 2016년 12월 작성, 미발표.

맨주먹 붉은 피로 원수를 막아내어/ 발을 굴러 땅을 치며 의분에 떤 날을

이제야 갚으리 그 날의 원수를/ 쫓기는 적의 무리 쫓고 또 쫓아

원수의 하나까지 쳐서 무찔러/ 이제야 빛내리 이 나라 이 겨레

미국과의 적대적 공존이 북한 지배집단의 체제 유지의 비결이라면, 다시 북한과의 적대적 공존이 남한 독재집단의 체제 유지의 비결이었다. 하지만 이것만으론 부족하다. 채찍이 있으면 당근이 있어야 한다. 독재자 박정희는 국민의 비판의식을 마비시키기 위해 이른바 3S 정책, 스크린과 섹스와 스포츠를 아주 잘 활용했다. 우리들은 철따라 봉황기 야구대회와 청룡사자기 야구대회를 청취했다.[2] 매년 미스코리아 선발대회에 참여하는 미녀들의 몸매를 시청할 수 있었다.[3]

독재집단이 국민을 꼬신 당근, 그것은 성장이었다. 박정희는 성장이라는 전쟁의 맨 선두에 서서 이 전쟁을 지휘하는 장군 행세를 했다.[4] 경제성장을 위해 박정희가 선택한 전략은 불균형 성장전략이었고 수출의존 성장전략이었다. 수출 100억 달러의 달성은 시대정신이었다. 박정희는 어린 학생들에게 기생충 퇴치를 교시하기도 했고, 때로는 쥐잡기를 교시한 적도 있다.[5] 어린 아이들은 영문도 모른 채 "우리 대통령, 일 잘하는 대통령" 하며 독재자를 찬양했다.

일　일하시는 대통령

이　이 나라의 지도자

삼　3·1정신 받들어

사　사랑하는 겨레 위해

오　5·16 이룩하니

육 6대주에 빛나고

칠 70년대 번영은

팔 팔도강산 뻗쳤네

구 구국의 새 역사는

십 10월 유신 정신으로

박정희와 그의 군부집단은 북한의 남침 가능성을 구실삼아 대한민국을 거대한 병영으로 바꾸었다. 학생들은 학교에서 목총을 들고 군사훈련을 받았고,[6] 교사들은 독재자의 지침을 학생들에게 전달하는 독재의 충직한 하인이 되었다.

학원질서 확립조치[7]

10월 15일 박정희 대통령은 요즘 일부 학생들로 인해 소란해진 대학의 질서를 바로 잡기 위한 특별 명령을 내각에 시달했습니다. 학원질서를 파괴하는 모든 주모학생을 학원에서 추방하고 불법 농성을 주도한 학생은 학적에서 제적하는 것입니다.

1972년 10월 17일 박정희는 유신헌법을 선포했다. 국회를 해산하고 정치활동을 금지하는 동시에 비상계엄령을 선포했다. 그것은 박대통령 일인의 장기집권을 위한 개헌이었다. 국민의 기본권을 침해하고 대통령의 장기 독재를 보장하기 위한, 박정희 일인에 의한, 일인을 위한, 일인의 헌법이었다.

박정희는 1974년 1월 8일 긴급조치 제1호를 공포하고 일체의 개헌 논의를 금지했다. 이어 4월 3일 박정희는 "반체제운동을 조사한 결과,

전국민주청년학생총연맹이라는 불법단체가 불순세력의 조종을 받고 있다는 확증을 포착했다"고 발표하면서 긴급조치 제4호를 발동했다. 박정희와 그의 졸개들은 정권에 대해 비판적인 천여 명의 대학생들을 검거했고, 혹독한 고문을 가한 후 180명의 학생들을 서대문 교도소에 투옥했다.

'전국민주청년학생총연맹'이라는 조직 명칭은 박정희와 그의 졸개들이 지어준 이름이었다. 대학가 술집에서 '타는 목마름으로 민주주의를 외치던 일단의 대학생들'이 듣지도 보지도 못한 반체제 조직에 연루되어 대부분 10년 이상의 중형을 선고받고 서대문 교도소의 마룻바닥에서 찬 겨울을 보냈다.

박정희의 하수인들은 여기에서 그치지 않았다. '전국민주청년학생총연맹'이라는 조직의 배후에는 대학생들의 체제 변혁 활동을 지도한 인민혁명당이 암약하고 있었다고 발표했다. 그들은 도예종, 여정남 등 8명의 청년들로부터 인민혁명당을 결성했다는 거짓 자백을 받은 뒤 사형을 선고했다. 물론 고문에 의한 조작이었다. 선고한 지 24시간도 지나지 않은 시점에서 박정희는 이들 젊은이들에게 사형을 집행하도록 지시했다.

가족들은 너무나 어이없는 현실 앞에 반 미친 사람처럼 살려달라고 울부짖었다. 그러나 여덟 사람은 사형을 선고받고 24시간도 채 되기도 전에 가족도 모르는 사이에 처형을 당하고 말았다. 사형이 집행된 다음 날은 오전 10시부터 목요기도회가 있는 날이었다. 사형당한 분들의 가족들은 함세웅 신부가 계시는 응암동 성당에서 합동장례식을 가지려 했으나 경찰들이 시체를 탈취해서 빼돌려버렸다.

시체를 인수받지 못한 한 부인이 죽은 시체지만 하룻밤이라도 집에서 지내고 화장지로 가도록 그 시체를 반환해달라고 피를 토하는 호소를 했으나 끝내 허락을 받지 못했다. 한 어린 학생은 죽은 아버지의 얼굴을 한 번이라도 보게 해달라며 경찰을 향해 울며 애원했다.

1975년 4월 9일, 땅도 울고 하늘도 울었다. 서울대 학생 김상진은 불의한 권력에 항의하여 자신의 배를 갈랐다. 독재자는 또 긴급조치 제9호를 발동했다. 1975년 5월 13일의 일이었다.[8] 세 사람이 모여 정치 이야기를 해도 경찰은 영장 없이 국민을 체포했다. 거대한 병영 대한민국이 거대한 감옥으로 바뀌었다.

경찰들은 가위를 들고 청년들의 긴 머리를 잘랐고, 자를 들고 다니며 여대생들의 짧은 치마를 단속했다. 오후 다섯 시가 되면 국민들은 가던 길을 멈추고 서서 국기를 바라보며 경례를 하도록 강요받았다. 극장에서 영화 한 편 볼 때에도 애국가가 울려 퍼지는 영상이 나오면 자리에서 모두 기립했다.

장발단속[9]

남잔지, 여잔지 구별할 수 없을 만큼 머리를 길게 늘어뜨린 청년들. 자신은 멋으로 알고 기르는지 모르지만 장발은 위생에도 좋지 않고 보기에도 흉

합니다. 남이 기른다고 덩달아 기르고, 그 지저분한 모양이 과연 멋있게 보인다고 생각한다면 큰 잘못입니다. 치안당국은 머리가 귀밑까지 내려오는 등 성별이 구분되지 않는 장발자들에게는 머리를 깎아주고 응하지 않을 경우 즉결재판에 넘기고 있습니다. 단속에 두려워서라기보다는 자신의 위생과 품위를 생각해서 머리를 단정하게 깎는 게 좋겠습니다.

물론 헌법은 노동자의 권리를 보장하고 있었다. 법률에 의하면 노동자는 단결할 수 있었고, 단체로 교섭할 수 있었으며, 단체행동을 할 수 있었다. 하지만 노동자의 권리는 책 속에서 잠자는 권리였다. 1970년 어느 가난한 청년 노동자는 '근로기준법을 지키는 세상'을 외치며 자신의 몸에 신나를 부었다. 아름다운 청년 전태일이다. 박정희의 유신체제가 들어선 1972년 이후 대한민국의 노동 현장은 단테도 묘사할 수 없는 끔찍한 지옥이 되었다.

저임금과 장시간노동에 시달리는 노동자들이 이 어처구니없는 현실을 개선하기 위해 노동조합을 결성하면, 먼저 달려오는 자들은 경찰이었다. 경찰서 대공과 형사들은 힘없는 노동자들을 연행하여 온갖 구타와 고문을 가했다. "너희들이 만나고 있는 지식인, 누구야?" 노동 현실을 개선하기 위해 도움을 주는 지식인들은 '제3자 개입'이라는 죄목으로 엮여 투옥되었다. 그 시절 노동자들은 숨도 쉬기 힘들었다. 공장 입구엔 분명 '노동자를 가족처럼' 대우하자는 팻말이 걸려 있었으나, 들어가 보면 공장은 '노동자를 가축처럼' 부려먹는 착취의 현장이었다.

공장 새마을 운동 전진대회[10]
여기는 구미 수출산업 공단. 이곳에서 공장 새마을 운동 전진대회가 열렸습니다. 이날 대회에 참석한 박근혜 양은 "새마을 운동은 새마음 가지는 운동, 기업주와 종업원은 공장을 내가족, 내 가정같이 여기는 아름다운 관계를 가지자"고 당부했습니다.

민주주의를 갈망하는 학생들은 줄기차게 저항했다. 그들은 시위를 감행하고, 감옥에 가는 것을 오히려 영광으로 간주했다. 1979년엔 투옥된 민주 인사의 수가 1천 명을 넘었다. 전국 서른 개의 교도소는 민주주의를 부르짖으며 투옥된 청년 학생들로 넘쳐났다. 독재정권을 후원하던 미국마저 박정희의 야수 같은 압제에 대해 회의적인 시선을 보냈다. 제39대 미국 대통령 지미 카터는 1979년 7월 한국을 방문하여 박정희로 하여금 투옥된 대학생들을 풀어줄 것을 요구했다.

박정희의 철권통치는 예상치 않은 곳에서 무너졌다. 1979년 10월 26일, 그의 충직한 부하 김재규가 미모의 여성들과 함께 벌인 파티에서 총을 뽑았다. 일단의 권력자들이 향락을 즐기던 궁정동 안가에서 박정희는 부하가 쏜 총알을 맞고 그 자리에서 즉사했다.

차지철의 망언

박정희가 궁정동 안가에 도착한 것은 6시 5분이었다. 만찬장에 들어간 박정희는 김계원 비서실장과 마주앉았다. 그날 만찬에 온 젊은 두 여자가 있었다. 가수 심○봉과 한양대학교 연극영화과 학생 신○순이었다. 김재규와 차지철은 부마사태와 관련해 입씨름을 벌였다. 박정희는 김재규를 나무랐다. 그러자 "그까짓 엉터리 새끼들, 제가 싹 쓸어버리겠습니다. 캄보디아에서는 300만 명을 죽이고도 까딱없었는데 우리도 데모대원 100만~200만 명쯤 죽인다고 까딱 있겠습니까"라고 차지철이 말했다.

민주주의를 열망하던 학생들의 집회와 시위가 1980년 5월 한국을 휩쓸었다. 역사는 이때의 민주주의 축제를 '서울의 봄'이라 불렀다. 불행히도 봄날은 오래가지 못했다. 전두환으로 대표되는 군부세력이 정국을 장악할 기회만을 엿보고 있었다. 1980년 5월 17일 밤 12시였다. 전두환 군부집단은 비상계엄령을 선포했다. 그것은 사법적 절차를 무시한 채 모든 민주 인사들을 체포하고 구속하겠음을 선포한 전쟁이었다. 국민을 적으로 규정한 전쟁 말이다.

광주는 한국에서 매우 특이한 도시였다. 일본 제국주의의 강점하에서도 가장 강렬한 독립 투쟁을 전개한 곳이 광주였으며, 박정희의 철권 통치하에서도 가장 꿋꿋이 저항을 계속한 곳이 광주였다. 1980년 5월 18일 아침, 민주주의를 향해 요동치던 한국이 순식간 암흑 속으로 잠겼다. 모두가 침묵하던 그때, 남도의 한 도시에서 "전두환 물러나라"는 외침이 울려 퍼졌다. 역시 광주였다.

전두환 군부집단의 공격은 잔혹했다. 시위하는 젊은이들을 상대로 발포하는 것은 물론이요, 퇴근 후 집에 돌아가는 시민들까지 대검으로 찔러 죽였다. 젖가슴을 난자당한 채 온몸에 총상을 입고 죽은 여인의 시체를 우리는 목격해야 했다.

신과 부는 함께 섬길 수 없다

주여, 할 수만 있다면,

이 고통의 잔을 내게 거두어 주소서.

Father, if it is possible,

please take this cup of suffering from me!

나는 초등학교 시절부터 교회에 다녔다. 광주의 중앙교회와 YWCA교회 그리고 제칠일안식교회를 다니면서 복음서의 구절들을 암송했다. 주일학교의 성경 암송은 어린 소년에게 지울 수 없는 영혼의 각인을 새겨놓았다. 고교 시절에는 당시 무교회주의자로 명성이 높았던 백영흠 목사님을 만나 인문 교양을 받았다. 백영흠 목사는 성경은 가르치지 않고 우리들과 함께 간디의 『진실을 찾아서』를 강독했다. 간디의 투쟁은 사춘기의 예민한 감수성에 폭포처럼 무자비한 세례를 퍼부었다. 대학교에 들어가서는 서울의 향린교회에 발을 내딛었고, 그곳의 진보적 공기를 흡입하면서 예수와 마르크스를 함께 접하게 되었다.

복음서는 그리스어로 작성된 문건이었다

이후 학내 시위에서 맨 앞줄에 섰다는 이유로 정학처분을 당했고, 다시 서울 시내 광화문에 진출한 시위에 연루되어 군 보안사에 끌려가게 되었다. 대구헌병대 영창을 거쳐 양산의 육군 교도소에 수감되었다. 그런데 감옥에서 나는 큰 영혼의 시련을 통과하지 않으면 안 되었다. 나는 영어 성경을 통독했다. 성경의 구약과 신약 사이에는 큰 불일치가 있었다. 구약과 신약 사이의 가치 충돌 앞에서 나는 번민했다. 구약 성경에서 약속하는 하나님의 축복은 모두 물질적인 가치와 연결되는 것이라면, 신약 성경이 전하는 예수의 가르침은 모두 영혼의 평화와 연결되는 것이었다. 구약과 신약 사이의 가치 충돌 앞에서 나는 번민했다.

같은 성경 안에서 왜 이렇게 극단적인 대조를 보이는 걸까? 의문은 풀리지 않았다. 로마의 지배 앞에 비폭력·무저항의 투쟁을 가르친 예수를, 난 버리지 않을 수 없었다. 상황은 젊은 나에게 역사적 실천을 요청했다.

기독교의 신을 맞이하며 살 것인가, 무신론자로 살 것인가, 예수의 가르침대로 이웃을 사랑하며 살 것인가, 이웃 사랑을 넘어 사회의 불의를 타도하는 일에 나설 것인가를 놓고 온몸과 마음을 다하여 고뇌했다. 1979년이면 박정희 유신 독재가 극성을 떨면서 그 최후를 향해 나가던 시절, 독재정권의 최후가 1년밖에 남지 않은 시점에서 이 길이냐 저 길이냐를 놓고 나는 방황했다. 아마도 일제 치하에서 쉬이 친일의 길에 들어선 여러 지식인들도 그렇게 허무하게 대일본제국주의가 몰락할지 몰랐을 것이다. 지식인이란 지배층과 피지배층 사이에서 어느 편에 설 것인지 선택을 요구받는 집단이고 보면, 스물두 살의 젊은이가 종교적인 삶을 살 것인지 사회적인 삶을 살 것인지 고뇌했던 것은 당연한 일이었다.

2011년, 나는 전남대 철학과에서 그리스어 강의를 들었다. 이강서 교수에 따르면 신약 성경은 당시의 세계 공용어인 그리스어로 쓴 문건이었다. 나는 충격에 휩싸였다. 그러니까 구약 성경은 기원전 6세기 무렵 이스라엘 민족의 언어인 히브리어로 기록된 문건이었던 반면, 신약 성경은 기원후 2세기 그리스어로 작성된 문건이었다.

이것이 무엇인가? 흔히들 서양 문명이 기독교와 그리스 문명(헬레니즘)의 두 기둥에 구축된 건축물이라고 하는데, 그 기독교의 절반이 또 그리스 문명이었다. 신약 성경이 그리스어로 씌어졌다는 것은 기독교가 그리스 철학의 유산임을 증거한다. 나이 오십이 넘도록 복음서가 무슨 말로 기록된 문건인지도 모르고 살아왔다니! 기독교는 유대교와 투쟁하면서 성장한 그리스적 성향의 종교였다. 이렇게 보면 구약과 신약의 괴리는 아주 선명하게 해명된다.

무소유의 역설

예수가 광야에서 40일간 명상하고 기도할 때 귀신이 나타나 예수를 유혹한다. "저 돌들을 빵으로 만들어 보라." 예수는 빵보다 더 중요한 가치가 있음을 선포한다. "사람은 빵만으로 살지 않는다."[11]

인생에는 생존의 수단보다 더 소중한 것들이 있다. 석가는 무엇을 구하고자 설산에서 고행을 했고, 공자는 무엇을 이루려 천하를 철환했던가? 전태일은 무엇 때문에 몸을 불살랐고, 윤상원은 무엇 때문에 도청의 최후를 지켰던가?

"노예는 두 주인을 섬길 수 없다."[12] 맞는 말이다. 이 말은 또 이렇게도 표현된다. "신과 부는 함께 섬길 수 없다."[13]

여기에서 부는 맘몬(Mammon, 부의 신)이다. 하나님과 맘몬은 함께 섬길 수 없다는 이 테제에 대해 어떻게 생각할까? 복음서는 맘몬과 신은 서로 화해할 수 없는 적대적 성향을 갖는 것으로 본다. 맘몬이라는 사탄은 모든 것을 사적으로 소유하려는 성향을 갖고, 테오(theo)라 불리는 신적 힘은 모든 것을 공유하는 성향을 갖는다. 그래서 두 힘을 함께 모실 수 없다고 복음서는 말한다. 예수는 한 부자 청년에게 "가지고 있는 모든 재산을 가난한 사람들에게 다 나누어준 뒤 나를 따르라"고 말하지 않던가?

예수는 분명 신의 나라, 정의의 나라를 선포했다. 그리고 신의 나라가 가까이 왔음을 알리기 위해 제자들을 파송했다. 그런데 예수가 선포한 신의 나라는 어떤 것일까? 산상수훈에서 예수의 하늘나라는 가난한 자들의 나라요 정의를 위해 핍박받는 자들의 나라라고 못 박았다. 어떻게 하면 그 나라를 이룰 것인가? 예수는 구하라, 찾으라, 두드리라고 가르친다.[14] 예수가 선포한 신의 나라, 정의의 나라는 무소유의 원리에 토대한 나라였다. 보라, 까마귀를! 씨를 뿌리지도 않고 거두지도 않지 않느냐.

백합을 보라, 어떻게 자라는가. 일하지도 않고 실을 잣지도 않는다. 너희에게 말한다. 가장 잘 나가던 전성기의 솔로몬도 한 송이 백합만 한 예쁜 옷을 입지 못했다. 저 들판의 풀이 설령 오늘 피었다가 내일 아궁이 속으로 던져질지라도 이렇게 신은 옷을 입히고 있다. 너희는 얼마나 소중한 존재이냐? 믿음이 없는 새끼들아!(누가복음, 12:27-28)

복음서의 명확한 무소유주의를 보건대, 오늘날 한국의 적 그리스도(Anti-Christ)는 바로 개신교이다. 한국의 교회, 특히 개신교회는 허구한 날 기업인들의 축재욕에 기대어 "너의 시작은 미약했으나, 너의 끝은 창대하리라"는 구약을 전파한다. 이건희가 한국의 맘몬이라면 기독교는 이건희의 하수인들이다. 예수의 무소유정신을 말하지 않고 행하지 않는 자들, 더 크고 더 높은 건물을 짓기에 여념이 없는 모든 목사는 예수를 가지고 장사하는 모리배들이요 사탄의 추종자들이다. 그렇지 않은가?

평생을 교회에 충성을 바친 내 어머니가 죽기 몇 해 전 십자가 목걸이를 내려놓았다. "어머니, 왜 십자가를 버리시는가요?" 나는 어머니의 고백을 잊을 수 없다. "광우야, 교회가 너무 돈을 밝혀야."

나는 가난한 노동자의 벗 전태일과 계급투쟁의 선동가 마르크스가 좋다. 마르크스는 부모님으로부터 물려받은 유산을 몽땅 현금화한 후 자기 집에 오고가는 가난한 지인들에게 "필요한 만큼 가져가라"고 했다. 전태일은 청계천에서 수유리까지 걸어 다니면서 버스비를 아꼈다. 어린 여공들에게 풀빵을 사주기 위해서 말이다. 마르크스와 전태일이야말로 맘몬의 시대를 살아가는 진실한 예수가 아닌가?

—《인문의 향연》 2014년 여름 창간 준비호에 발표

우리에게 무슨 기대를 갖는가

첫 번째 질문입니다.

선생님은 광주에서 이곳까지 오셔서 강연을 해주십니다.

우리에게 무슨 기대를 걸고 있는 겁니까?

심포지엄이 무슨 뜻이냐면, 그리스어로 심(sym)은 '함께'라는 뜻이고 포지엄(posium)은 '술'이라는 뜻이에요. 그러니까 술을 마시며 함께 이야기하는 게 향연이죠. 고대 그리스엔 저녁에 모여 술 한잔하며 노는 자리가 많았는데, 소크라테스가 끼는 향연의 자리는 의미 있는 물음을 놓고 대화하는 자리가 되었습니다. 향연의 자리가 공부하는 자리였던 셈이죠. 사랑이란 무엇인가를 탐구한 플라톤의 『향연』이 있는데, 소크라테스의 또 다른 제자 크세노폰이라고 하는 사람이 쓴 『향연』도 있습니다. 크세노폰의 『향연』은 아주 쉽고 재미있어요. 크세노폰이 남긴 『향연』에 유명한 구절이 있습니다. "나는 살면서 지금까지 단 한순간도 사랑하지 않은 적이 없다." 대단한 선언이죠.

그런 소크라테스가 고백합니다. "나에게는 두 명의 연인이 있다." 머

---

* 2014년 6월 나는 전남 해남에 있는 미황사에서 일단의 젊은이들에게 강연을 했다. 이후 2015년 7월까지 한 달에 한 번 만나 『철학콘서트』에 관한 질문을 받고 답변을 하는 방식으로 대화를 나누었다. 그중에서 뽑아 이후 각 장의 '대화'를 구성했다. 질문자의 이름은 개인정보 보호 차원에서 밝히지 않는다.

시라구요? 그런데 소크라테스가 사랑한 연인 중에는 부인 크산티페는 들어가지 않습니다. 한 명의 연인은 철학이고, 다른 한 명의 연인은 클레니아스의 아들 알키비아데스였답니다. 소크라테스가 10년 동안 뒤만 졸졸 따라다닌 아테네 최고의 꽃미남, 알키비아데스 말이에요.

알키비아데스는 차세대 대권 주자였어요. 미모가 얼마나 뛰어났냐면 알키비아데스가 손 한 번만 잡아주면 부자들이 재산의 절반을 주겠다고 얘기할 정도였지요. 알키비아데스가 십대 때 아테네의 남자들이 알키비아데스 때문에 부인을 쳐다도 안 봤대요. 알키비아데스가 이십대 때, 이번엔 아테네의 아줌마들이 알키비아데스 때문에 남편과 사랑을 나누지 않았다나요. 아테네 사람들은 올림픽 경기에서 우승하는 것을 최고의 영광으로 여겼는데, 전차 경기에서 알키비아데스의 말이 1등, 2등, 4등을 합니다. 그러니까 전 그리스의 풍운아였던 거죠. 페리클레스의 양아들이자, 꽃미남이자, 올림픽 메달리스트. 그런데 이 남자를 소크라테스가 좋아합니다. 이게 재밌는 거죠.

소크라테스가 매일 김나지움(gymnasium)을 기웃거려요. 김(gym)이라는 게 '알몸'을 말해요. 옷을 벗고 모래판에서 씨름하는 거예요. 소크라테스가 알키비아데스의 몸매를 보려고 기웃기웃한 거죠. 10년 동안 알키비아데스의 꽁무니를 따라다닌 사람이 소크라테스였는데, 왜 따라다녔겠어요?

그러다 포티다이아 전투에서 함께 자게 되요. 둘만이 텐트에서요. 10년 동안 그리던 연인을 텐트에서 오붓하게 마주하게 된 것이죠. 아무도 안 봐, 텐트엔 둘만 있어. 이거 어쩌죠? 알키비아데스는 당연 이 영감탱이가 자신의 몸을 더듬을 거라고 생각했죠. 그런데 새벽이 다 가도록 손 한 번 안 잡는 거요. 머시여? 여기서 알키비아데스는 돌아버리는 거죠. 이제 사랑하는 사람(the lover)과 사랑받는 사람(the loved)의 관계가 역전돼요. 마침내 기회가 왔는데 손 한 번 안 잡고 조용히 이야기만 하는 이 사람 소크라테스에게 알키비아데스가 안달하기 시작하는 거죠.

여기에서 소크라테스 사랑의 본질이 나옵니다. 육체적 사랑이 아닌 영혼의 사랑이지요. 소크라테스는 알키비아데스의 영혼이 자신의 영혼을 닮게 하고자 했던 것이죠. 소크라테스는 민주정치가 중우정치로 갈 가능성을 보았기 때문에 그 대안으로 철인정치를 주장해요. 철학자가 왕이 되든가 왕이 철학자가 되는 철인정치를 주장했어요. 알고 보니까 소크라테스는 알키비아데스를 철인으로 만들어서 아테네를 가장 좋은 나라로 만들고자 했던 것이에요.

제가 여기 온 것도 같은 이유입니다. 여러분들을 철인으로 만들기 위해, 대한민국을 위대한 나라로 함께 만들기 위해 제가 여기 온 것입니다. 자, 우리 철인이 됩시다.

— 2014년 7월

함께 읽는 고전

아낌없이 주면서 만물을 이룬다
—『도덕경』41장

밝은 도는 도리어 어둡게 보이고 　　　　　　明道若昧
나아가는 도는 도리어 물러서는 듯하며 　　進道若退

큰 덕은 부족한 것 같고	廣德若不足
참된 진리는 구차한 것 같다.	質眞若渝
도는 드러나지 않아 이름이 없다.	道隱無名
대저 도는 아낌없이 주면서 만물을 이룬다.	夫唯道, 善貸且成

『도덕경』은 도경과 덕경, 두 부분으로 나뉜다. 1장부터 37장까지의 글이 도경이고 38장부터 81장까지의 글이 덕경이다. 독자들이 1장부터 먼저 읽게 되는 것은 자연스런 선택이다.

그런데 나와 같은 입문자에게 도경의 글은 너무 어렵다. 차라리 덕경의 글이 쉽고 진솔하게 다가온다. 도경의 많은 글들은 너무 심원하며, 때론 신비주의로 치우친 경우도 있다. 우리와 같은 입문자에겐 아무래도 덕경의 글이 편하다.

2015년 여름 석 달 동안 매일 일어나면 나는 『도덕경』의 글을 읽기 시작했다. 물론 덕경의 38장부터 읽어나갔다. 텍스트는 중국철학서전자화계획(中國哲學書電子化計劃. http://ctext.org/zh)의 도가(道家)이다. 이 텍스트엔 한문과 더불어 영문이 게재되어 있어 우리처럼 한문 실력이 약한 전후 세대들이 읽기에 편하다.

여기 실린 몇 개의 구절은 『도덕경』 81장에서 선발된 글귀들이다. 도은무명(道隱無名)은 내가 애지중지하는 구절이다. 무어라고 옮길까? 영문은 이렇다. 'The Dao is hidden, and has no name.' '도는 숨어 있으며 이름이 없다.' 맞나?

2
독재자가 흔든 깃발*

우리는 성장의 마약을 먹으며 살아온 것인지도 모른다. 이제 마약 중독으로부터 벗어날 때가 되었다. 성장을 멈추면 나라 경제가 파탄날 것처럼 떠드는 경제학자들이 있다. 조만간 성장은 멈춘다. 낮이 가면 밤이 오듯, 성장의 시대는 갔다. 우리가 해야 할 일은 지난 40년 성장의 시대 속에서 배태시켜온 사회적 모순들을 직시하고 이 모순들을 슬기롭게 풀어나가는 일이다.

시대의 성찰: 성장의 실상

박정희는 갔다. 박정희는 갔지만 그가 뿌려놓은 성장의 환상은 깊다.

유권자 여러분! 저는 세 가지 목표를 세웠습니다. 하나는, 이 나라 사회에서 공산주의를 쫓아내고, 그걸 위해서는 국방을 튼튼히 해야겠다 하는 것입니다. 두 번째 목표는, 가난과 빈곤을 추방하기 위해서 경제건설을 해야 되겠다는 것입니다. 세 번째 목표는 부정부패와 부조리를 추방하고, 도의사회

---

* 나는 1984년 『소외된 삶의 뿌리를 찾아서』를 집필했다. 이 글은 그때 쓴 글의 일부이다.

를 건설해야 되겠다는 세 가지 목표를 세웠습니다.[1]

박정희가 공약한 3대 추방, 즉 공산주의의 추방, 가난과 빈곤의 추방, 부정부패의 추방은 1960·70년대 한국 사회를 이끌어온 군사정부의 3대 정책 목표로서 적극적으로는 총력안보, 경제성장, 서정쇄신으로 표현되었다. 이어 박정희는 다음과 같이 말했다.

국민 여러분!
우리는 이것으로 만족을 해서는 절대로 안 되겠습니다. 왜냐하면 우리 경제가 그동안 고도의 성장을 했다고는 하지만 이제 겨우 우리나라의 국민소득이 2백 불을 조금 넘을 정도입니다. 1인당 국민소득이 1천 불, 2천 불, 3천 불, 4천 불을 넘는 선진 국가가 얼마든지 있습니다. 3차 5개년 계획이 끝나면 우리나라 국민소득은 약 4백 불을 넘게 되는데…[2]

이후 일관되게 추진된 경제성장정책과 총력수출정책의 결과 14년이 지난 오늘날(1984년) 일인당 국민소득은 200달러에서 2000달러로 10배 불어났고, 40억 달러의 수출을 고대하던 것에서 300여 억 달러의 수출을 바라보게 되었다. 그야말로 놀라운, 기적과 같은 경제성장이었다.
그런데 과연 국민 대다수의 소득이 10배씩이나 늘어났는가? 일인당 국민소득이 2000달러이면 가정을 갖고 있는 사람의 평균 월수입이 53만 원[3]이라는 얘긴데, 이는 10만 원 미만의 저소득층이 근로자계층의 60%라는 사실과 너무 거리가 멀다.
농촌에서 살 때야 해만 지면 집에 들어와 쉴 수 있었는데, 요새는 해가 지고도 두 시간 세 시간 더 일을 해야 하고 더욱이 며칠씩 철야작업을 해야 겨우 먹고살 수가 있다. 농촌에서 살 때야 여자들은 집안 살림하고 남자들이 들에 나가 일하면 되었는데, 요새는 아버지·어머니·자식들까지 총동원되어 일을 해야 살 수 있는 판이니 이는 어찌된 영문인가? 가진 자들은 자가용 몰고 골프장에나 들르고 백만 원짜리 술상을 예사로 먹어치우면서, 없는 사람들은 빽빽한 전철에서 아침부터 시달리고 소변 볼 틈도 없이 기계 앞에서 일하다가 밤 아홉 시에야 진이 빠져버린 육신을 끌고 귀가를 하니 이는 어찌된 영문인가?

성장은 노동자의 저임금과 장시간노동이었다

노동자계급은 지난 30년간 한국 경제의 고도성장과 함께 빠른 속도로 늘어 이제 한국 사회에서 가장 큰 구성원이 되었다. 1986년 경제기획원 자료에 의하면, 전 산업 취업자 1550만 명 중 피고용자가 840만 명으로 경제활동인구의 50%를 넘어서고 있다.

1987년 한국노총 임금인상 활동지침에 의하면, 제조업 노동자 245만 명 중 단신 근로자 최저생계비 22만 원에도 미치지 못하는 기본급을 받는 노동자가 182만 명으로 전체의 76%를 차지하며, 그중 기본급 14만 원도 받지 못하는 노동자는 125만 명으로 전체의 반을 넘는다. 제조업 종사 여성노동자의 초임은 13만 원, 이들의 시간당 임금은 커피 한 잔 값밖에 되지 않는 700원이다.

제조업의 주당 노동시간을 볼 경우 한국의 노동시간은 주당 54.7시간(1986년)으로 세계에서 가장 높다. 150여 개 국가가 넘는 세계에서 무엇 하나 일등 하기란 매우 힘든 일이다.

성장은 정경유착·부정축재였다

신축 아파트가 분양될 때마다 높은 프리미엄이 붙은 1977년, 현대건설은 압구정동에 950세대의 아파트를 지어 그중 650세대를 공무원들과 영향력 있는 사회 저명인사들에게 뇌물로 바침으로써 사회 여론의 혹독한 지탄을 받았다. 이에 서울지검은 1978년 7월 아파트 특혜 분양 사건을 조사, 관련자 명단을 밝혔다.[4] 현대 재벌에서 이 사람들에게 2억 원짜리 아파트를 준 까닭은?

박정희가 아직도 부정부패의 뿌리가 근절되지 않고 있다고 말했을 때, 서민들은 혹 자신도 부정부패를 저지르지 않았나 먼저 찔끔했다. "저번 애의 봄 소풍 때 학교 담임선생님한테 바치라고 거북선 세 갑을 줘서 보냈는데.…" "군대 제대하고 일 년이 넘도록 취직이 되지 않아 모기업 생산과장에게 아는 연줄로 돈 오만 원을 썼는데.…" 마치 기독교인이 일요일 예배 때마다 지난 한 주일의 행위에 대해 하나님께 고백하듯이, 당시 박정희의 부정 운운하는 대목에서 우리는 먼저 자신의 부정행위를 둘러보기에 바빴다. 정작 초대형 부정부패의 장본인을 앞에 두고서 말이다. 이에 대해 당시 김대중은 4·27 대통령 선거 장충단 유세 연설을 통해 다음과 같이 반박했다.

나는 되도록 박 대통령의
개인 인격에 관한 것은
말하고 싶지 않다.

다만, 박 대통령은 부정부패에 아무 책임이 없고 주위 사람이 썩었다는 말은 참을 수가 없다. 박 대통령은 부정부패에 관한 법적·행정적 책임만 있는 것이 아니라 사실상의 책임까지 지고 있다. 바로 박 대통령의 측근들이 몇 십억 원, 몇 백억 원씩 축재하고 있는데 어째서 박 대통령이 책임이 없다는 말인가. 게다가 신문, 방송, 대학교 등 5백억 원의 재산을 가진 5·16 장학회가 개인 것이라는 것이 그 사정을 아는 사람들의 이야기다. 이 장학회는 말만 장학회지 갖은 특혜를 다 받으면서도 실제 장학금은 5백억 원 재산의 5백분의 1인 1억 원의 정기예금 금리 2천 4백만 원뿐이다.[5]

이상우 씨는 그의 저서 『비록 박정희 시대①』에서 당시 부정부패의 주인공과 만행을 다음과 같이 폭로했다.

박정희 통치가 두 번째의 임기에 들어선 67년부터 71년에 이르기까지 서울 한복판에 있던 반도호텔 905호실과 바로 그 옆 뉴코리아호텔 1002호실은 항상 '장기투숙객'에 의해 예약되어 있었다.

이들 예약된 방에 자주 나타나는 주인공은 당시 공화당 재정위원장이었던 김성곤, 아니면 김진만이었고 정부 쪽에서는 이후락 청와대 비서실장과 김형욱 중앙정보부장이 자주 얼굴을 내밀었다.

이 장소와 모임이 바로 제3공화국 정치자금의 공장이었던 것이다. 이 방에서 그 당시 한국에서 장사를 하고 있던 모든 외국 기업의 업무 현황이 검토되었고, 한국에 도입되는 모든 규모의 정부 및 민간 차관이 조사되었다. 정부가 개입되는 굵직한 건설공사, 특혜적인 수입 업무, 저리 은행 융자, 교포 재산의 반입 등도 여기서 처리되었다.

그들은 중앙정보부나 경제기획원이 파악하고 있는 방대한 자료를 근거로

하여 미국의 A기업에는 얼마, 일본의 B상사에는 얼마 하는 식으로 정치헌금을 할당했다. 그리고 어느 기업체가 도입되는 차관에는 몇 퍼센트의 수수료를, 또 어느 업체의 건설수주에는 몇 퍼센트의 현금을 뗄 것인가를 결정했다.[6]

이렇게 해서 결정된 정치헌금, 각종 수수료 등으로 거두어들인 돈은 청와대와 공화당의 금고에 입금된 다음 선거자금, 당 운영비, 소속의원과 동조자에 대한 지원비 등으로 쓰였다. 때로는 야당이나 비판세력에 대한 매수자금으로도 쓰였고, 일부는 떡고물이라는 형식으로 개인의 호주머니 속에 들어가기도 했다.

1979년 10월 26일 박정희가 죽고 난 다음 공화당 내부에 분열이 일어났다. 젊은 공화당 국회의원들이 청와대 비서실장을 지낸 이후락에게 부정부패의 책임을 지고 퇴진할 것을 요구했다. 당시 텔레비전의 뉴스 시간에까지 나와 이후락은 "떡을 주무르다보니 떡고물이 묻은 것뿐이다. 나만 떡을 만졌느냐"며, 당시 서산농장과 제주도 감귤농장으로 말이 많았던 라이벌 김종필 역시 자신과 마찬가지로 부정부패를 저질렀다고 반박했다. 이왕 버린 몸 함께 죽자고 끌어들인 물귀신의 대상은

박근혜의 비밀계좌

노웅래 더불어민주당 의원은 박정희 정권이 조성했다고 알려진 스위스 비자금 의혹을 밝혀야 한다고 주장했다. 노 의원은 1978년 미 하원이 발행한 「프레이저 보고서」를 근거로 이런 주장을 펼쳤다. 보고서에 의하면 박정희 정권은 해외 차관을 들여오면서 자금의 10~15%를 수수료로 가로채는 불법행위를 저질렀으며, 조성한 비자금을 스위스 은행에 넣었다. 또 노 의원은 1979년 10·26 이후 박근혜 대통령이 스위스를 방문해 비밀계좌의 예금주 이름을 변경했다는 제보가 있다고 말했다.

김종필뿐이었을까.

성장은 재벌의 성장이었다

재벌기업은 전자, 철강, 건설, 금융은 물론 레저산업, 부동산 임대, 관광
숙박업, 광고 대행, 여행 알선, 포장업, 필름, 타자기 제조, 통조림업, 케
이크, 식빵 등 중소기업의 고유 업종에까지 손을 대고 있으며, 최근에
는 도심지에 레스토랑과 요정을 경영하는 사례까지 나오고 있다. 모 재
벌그룹은 종업원의 사무복·작업복은 물론 2만여 해외 근로자들이 먹
는 김치·깻잎통조림까지 계열 산하 전담 회사를 두고 자체 조달한다.
유니폼 납품량만 연간 10만~15만 벌에 달한다고 한다.

그리하여 우리나라 재계에는 '밀림의 법칙'도 통하지 않는다는 말이
있다. 약육강식만이 있는 것이 아니라, 맹수가 먹이를 잡으면 살코기만
먹고 나머지는 다른 짐승들이 먹도록 버려두는 '공생의 분배'도 있는
것이 밀림의 생리이다. 그러나 우리나라 재벌들은 살코기에서 가시까
지 깡그리 챙기는 독식가들이라는 지적이다.

| 매출액 순위 5대 그룹(1985년) |

순위	그룹명	대표자	계열사	매출액
1	삼성	이병철	25	13조 6990억 원
2	현대	정주영	32	13조 5950억 원
3	럭키금성	구자경	26	8조 4970억 원
4	대우	김우중	25	6조 2490억 원
5	선경	최종현	14	5조 5310억 원

1985년 상위 5대 독점 재벌의 총매출액이 47조 원. 1980년도의 13조 원에 비해 무려 360% 성장. 이는
1980년 이후 불황 속에서 독점 재벌이 급속히 팽창했음을 보여준다.
출처: 황광우, 『소외된 삶의 뿌리를 찾아서』, 156쪽.

국내 16대 재벌그룹의 경우 계열 기업을 각각 12개에서 최대 52개까지 거느리고 있다. 재벌그룹이 밝힌 1983년의 외형 자산은 삼성 7조 2000여억 원, 현대 7조 원, 럭키금성 6조 원, 대우 5조 원, 선경 4조 8000억 원에 달해 1980년에 비해 3년 동안 평균 두세 배의 재산 증식을 했음을 한눈에 알 수 있다.

성장은 재벌에 대한 특혜 금융이었다

1980년 제조업 자금 조달 중 은행 차입이 33%를 차지한다. 또한 재벌그룹 137개 계열 기업의 대출금 총액이 전 금융기관 대출금 총액의 70%를 차지한다. 1978년 10월 현재, 재벌그룹별 50억 이상 대출 업체 수는 삼성 10, 현대 4, 대우 1, 럭키 5, 쌍용 4, 국제상사 3, 코오롱 5, 효성 6, 금호 3, 기아산업 2, 대한전선 2, 동아건설 2, 동국제강 2, 선경 4, 한국생사 3, 율산 1 등으로 은행 돈은 거의 대기업들이 가져다 쓴 것으로 나타났다.

서민들이 은행 빚을 내려면 담보가 있어야 하고, 담보가 있더라도 담보액 이상의 돈은 절대 빌려주지 않는다. 그런데 재벌들은 자기 돈의 네 배가 되는 돈을 빚으로 안고 있다. 수출 지원금융과 수출산업 설비 자금을 비롯하여 수출 상품의 생산·가공에 소요되는 원자재 비용 전부를, 수출 주도 정책을 우선하는 정부로부터 지원받고 있다.

정부는 대기업에 정책 금융을 실시하고 있는데, 정책 금융은 지극히 낮은 이자율로 대출해주는 특혜 융자이다. 1980년 모 재벌기업이 일반 대출 금리 연 19%로 100억 원을 빌린다면 연 30% 사채로 이용할 경우에 비해 그 자리에서 10억 원이 떨어진다. 만일 100억 원을 수출 금융 금리인 연 12%로 빌린다면 그 자리에서 20억 원이 떨어진다. 만일 이

돈으로 물건을 사두었다면, 도매 물가가 거의 40%까지 올랐기 때문에
약 30억 원을 앉아서 벌 수 있다. 만일 이 돈으로 부동산 투기를 했다면
어떻게 될까?

성장은 부동산 투기였다

재벌은 은행 돈 끌어다 부동산 투기를 잘한 사람이다. 은행 돈으로 땅
사고 다시 그 땅을 잡혀 은행 대출을 받는다. 빌딩을 지으면 이번에는
더욱 담보력이 커져 더 많은 은행 돈을 끌어낼 수가 있다. 어디 그뿐인
가. 빌딩을 지으면 임대보증금이란 명목으로 건축비용보다 더 많은 돈
을 거둬들일 수가 있고 물가를 앞질러 가며 건물가격이 치솟는다.

다른 부동산 투기도 마찬가지이다. 은행 돈과 부동산 사이의 오묘한
관계를 잘 풀어나가면 재벌의 왕좌에 올라서고 그것을 잘 풀어나가지
못하면 좌절하고 만다. 그래서 재벌의 왕성한 부동산 투자욕은 지칠 줄
모르고 계속되고 있다. 부동산 투기를 나무라는 빗발치는 여론 속에서
도 재벌이 짓고 있는 빌딩은 하늘 높은 줄 모르고 치솟고 있다. 정부는
업무용 부동산이라도 팔아서 재무구조를 개선하라고 소리 높여 외치
고 있으나 재벌들은 꿈쩍 않는다.

재벌들은 업무용으로 필요한 것보다 훨씬 많은 부동산을 소유하고
있으면서도, 그 많은 비업무용 부동산을 감쪽같이 업무용으로 바꿔놓
고 있다. 정부의 부동산 처분 시책은 힘없는 중소기업에나 해당될 뿐
대기업·대재벌에는 씨알이 먹혀들어가지 않는다. 그들은 오히려 부동
산을 더 사들이고 있다. 재벌의 부동산 투자는 공장 부지의 과다 매입,
골프장, 농원 건설, 목장 및 초지 조성, 산림 개발, 콘도미니엄 건설, 연
수원 및 체육관 건설 등의 명목으로 토지 매입을 하는 데서부터 시작된

다. 최근 두드러진 현상은, 서울 도심의 금싸라기 땅을 사서 대형 임대 빌딩을 짓는 유형의 부동산 투기이다. 실력 있는 재벌들은 도심권 밖으로 이전하는 학교, 관공서, 각종 단체, 회사 등의 부지와 재개발지역의 땅을 닥치는 대로 사들여 재벌 타운을 형성해가고 있다.

1960년대 이후 불과 20여 년 사이에 10대 재벌의 매출액이 GNP의 43%를 점할 만큼 기업이 급성장할 수 있었던 결정적인 요인으로 금융 특혜와 부동산 투기를 꼽을 수 있다. 부가가치의 창출과 생산성 향상이라는 산업자본으로서의 기능 발휘를 외면한 채 은행 대출로 토지를 매점하는 등 국민 대중에게 손실을 안겨주는 불로소득을 통해 부를 축적해온 것이다. 우리나라 재벌의 윤리의식 수준은 사회 전체 부의 증식을 통한 합리적 이윤 추구보다 투기 이윤에 급급해하는 천민 자본가의 테두리에 머물고 있다.

우리나라 재벌들이 왕왕 국민적 지탄의 표적이 되는 것은, 이들의 경제적 집중도가 세계적으로 유례가 없을 정도로 심할 뿐만 아니라 그러한 급속한 부의 축적이 흔히 비도덕적인 과정을 통해 이뤄졌다는 사실에 기인한다. 미국의 경제학자 갤브레이스는 이렇게 쓴 적이 있다. "아무리 즐거워도 세상에 드러내놓고 즐길 수 없는 것이 간통과 기업의 인플레이션 이득이다." 인플레이션을 통한 이윤 추구는 간통과 마찬가지의 기업 불륜이라는 지적이다.

소유냐 삶이냐

지금은 사라진 양산의 제2육군 교도소 철창 안에서 처음 만난 에리히 프롬은 나의 영혼을 떨게 만들기에 충분했다. 『소유냐 삶이냐』는 한 젊은이의 인생관을 보편적 언어로 작성할 수 있도록 도와준 소중한 책이었다. 본시 나는 부와 권력을 탐하는 것을 속물적인 것으로 간주하는 습성이 있었다. 초등학교 때에 다니던 주일교회에서 예수의 말씀을 많이 들었고, 중학교 때에는 간디의 『진실을 찾아서』를 읽고 큰 감명을 받았던 터라, 당시 나에게는 무소유적 지향이 강하게 자리하고 있었던 것이다.

프롬은 『소유냐 삶이냐』라는 책 속에서 자본주의체제가 양산하는 소유지향적 인간의 모습을 아주 잘 그려놓았다. 자신의 실존을 있는 그대로의 모습에서 찾지 않고 자신이 소유하고 있는 대상을 통해 자신의 정체성을 확인하는 도착적 인간들이 즐비하다. 그랜저 자동차를 소유하면 자신의 인격이 위대해 보이고, 엔터프라이즈를 타고 다니면 대단한 기업인이 된 것 같은 착각을 자본주의는 유포한다. 소유지향적 인간에게 모든 가치 있는 것들은 죄다 소유의 대상이 된다. 한 여인을 사랑하는 것이 아니라 한 여인을 소유하려 하며, 진리를 탐구하는 것이 아니라 지식을 소유하려 한다.

프롬은 책의 서두에서 꽃의 경이를 느끼지 못하고 꽃을 꺾어야만 직성이 풀리는 소유양식을 그리고 있다. 내가 프롬으로부터 크게 배운 것은 인류 역사의 위대한 사상가들은 한결같이 소유양식을 부정하고, 자신의 실존을 실현하는 삶, 창조적인 삶을 지향했다는 것이다. 예수도 간디도 노자도 마르크스도 모두들 소유에 붙들려 사는 세속적 삶을 버리고 사랑하고 깨닫고 낮은 데로 내려가고 세상을 바꾸는 활동을 권장했다.

나는 꿈을 꾸어본다. 땀 흘려 일하는 사람들이 이웃과 나누고 베풀고 봉사하고 헌신하며 살 수 있는 세상이여, 어서 오라고. 아이들 교육비만큼은 나라가 책임지는 세상, 시험 걱정하지 않고도 좋은 공부할 수 있는 세상, 농사만 지어도 뱃속 편하게 살 수 있는 세상, 타고난 예술혼을 불사르기 위해 그림 그리는 예술가들을 존중하는 세상, 시골의 보건소들을 찾아다니며 인술을 베푸는 젊은 의사들이 웃고 다니는 세상, 무엇보다도 세상을 바꾸는 일에 미쳐 신명난 삶을 사는 가난한 사회운동가들이 자랑스러운 세상, 이런 세상을 어떻게 만들 것인지 함께 고민하여 보자.

—2005년 작성, 미발표.

가난을 어떻게 생각해야 하는가

이번 질문은 가난에 대해서입니다.

선생님은 가난에 대해 어떻게 생각하시는지 궁금합니다.

가난에 대해서는 한 가지만 얘기할게요. 가난하기 때문에 나의 노동력을 누구에게 제공하고 임금을 받고 살아가는 임금노동자의 삶이 있지 않습니까? 임금노동자의 삶은 가난이 강제하는 하나의 불행입니다. 나는 정규직이든 비정규직이든 월급이 많든 적든 임금노동자의 삶은 근본적으로 불행하다고 생각합니다.

나의 동기 한 분이 가난 때문에 재벌회사에 취업했어요. CEO까지 됐지요. 그리고 나이 오십 중반경 이제 집에 가라고 하는 거야. 그래서 집으로 물러났어요. 대학생 때 나랑 같이 운동을 했는데 집안이 가난해서 더 이상 운동을 같이 못하고 재벌기업에 취직한 거요. 30년 동안 재벌을 위해 열심히 일했어. CEO까지 된 거죠.

30년 만에 만났어요. 귀밑머리가 하얀 거 말고는 모든 게 똑같대요. 외모도 똑같고 말하는 투도 똑같고 심지어 정치적 견해도 똑같았어요. 30년이 지났는데 말이지요. 나는 친구에게 두 가지를 제안했어요. "무조건 대학원 가라. 대학원 가서 공부해라. 두 번째 텃밭을 마련하라. 고추도 심고 상추도 심고 농사를 지어라. 그게 가장 좋다"라고 얘기했어요.

나는 그 친구 볼 때 아주 깊은 연민을 느꼈어요. 30년의 삶을 잃어버린 거예요. 30년을 줘버렸어요. 남은 것은 뭐야? 청춘을 잃어버린 걸. 반대로 나는 파란만장한 삶을 살았지만 30년의 세월이 여기 그대로 살아 있어요. 근데 그 양반은 뭐야? 잃어버린 삶을 산 거예요. 30년을 원하지 않는 삶을 산 거지요.

우리는 원하는 삶을 살아야 해요. 오디세우스는 7년간 칼립소의 품에서 원하지 않는 삶을 살죠. 매일 바다를 보면서 우울해해요. 오디세우스는 매일 밤 원치 않는 여자와 원치 않는 잠을 자요. 마침내 고향을 찾아 떠나죠. 나는 자신이 원하는 삶을 살아야 한다고 생각해요.

—2014년 7월

함께 읽는 고전

족함을 알면 욕됨이 없다

—『도덕경』 44장

명성과 몸, 어느 것이 귀중한가?	名與身孰親
몸과 재물, 어느 것이 소중한가?	身與貨孰多
그러므로 깊은 애착은 반드시 큰 대가를 치르고	是故甚愛必大費
많은 것을 모으면 반드시 많은 것을 잃는다.	多藏必厚亡
족함을 알면 욕을 보지 않고	知足不辱
멈출 줄 알면 위태롭지 않다.	知止不殆

『도덕경』41장에서 읽은 '밝은 도는 도리어 어둡게 보인다(明道若昧)'는 글귀나 '참된 진리는 구차한 것 같다(質真若渝)'는 글귀는 역설이다. 『도덕경』은 역설의 전시장이다. 불가에선 '참된 빛은 빛나지 않는다'는 진광불휘(眞光不輝)를 자주 사용한다. 이 역시 역설이다.

'족함을 알면 욕을 보지 않고(知足不辱), 멈출 줄 알면 위태롭지 않다(知止不殆)'는 글귀 역시 내가 애용하는 구절이다. 대한민국의 정경유착과 부정축재, 여기에 관련된 모든 추악한 이름들은 지족불욕 이 네 글자를 몰라 생긴 비극의 주인공들이다. 끝까지 국민을 상대로 일전을 불사했던 그녀에게 나는 『도덕경』을 영치해주고 싶다. '멈출 줄 알면 위태롭지 않다.'

한 나라의
대통령이 학살자일 때

살아남은 자들이 있어야 할 곳[1]

김남주

한 나라의 대통령이라는 자가

외적의 앞잡이이고 수천 동포의

학살자일 때 양심 있는 사람이

있어야 할 곳은 전선이다 무덤이다 감옥이다

도대체 형제의 살해 앞에서 저항하지 않고

누가 자유일 수 있단 말인가

시대의 성찰: 정경유착

일해재단[*]

광주를 학살한 전두환, 그는 노동조합의 간부들을 깡패들과 함께 묶어

삼청교육대로 보낸 다음 1981년 8월 22일 잠실체육관에서 대통령직에

---

* 1996년 작성, 미발표.

오른다. 그의 역사적 연설을 우리는 잊을 수 없다.

국민 여러분!

우리는 지난 60년대와 70년대에 걸쳐 갖가지 내외의 도전과 시련에도 불구하고 경이적인 국가 발전을 이룩했습니다. 그러나 급속한 발전 과정에서 많은 모순이 부산물로 생겨났습니다. 이른바 권력형 부정축재, 부의 편재현상, 황금만능주의, 도의의 타락, 정치적 이견의 극단화, 공직자들의 무사안일주의 등이 그 대표적인 예가 될 것입니다.

전두환은 제5공화국을 이끌어갈 새 정당의 간판을 '민주정의당'으로 갈아 써넣었고, 경찰서의 입구마다 '정의 사회 구현'이라는 팻말을 달게 했다. 그 애비의 그 자식이었던가. 부정부패를 없애겠다고 국민 앞에 공약했던 박정희와 군부집단이 수백억 원대의 부정축재를 일삼았듯이, 전두환의 군부집단 역시 선배들이 갈아놓은 축재의 길을 걸었다. 자식은 애비보다 한 술 더 떴다. 사람을 죽이는 데서도 한 술 더 떴고, 민중을 혹사시키는 데서도 한 술 더 떴으며, 권력을 이용하여 부정축재하는 데서도 한 술 더 떴다.

전두환의 말마따나 '권력을 이용하여 수백억 원의 재산을 긁어모은 정치인'은 이미 정치인이 아니다. 그는 권력을 탈을 쓴 악질 자본가인 것이다. 자본가는 노동자를 고용하여 돈을 벌지만, 정치인의 탈을 쓴 이 자본가들은 국민이 일구어놓은 부를 권력이라는 갈고리로 갈취한다는 데 문제의 심각성이 있다. 1982년 봄부터 전두환 군부집단의 탈법적 축재행위가 그 마각을 드러내기 시작했으니, 그 유명한 장영자 어음 사기 사건이 그것이다.

장영자가 주무른 7000억 원은 빳빳한 1만 원짜리 지폐로 쌓아올리면 백두산의 두 배가 넘는 높이가 되고, 길이로 늘어놓으면 백두산과 부산을 400번 왔다 갔다 할 수 있는 돈이었다. 문제의 장영자는 전두환의 장인 이규동의 동생, 그러니까 이순자의 숙부인 이규광의 처제 되는 여자였다. 아, 머리 아프다. 거액의 자금을 주물렀던 비결은 어음 장사였다. 자금이 달리는 기업인에게 현금을 제공해주고 그 대신 빌려주는 현금의 두 배에 해당하는 어음을 끊게 하여, 이 어음을 다시 은행으로부터 현금으로 결제 받는 수법을 그녀는 사용했다.

1984년으로 오면 국회의장 정래혁의 부정축재가 도마 위에 오른다. 정래혁은 친일파 지주의 아들로 태어났다. 아버지가 일본에 충성한 대가로 정래혁은 일본 사관학교에 추천 입학을 했고, 8·15 해방 당시 일본군 소령으로 제대했다. 이어 미 군정청에서 경찰관 생활을 거친 후 육사 7기로 다시 군대에 들어갔다.

정래혁은 박정희와 손을 잡고 5·16 군사 쿠데타에 적극 가담하여 손쉽게 권력의 요직을 차지하게 되었다. 1968년 2월 제2군 사령관으로 군복을 벗고 한전 사장을 지내다가 1970년에는 국방부 장관으로 취임했다. 이후 제9대·제10대 국회의원을 지냈다. 박정희가 죽은 후 등장한 제5공화국 정부하에서 정래혁은 공화당 재산청산위원장을 맡아 공화당 재산을 민정당에 넘겨주는 역할을 하는 대신 민정당 대표위원이 되었다.

사실상 전두환으로부터 국회의장직을 위임받은 정래혁은 1981년 9월 21일 제108회 정기국회 개회사를 이렇게 시작했다. "우리 모두가 품위와 청렴을 의무로 생각하느니보다는 이를 자랑스러운 긍지로 간직하는 정치인이 됩시다." 부동산 투기로 100억 대의 자산을 모으고 탈세를 밥 먹듯 하는 자가 어떻게 품위니 청렴이니 하는 고상한 언어를 입에 떠올릴 수 있는 것인지, 자칭 지도층이라고 말하는 자들의 오장육부는 어떻게 생겨 먹었는지 알다가도 모를 일이다.

형제는 용감했다. 대통령을 형으로 둔 전경환은 소 파동의 장본인이었다. 연간 2만 마리씩 소를 도입하라고 관계 장관에게 압력을 넣었다. 관계 장관들은 꼼짝 못하고 수입 소의 물량을 늘려나가면서 '희대의 소 파동'은 시작되었다.

1984년 초부터 소값이 하락하기 시작했다. 한때 126만 원 하던 암송아지값이 1984년엔 65만 원으로 떨어졌고, 1985년엔 20만 원까지 곤두박질쳤다. 전경환의 압력에 의한 소의 과다 수입으로 일어난 소값 파동은 1983년부터 1985년까지 국내 축산 농가에게 2조 6천억 원의 피해를 끼친 것으로 추정된다.

전경환의 사설 왕국이었던 새마을운동본부는 1981년부터 1986년까지 6년간 1234억 원을 썼다. 연평균 200억 원을 날린 것이다. 경제기획원이 밝힌 바에 의하면 새마을운동본부는 기업체로부터 324억 원을 뜯어냈다. "일 년에 두세 번 위에서 지시가 내려옵니다. 안 낸다는 생각은 할 수도 없습니다. 평균 2억~3억 원가량 냈습니다." 한 기업체의 고위 간부의 이야기이다.

처음에는 자진해서 날아갈 듯이 냈고, 두 번째는 이치가 맞으니까 협조하는 것이 좋겠다고 해서 자발적으로 냈으나, 세 번째에는 편히 살자는 생각에서 힘에 겨워도 낼 수밖에 없었다.

1988년 여름 '5공 청문회' 석상에서 남긴 정주영의 자백이다. 그 시절 전두환은 백담사 유배 길에 올랐고, 5공 비리의 공범들인 재벌들이 줄줄이사탕으로 심문대에 올랐다. 한때는 헬리콥터를 동원하여 이 별장 저 별장으로 날아다니며 미스코리아 뺨치는 아가씨들을 끼고서 노루피를 함께 나눠 마셨던 의리 좋던 전두환과 정주영의 사이였건만, 권력무상이던가, 권좌를 내려온 전두환을 정주영은 이렇게 배신했다.

전두환이 퇴임 후 사용하게 위해 지었던 '일해재단'이란 게 있었다. 이 재단 건물을 짓는데 정주영이가 바친 성금은 자그마치 45억 원. 자신이 상납한 성금이 대가를 바라며 주는 뇌물이 아니었음을 변호하기 위해 정주영은 "편히 살자는 생각에서 힘에 겨워도 낼 수밖에 없었다"며 자신도 억울한 피해자였던 양 말했다. 거짓말 잘하는 한국 재벌의 능력을 유감없이 보여주고 있었다.

손해 보는 장사는 하지 않는다는 정주영. 그는 전두환 정권하에서 가장 큰 특혜를 누린 재벌이었다. 신문로에 있는 구 서울고등학교 부지를 99억 원에 매입하여 서울시에 490억 원에 되팔아 먹었으니, 이 한 건으로 400억 원을 남긴 셈이다. 그러니 45억 원은 껌값이지 않겠는가. 현대건설은 한전의 제11호기와 제12호기 원전 공사를 수의계약으로 따냈다. 1조 원대의

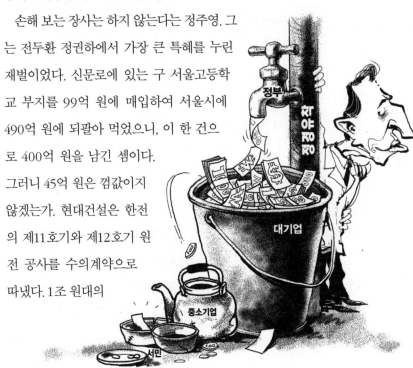

| 10대 재벌의 1980~1987년, 7년간 자산 증가 |

그룹	1980년도 총자산	1987년도 총자산	자산 증가율
현대	2조 9000억 원	11조 5000억 원	424%
럭키	1조 7000억 원	8조 8000억 원	518%
삼성	2조 원	12조 원	600%
선경	1조 5000억 원	3조 2000억 원	213%
대우	1조 7000억 원	11조 9000억 원	700%
쌍용	1조 원	3조 7000억 원	370%
효성	1조 원	1조 2000억 원	20%
한진	1조 원	4조 4000억 원	440%
대림	8000억 원	1조 9000억 원	237%
한화	6000억 원	2조 7000억 원	450%
총액	14조 2000억 원	61조 3000억 원	432%

출처: 황광우, 『소외된 삶의 뿌리를 찾아서』(거름, 1984).

공사를 담당하며 또 얼마를 빼먹었을 것이며, 얼마를 상납했겠는가. 충
남 아산만에 400만 평이 넘는 공유 수면을 매립하여 간척지를 만들었
다. 몽땅 정주영이 차지했다. 대한민국의 해저마저 재벌들에겐 사유지
인 셈.

들리는 소문에 의하면 금강휴게소 운영권을 따내 170억 원의 이익을
보았다고도 한다. 고속도로 주변에 이렇게 큰 이권이 오고 간다는 것을
까마득히 모르는 서민들이 그저 오뎅 국물이며 김밥이며 라면이나 사
먹고 있을 때, 재벌들은 휴게소 이권을 따내느라 눈에 불을 켜고 달려
들고 있었던 것이다. 크다고 하는 국책 공사에 현대건설이 빠진 적이
없었다. '편히 살자는 생각'에서 억지로 성금을 냈다고 하는 말을 들은
전두환은 '저 사기꾼을 내가 키워주었구나' 하며 환장 복통을 했을 것

이다.

언론은 일해재단 비리가 욕심 많은 전두환이가 재벌들에게서 강제 징수하는 과정에서 발생한 것인 양 문제의 한 측면만을 강조했다. 그러나 조금만 깊게 파고 들어가면 재벌들은 결코 독재정권의 피해자가 아니다. 오히려 재벌은 독재정권과 비리의 공범 관계였다. 권력은 재벌을 키워주고 재벌은 권력에게 상납하고, 누이 좋고 매부 좋은 관계를 향유하면서 국민들에게 돌아가야 할 성장의 과실을 독식했다. 그 시절 대한민국은 부패공화국이요 재벌공화국이었다.

사회가 악랄해졌다[*]

박정희가 추진하는 근대화니 경제개발계획이니 수출제일주의니 하는 용어에 대해서 국민 대다수가 긍정적으로 생각하던 때가 있었다. 끼니를 챙기기 힘든 절대적 궁핍이 박정희의 정책을 정당화시킨 면이 없지 않았다. 박정희가 부하의 총에 맞아 극적 죽음을 맞이할 때에도 상당수의 국민이 그 독재자를 국부라 칭하면서 눈물을 흘리기도 했다.

그런데 전두환의 광주학살을 겪고부터 생각들이 달라졌다. 청와대가 국민의 편이 아니라는 사실을 몸으로 겪었다. 시도 때도 없이 터져 나오는 대형 부정축재사건을 보면서 '더런 놈들!'임을, 권력의 반민중성을 확인해갔다. 재벌들이 청와대와 짜고 얼마나 거액의 부를 갈취하고 있었던가. 서민들은 알 길이 없었으나 피부로 겪는 삶은 더욱 피폐해져만 갔다.

사회가 악랄해졌다. 아이들을 밖에 내보내기가 두려워졌다. 우리 어

---

[*] 1996년 작성, 미발표.

렸을 때에야 해가 져도 밤이 깊도록 동네 아이들과 숨바꼭질하며 놀다 와도 부모님이 걱정하지 않았고, 여고생이 밤늦도록 도서관에서 공부하고 와도 어머니가 그러려니 하며 살았다. 그런데 언제부턴가 대낮에도 아이들을 밖에 내보내기가 두려워졌고, 어두워졌는데 딸아이가 집에 들어오지 않으면 어머니들이 사시나무 떨듯 불안에 떨게 되었다. 언제부터 우리 사회가 이렇게 험악하게 되었나. 꼭 집어 말한다는 것이 힘든 일이나, 나의 경험에 의하면 1984~1985년 즈음이 아니었나 싶다.

그 시절 신문은 기록한다. 남편을 죽여주면 여관을 팔아 1억 원을 주겠다는 조건으로 청부 살인극을 벌인 사건이 있었던 것은 1984년 3월이었을 것이다. 보험금을 노린 아내가 자동차 사고로 병원에 누워 있는 남편을 죽인 사건도 이즈음의 일이었을 것이다. 남편을 죽인 이 독부(毒婦)에 사회가 발칵 뒤집힌 것은 어린 아들과 짜고서 아버지를 죽였기 때문이었다. 아들이 준 우유에 청산가리가 들어 있을 줄 누가 상상이나 했겠는가?

우리의 의식은 마비되어갔다. 어린아이들이 먹는 과자에 독극물을 넣고 기업주에게 협박 전화를 하여 돈을 뜯어내는 사건들이 이어졌고, 동네에서 놀고 있는 아이들을 유괴하여 금품을 요구하는 아동 유괴 역시 이즈음에 본격화되었던 것 같다. "모르는 아저씨가 과자를 주면 먹지 마라"는 훈계가 바로 이런 사회적 배경에서 나온 말이다.

1970년대만 하더라도 친지들의 집에 방문하는 것이 우리네 삶의 한 즐거움이었으나, 지금은 친구 집에 방문하는 것이 찾아가서는 안 될 집을 억지로 들어가는 기분이다. 아파트가 보급되면서 사람들은 잠금장치 하나로도 불안하여 두 개 세 개씩을 장착하기 시작했다. 친지의 집에 가면 먼저 아파트의 경비원이 신원을 확인하는 것도 이때 생긴 일이다. 주인은 인터폰으로 상대방의 목소리를 확인하고서야 문을 열어주는 세상이 되었다. 서울에서 이웃은 사촌이 아니라 경계해야 할 도적이 되어버렸다.

1970년대만 하더라도 비록 가난하게 살았지만 사람들의 마음씨가 이렇게까지 흉포하지 않았다. 사람 사는 정이 통하는 사회였다. 호주머니가 비었어도 막걸리 한 사발 외상 술 마실 수 있었던 것이 1970년대의 분위기였다. 그런데 언제부턴가 돈을 벌기 위해 악랄해져야 하는 사회, 악독해지지 않으면 생존이 힘든 사회로 변모되기 시작했다. 그 시점이 내 기억으로는 1985년 즈음이었던 것 같다. 황금만능주의에 인륜의 파괴 현상이 노골적으로 드러나기 시작했던 때가 전두환 통치 후반이었다.

5공 비리 뒤에 숨어 있는 재벌의 도둑질[*]

나는 나 자신의 결백에 관해 확신을 가지고 있다. 물러나기로 결심했을 때는 물러난 뒤 어떤 일을 당할지 모른다는 각오를 했었지만, 참혹한 여론의 화살을 받을 줄은 몰랐다. 청남대 건립은 총무처에서 한 것이다. 가진 재산은 연희동 집이 전부다. 정치가 이토록 냉혹하고 치사한 줄은 몰랐다. 그러나 어느 시점에 가면 역사적 평가가 달라질 것이다.[2]

1988년 올림픽 개막 직전의 일이었다. 전두환은 이춘구 내무부장관을 비롯하여 권익현, 권정달, 장세동, 안현태, 허화평, 허삼수, 일부 현역

---

[*] 1988년 10월 작성, 《노동자의 길》 34호 발표.

장성들과 예비역 장성들, 가까운 언론인과 재벌들을 연희동 저택으로 불러들여 이렇게 말했다.

과거 전두환의 측근들은 전두환의 결백 선언에 대해 뭐라 반박할 근거가 없을 것이다. 그들 스스로 전두환의 공범자였기 때문이다. 그런데 전두환이 불러 모은 사람들 중 재벌들이 포함되어 있음에 주목할 필요가 있다. 독점 재벌 역시 5공 비리의 중요한 공범이었다.

퇴임 후 전두환의 사설 왕국을 꾸미고자 했던 일해재단! 일해재단에 대한 소문에 처음 접했을 때, 국민들은 전두환의 음흉한 모의에 경계를 하지 않을 수 없었다. 일해재단에 설치되어 있는 전두환의 영빈관의 시설들이 밝혀지면서 국민들은 경악했고, 그러한 시설이 국내 유수 재벌들이 앞다투어 낸 성금으로 지어졌다는 사실에 접하여 국민들은 분노하지 않을 수 없었다.

한편 언론은, 일해재단 비리가 욕심 많은 전두환이 재벌들에게서 강제 징수하는 과정에서 발생한 것인 양 문제의 한 측면만을 강조했다. 재벌들은 결코 독재정권의 피해자가 아니었다. 오히려 재벌은 독재정

29만 원밖에 없다더니

이렇게 찾아낸 전두환 비자금이 450만 원 모자란 1조 원이었다.… 쌍용 본사에 있던 65억 원은 전두환이 김석원에게 맡긴 돈이었다. 전두환은 경기도 용인에 있는 은화삼 골프장에서 만난 김석원에게 부탁할 일이 있다며 비서를 보내겠다고 했다. 그리고 사과상자에 담긴 돈을 김석원에게 보냈는데, 김석원은 이 돈에 전혀 손대지 않았다. 전두환이 김석원에게 맡겨뒀던 비자금을 내가 압수한 것을 놓고 전두환은 "내 용돈을 다 가져갔으니, 김 검사가 내 노후를 책임지라"며 농담을 했다.
— 김용철, 「삼성을 생각한다」(사회평론, 2010), 310–312쪽.

연도	1980	1981	1982	1983	1984	1985
준조세	0.48%	0.55%	0.66%	0.85%	0.77%	1.08%

출처: 한국경제연구원, 「기업의 준조세 부담에 관한 실증적 연구」, 1986.

권의 담당자들과 비리의 공범이었다.[3]

위의 표는 기업이 내는 기부금이나 성금을 의미하는 준조세가 1980년에서 1986년 사이 꾸준히 증가하는 추세를 보이고 있으며, 6년 동안 준조세액이 두 배 이상으로 늘어났음을 보이고 있다. 기업이 1983년부터 1987년까지 5년간 지출한 기부금 총액은 5738억 원인 것으로 나타났다.

동아건설의 기부금 262억 원 중 235억 원이 1983년 한 해에 집중된 것은 그해 원효대교(시가 200억 원대)를 정부에 헌납했기 때문이다. 동아그룹은 1980년 8월 19일 이순자의 여동생 이신자의 남편 홍순두를 동아콘크리트 영업이사로 받아들이는 민첩성을 발휘, 이 든든한 배경을 바탕으로 원자력발전소 9·10호 공사를 따냈고, 33억 달러의 초대형 공사인 리비아 배수로 공사를 따내는 데 성공했다. 동아그룹은 말썽 많은 김포지구 간척공사 허가를 받아내 이곳에 농경지 900만 평을 확보하기도 했다.

한일합섬의 경우 1986년에 전 국제그룹 계열사 여섯 개를 인수했는데, 그해의 기부금은 전년보다 53% 증가한 46억 원, 진해화학을 인수한 1987년에는 56% 늘어나 72억 원이었다. 국제그룹 인수 시 한일합섬은 자산 부족 금액 3616억 원 중 1808억 원은 은행 결손으로 탕감 받고, 나머지 1808억 원은 20년 무이자 거치 후 갚는다는 파격적인 대우를 받았다.

이와 같은 사실이 말해주는 것은 명확하다. 독점 재벌 쪽에서 정권에 내놓은 기부금은, 정권으로부터 받는 기부금 이상의 훨씬 커다란 규모의 특혜의 대가라는 점이다. 성금, 그것은 곧 뇌물이었다. 제5공화국의 비리는, 독점 재벌이 국가라는 장치를 통해 민중의 부를 독식하는 과정에서 정권 담당자들과 오고 간 뒷거래였던 것이다. 독점 재벌의 자본축적에 봉사하는 권력이 바로 전두환 정권이었으며, 이 점에서 노태우 정권 역시 예외는 아니다.

만일 전두환 정권이 농민의 정권이었다면, 우선적으로 농어민의 애간장을 녹이는 농가 부채를 탕감했을 것이다. 만일 전두환 정권이 노동자의 정권이었다면, 말로만 '산업전사'라 공치사할 게 아니라 최소한 산업재해로 불구가 된 노동자의 복지에 앞장섰을 것이다. 집 한 채 없이 10년이고 20년이고 셋방살이 설움에, 방세 걱정에 시달리는 무주택자들을 위해 건물의 보수비용만을 부담하는 임대주택을 우선적으로 지었을 것이다.

농민의 정권도, 노동자의 정권도 아니었던 전두환 정권은 자본가들의, 그중에서도 특히 독점 재벌을 위한 정권이었기에, 이렇듯 민중이 생산한 부를 독점 재벌과 독식해온 것이다. 그리고 노태우 정권 역시 전두환 정권과 아무것도 다를 바 없다.

그러나 이러한 정권이 교체된다 해도 재벌이 이 사회를 지배하는 한 국가는 필연적으로 재벌의 지배 도구로 전락할 수밖에 없으며, 그 속에서 특혜·비리는 확대·재연된다. 독재 권력을 타도하고 독점 재벌의 지배를 폐지할 때 '5공 비리'는 근절된다.

철학,
광장에 가다

나의 고백

사람은 어떻게 살아야 하는 것이냐

갈수록 대학이 취업센터로 전락하는 것이 우리가 보기에는 안타깝다. 좋은 직장을 얻기 위하여 노력하는 것, 그 자체야 나무랄 일이 아니다. 부모에게 의존하지 아니하고 자신의 힘으로 돈을 벌어 독립적인 삶을 사는 것은 젊은이에게 당연히 권장할 일이다. 그렇게 하여 돈 버는 것이 얼마나 힘든 일인지, 이 사회가 어떤 사회인지 알아가는 것도 어른으로 성장하는 과정에서 반드시 거쳐야 할 훈련일 게다. 하지만 한평생 어떻게 살아갈 것인지, 무엇을 위하여 살 것인지, 인생에 관한 아무런 고민도 해보지 않은 채 무작정 돈벌이에 뛰어드는 오늘 젊은이들의 세태가 안타깝다는 것이다.

나는 스무 살의 나이에 고시 공부를 할 것인가, 데모를 할 것인가를 놓고 힘든 고민을 했다. 부모님은 나에게 고시 공부를 하여 집안을 빛내는 역할을 해줄 것을 기대했고, 선배들은 독재정권에 대항하여 투쟁하는 길에 함께 나설 것을 요구했다.

나의 사촌형제들은 완도에서도 또다시 배를 타고 들어가야 하는 조그만 섬에서 김을 뜯고 미역을 따는, 이 땅에서도 가장 힘든 삶을 살아가는 분들이었는데, 어쩌다 시골에 내려가면 "아이고, 황 검사님 오셨

구면" 하면서 나를 맞아주셨다. 대학 1학년생에게 말이다. 이런 뒤틀린 현실이 나에게는 참을 수 없는 고통이었다. 민중이 자신을 수탈하며 사는 권력자를 오히려 부러워하는 현실을 어떻게 이해하란 말이냐. 하지만 독재정권에 대항하여 투쟁하는 길에 나서는 것도 그렇게 내키는 일이 아니었다. 현실을 어떻게 이끌어갈 것인지 대안을 제시하지는 못하면서 현실 비판에만 몰두하는 것이 나의 양심에 걸렸다. 이러지도 저러지도 못하면서 대학 1년 내내 방황하며 살았다.

다산 정약용 선생이 걸었던 그 코스, 해남 대흥사를 넘어 백련사로 이어지는 그 길을 홀로 걸으며 인생을 어떻게 살아야 하는 것인지 고뇌했다. 물론 답은 찾지 못했다. 이후 감옥에도 가고 공장에도 들어가고, 역사의 요청 앞에 부끄러운 삶을 살지는 않았다. 그러나 인생을 어떻게 살 것인가 하는 의문은 지금도 나를 괴롭힌다.

나는 인생에서 가장 중요한 것이 노동이라고 생각한다. 인간은 누구나 자신의 힘으로 의식주를 해결해야 하고, 사랑을 하고 결혼을 하게 되면 또 2세를 부양하기 위해서 일을 해야 한다는 것만큼 평범한 진리가 없을 것이다. 인간은 노동을 하면서 자연과 친교를 맺으며, 함께 노동하고 노동의 성과를 공유하면서 인간과 인간의 사회적 친교를 맺는 것이다. 인간은 노동을 통하여 자신의 인간다운 자질을 실현하는 동시에 노동을 통하여 인간으로서 생존할 수 있는 물질적 기반을 획득한다. 따라서 노동의 기회를 상실한 사람이야말로 가장 불행한 인간인 셈이다. 일을 하고 싶어도 일자리를 얻지 못하는 실업자도 불행한 사람이지만, 가진 것이 너무 많아 자신이 해야 할 노동의 기회를 타인에게 의존하다보니 노동능력을 상실해버린 사람들도 마찬가지로 불행한 사람들이다.

그런데 나는 지난 20년 동안 노동을 통하여 기쁨을 누리는 사람을 만나지 못했다. 죽어가는 환자를 정성껏 돌보아주었더니 건강을 되찾게 되어 기쁘다고 말하는 의사 한 명 만나지 못했고, 제자들을 열심히 키우는 재미로 교사생활을 하고 있다며 즐거워하는 교사 한 명 만나지 못했으며, 억울한 누명을 쓴 죄수를 성심껏 도와 변호했는데 지성이면 감천이라고 마침내 무죄 판결을 받게 되어 째지게 행복하다고 말하는 변호사 한 명 만나지 못했다.

의사·교사·변호사처럼 인간에 대한 봉사를 업으로 하는 분들이 이러할진대 공장에서 일하는 노동자는 어떠하겠는가? 복직 투쟁 7년 만에 직장에 복귀하게 되어 기뻐하는 노동자는 보았어도 직장에서 물건을 만드는 기쁨을 자랑하는 노동자는 단 한 명도 보지 못했고, 자식이 공부 잘해 경찰공무원이 되었다고 으스대는 농민은 보았어도 농사처럼 신명나는 일은 없다며 "농자천하지대본야"를 호쾌하게 떠드는 농민은 만나보지 못했다.

지금 대한민국 사람들 중 정작 자신이 맡고 있는 직업에 대해 자부심을 가지고 사는 사람은 내가 보기에 없는 것 같다. 전문대 교수는 4년제 대학 교수를 부러워하고, 지방대 교수는 수도권 대학의 교수를 부러워하며, 수도권 대학의 교수는 세칭 명문대학의 교수를 부러워하던데, 정작 서울대 교수는 청와대를 부러워한다. 변호사는 판검사를 시샘하고, 판검사는 정치인을 시샘한다.

대한민국이라는 거대한 경쟁구조 속에 편입된 사람들은 모두 자기가 맡고 있는 직업에서 부끄러움을 느끼며 자기보다 더 높은 곳을 시샘하며 살아가고 있다.

—2002년 작성, 『레즈를 위하여』(실천문학, 2003)에 발표

운동을 하면서 겪은 고통은 무엇인가

**선생님은 학생운동과 노동운동을 하면서
고통과 절망의 순간을 어떻게 견디셨는지 궁금합니다.**

글쎄요. 내가 처음 투옥된 것은 1975년 고등학교 2학년 재학 중이었어요. 서울대의 김상진 선배가 할복했다는 소식을 듣고 우리도 데모를 하기로 했는데, 사전에 누설되어 잡혀 갔어요.

조사만 끝나면 나가는 것으로 알고 있었는데, 나를 실은 차는 광주교도소로 향했어요. 밤의 정적을 깨는 개구리 울음소리가 지금도 생생하네요. 파란 수의를 입고 그릇 두 개와 젓가락 하나를 들고 방을 들어서는데, "쿵!" 하고 철문이 닫혀요. 0.9평의 징벌방이었어요. 천장의 전등 주변에는 똥파리들이 시꺼멓게 달라붙어 있었구요. 문을 박차고 나가고 싶었지만 철문은 끄덕하지 않았고, 나는 공포에 휩싸였어요. 이런 관(官) 속에서 앞으로 몇 년을 보낸단 말이냐!

고통은 철창 속의 부자유에서 오는 것도 아니고 철창 속 차디찬 마룻바닥에서 오는 것도 아니에요. 나는 대학에 들어가 또 시위에 연루되었고, 또 감옥에 들어가요. 이번에는 험악하기로 유명한 육군교도소였지요. 이후 유치장과 교도소를 들락거린 게 열 번이나 돼요.

감옥은 나에겐 성찰의 공간이었어요. 진정한 고통은 내 삶의 '방향 없음'에서 오는 것 같아요. 과연 여러분의 삶이 일관된 목표, 일관된 가치를 추구하고 사는 것인지 돌이켜 보세요. '나는 무엇을 위해 어떻게 살 것인가'를 해결하지 못하여 이십대 초반 나는 방황했어요. 쉬운 문제가 아니었어요.

삶의 고통은 육체적 고통에서 오는 것이 아니고 친구·선후배 간에서 벌어지는 인간관계의 갈등에서 왔어요. 내가 대학교 1학년 때 좀 튀는 발언을 했나봐요. 그랬더니 선배들이 나를 갈궈요. "저놈 소영웅주의자다"라고. 듣도 보지도 못한 'OO주의'자를 붙여서 괴롭히는데 죽고 싶었어요.

그리고 노동운동을 하던 일이 생각나요. 조직에서 유인물을 만 장 찍어요. 그런데 내가 혼자 3천 장을 뿌려요. 나는 유인물 뿌리는 선수였거든요. 조직원이 500명인데 나 혼자 3천 장을 뿌리니까 사람들이 뭐라 하겠어요. "저놈 배후에 뭐가 있다." 이렇게 얘기하면서 나를 의심하는 거예요. 밤을 새우며 혼자 3천 장을 뿌리면 칭송을 해야지 거꾸로 모함을 하더라고요. 같이 운동하는 사람들끼리 질시하고 비난하는 모습만큼 견디기 힘든 것도 없었어요.

—2014년 7월

천지는 유구하다
—『도덕경』7장

하늘과 땅은 유구하다.	天長地久
하늘과 땅이 유구한 까닭은	天地所以能長且久者
자기만 살려고 하지 않기 때문이다.	以其不自生
그래서 하늘과 땅은 오래 산다.	故能長生

하늘과 땅이 유구한 까닭이 무엇인가? 전국시대의 무한경쟁 속에서 노자는 묻는다. 자기 혼자만 살려 하지 않고 함께 살려고 하기 때문이란다.

'이등은 없다'면서 일등만의 세상을 외친 자가 있었다. 이 자의 천박한 가치관이 우리들을 망치고 있다. 각자도생의 나라, 우리가 언제부터 이렇게 망가졌더냐?

　노자는 하늘과 땅의 유구함을 본받아 성인은 공을 세우고도 몸을 뒤로 한다고 말한다. 공자도 이와 비슷한 이야기를 했다. "내가 서고 싶으면 먼저 남을 세워주고, 내가 이르고 싶으면 먼저 남이 이르도록 하라(己欲立而立人 己欲達而達人)." 짧지만 절실한 삶의 진리이다. 타인에 대한 배려와 상호 존중이야말로 행복한 삶의 튼튼한 받침목이 아닌가?

망할 놈의
돈태우어!*

성장주의는 한국 경제의 양적 팽창을 가져왔으나, 그 속내를 들여다보면 부패의 성장이요 재벌의 팽창이었다. 성장을 위하여 농민이 죽어갔고 노동자들은 공장에서 청춘을 헌납했다. 성장을 위한 제단에 1천만 노동자의 피와 땀이 올라갔다면 성장의 제단 뒤에서 한 떼의 재벌들과 권력자들이 성장의 성과물을 착복하기 여념 없었으니, 1995년 11월 노태우의 비자금 조사야말로 대한민국이 무엇인지를 극명하게 보여주었다.

시대의 성찰: 부정축재**

1995년 12월 18일 오전 10시 1분 서울 지법 417호 법정에는 대한민국 역사상 아주 진귀한 재판이 열렸다. 전직 대통령 노태우와 관련 피고인 15명이 이 법정에 끌려 나온 것이다. 불과 2년 전만 하더라도 날아가는 새들도 그 이름만 들으면 오줌을 쌀 정도 권세와 부가 막강했던 사람들

＊ 1996년 작성, 미발표.
＊＊ 이하의 글은 1996년《동아일보》기사들에 의거하여 재구성했다.

이 철창신세가 된 것이다.

　재판부의 호명에 따라 노씨가 입정했다. 노씨는 침통한 표정으로 두 손을 앞으로 모아 흰색 솜옷 속에 넣은 채 천천히 들어왔다. 이어 재판장은 피고 이건희와 김우중을 호명하여 두 사람을 노씨 옆에 서도록 했다. 최고 권력자와 최대 재벌 두 사람이 함께 나란히 서 있다는 사실 하나만으로도 이 재판의 역사적 의의는 지대했다. 이어 동아그룹 회장 최원석·장진호, 대림그룹의 이준용이 노씨의 뒷줄에 섰고, 김준기, 이건, 이현우, 금진호, 김종인, 이원조, 이경훈, 이태진 그리고 정태수가 맨 뒷줄에 섰다. 제6공화국의 실세들이 조기 두름처럼 엮여 나온 것이다.

　역사적 사건을 기념하기 위하여 재판장은 예외적 조치로서 기자들로 하여금 사진을 찍도록 허용했다. 카메라 플래시가 다 터지자, 이어 피고인들의 인정 신문에 들어갔다.

　"피고인 노태우."

　"네" 하는 목소리가 들렸다. 들릴 듯 말 듯한 노씨의 음성이었다.

　"본적을 말씀해 주십시오."

　"대구시 동구 신용동 596번지입니다."

　역시 기어들어가는 목소리였다.

　"사는 곳은 어디입니까?"

　"연희동에 있습니다"라고 노씨는 얼버무렸다.

　"서울 서대문구 연희1동 108의 17로 돼 있는데 맞습니까?" 하고 재판장은 딱딱한 목소리로 재차 질문했다.

이날 오고 갔던 검찰의 신문과 피고인의 답변은 8할이 거짓이었다.

서민들이 볼 때 이해할 수 없는 규모의 거액의 자금을 주고받으면서 대가성이 없는 성금에 지나지 않는 돈이었다며 우기는 짓들도 그렇고, 500억 원의 돈이 비는데도 이를 추궁하지 않는 검찰의 신문도 모두 국민을 우롱하는 처사였다.

하지만 그동안 신문 기자들의 추측성 보도만을 대해오던 우리들에게 범죄자 자신이 육성으로 사건에 관한 자신의 견해를 밝히고 있었다는 사실 하나만으로도 의미심장한 재판정이었다. 노태우의 말이 100% 거짓이었다 할지라도 이 거짓말 자체가 대한민국의 진실을 드러내주는 계기였다는 점에서 '진실보다 더욱 진실한 거짓'이었다. 검찰은 재벌들로부터 뇌물을 받은 사실이 있는지부터 물어갔다.

검찰 피고인 노태우는 88년 2월 25일부터 93년 2월 24일까지 대한민국의 13대 대통령으로 재직한 자로서 삼성그룹 회장 이건희 피고인으로부터 88년 3월 서울 종로구 효자동 청와대 안가에서 상용차 진출 및 율곡사업 등 주요 국책 사업에서 삼성그룹에 유리하도록 해달라는 취지로 20억 원을 받는 등 전후 12차례에 걸쳐 250억 원의 뇌물을 수수했다. 피고인 맞습니까?

노씨 돈을 받은 사실은 있습니다.

돈 받은 사실은 있으나, 그 돈이 대가성을 요구하며 제공한 뇌물은 아니었음을 노씨는 강변하고 싶어 했던 것이다. 하지만 돈을 제공한 재벌 총수들이 먼저 대가성이 있는 뇌물이었음을 자백한 마당에 노씨의 강변은 무의미한 것이었다.

이어 검찰은 현대그룹 정주영 회장으로부터 원자력발전소 설비공사,

아산만 해군기지 건설공사, 경부고속철도 공사, 영종도 신공항 방조제 공사 등 국책 사업자 선정에서 선처해달라는 취지로 제공하는 250억 원의 뇌물을 받았느냐, 대우그룹 김우중으로부터 240억 원을 수수했느냐, 장진호 진로그룹 회장으로부터 1백억 원을 수수한 사실이 있느냐면서 35개 재벌로부터 받은 뇌물의 액수를 확인해갔다.

노씨는 당사자들이 냈다고 진술했다면 그것이 맞지 않겠느냐며 대부분을 시인했다. 다음으로 대국민 사과성명에서 밝힌 5000억 원의 비자금 규모와 검찰에서 자백한 4500억 원의 액수 간에 차이가 나는 이유를 물었다.

검찰 피고인이 주장한 대로라면 모두 4500억 원을 조성했는데 500억 원이 차이가 나는 이유가 무엇입니까?

노씨 대선 등 선거자금은 장부에 올리지 않고 그대로 사용했기 때문인 것으로 알고 있습니다.

500억 원은 적은 돈이 아니다. 500억 원이면 30층짜리 빌딩을 살 수 있는 돈이다. 조성한 자금 규모가 처음엔 5000억 원이었다가 조사과정에서 액수를 맞추어보니 4500억 원밖에 되지 않는다? 누구 보아도 노씨는 지금 거짓말을 하고 있는 것이다. 그러나 이 단순한 거짓말에도 대단히 의미 있는 진실들이 배어 있다.

보통 사람 같았으면 500억 원이라고 하는 거액의 알리바이를 대지 못할 때 안절부절 할 터인데, 노씨는 아주 태연하게 넘어 가고 있다. 그렇다. 노씨에게 500억 원은 적은 돈이었다. 아버지가 호주머니에 5만 원을 넣어두었는데, 다음 날 일어나 호주머니를 뒤져보니 500원이 비어 있는 것이다. 이것을 가지고 내 돈 500원 어디 갔느냐고 호들갑을 떤다면 아버지로서 체면이 서지 않는다. 그냥 넘어가자. 노씨에게 500억 원은 우리 서민들에게 500원 정도의 잊어버려도 상관없는 돈이었던 것이다.

선거자금은 장부에 기록하지 않았다는 진술 역시 재미있는 거짓말이다. 적어도 이 거짓말이 증거하는 진실은 4500억 원대의 비자금은 노씨 자신이 장부에 잡아놓고 관리했다는 것이며, 들어오는 대로 다시 나가는 자금의 성격상 선거자금을 따로 계산했다는 것이다.

노씨는 총선 자금으로 1200억 원을 사용했느냐는 검찰의 질문을 부정하지 않았다. 그런데 1992년 대통령 선거에 얼마를 썼느냐는 질문에는 답변을 회피했다. 이미 1987년 대통령 선거에서 1조 원을 넘게 투입했다는 것이 정가의 일반적 견해이고 보면, 1992년 대통령 선거에서는 1조 원을 훨씬 웃돌았을 것이다. 대통령 선거 자금의 규모를 밝혔다가는 5000억 원대의 비자금 조성이 새빨간 거짓말이 되어버리며, 그러면 재벌들은 다시 청와대에 바친 돈의 규모를 확대 조정해야 하는 등 대혼돈이 일어나게 된다. 그래서 노씨는 입을 다문 것이다.

기업체로부터 자금을 받은 액수 및 일시·장소에 대해 계속 함구를 하자 검찰은 그 이유가 무엇인가를 물었는데, 이에 대한 노씨의 답변이 걸작이다. "국정 책임자로서 대통령이 당시의 일을 국민에게 구체적으로 밝히는 것은 국가를 위해 불행한 일"이라는 것이다.

얼핏 보면 별거 아닌 것 같은 이 답변을 통하여 우리는 노씨를 비롯한 5·6공 실세들의 국가관을 엿볼 수 있다. 권력의 실세들이 재벌들과 언제 어디에서 만나 무슨 이야기를 나누었는지에 대해 국민은 알 필요가 없다는 것이다. 국민이 알면 오히려 국가가 불행해진다. 노씨 일당에게 국민은 사람이 아니었거나 국가의 구성원이 아니었다.

전두환이나 노태우에게 대한민국은 재벌들과 권력자들의 나라이지 국민의 나라가 아니었다. 국정을 맡은 공무원이 자신의 직위를 이용하여 검은 돈을 치부했다는 것은 용서할 수 없는 범죄이다. 대통령도 예외일 수 없다. 아니 대통령이 그런 파렴치한 짓을 저질렀다면 자결이라도 해야 할 마당에 법정에서까지 여전히 국가를 운위하고 있으니, 도대체 노씨의 국가관은 무엇인가? 노태우가 불행해질 것을 염려한 국가는 국민의 국가가 아니라 한 떼의 기업인들과 권력자로 이루어진 깡패단체임에 분명하다.

검찰 기업체 총수들이 면담을 하려면 반드시 돈 봉투를 가지고 와야 하는 것으로 생각했습니까?

노씨 개별 면담에서 돈을 받을 경우 그저 관례라고 생각했습니다.

초등학교 교사가 학부모로부터 10만 원짜리 상품권을 선물로 받으면서 학부모가 교사에게 선물하는 것을 '관례'로 생각한다면 이 나라의 교육은 끝이다. 가장 깨끗하고 모범적이어야 할 한 나라의 대통령이 10만~20만 원짜리 상품권도 아니고, 10억~20억짜리 고액 수표를 받으면서 이 거액의 돈을 받는 것을 '관례'로 생각했다면 그 나라의 정치는 끝이다. 나라의 꼭대기에 앉아 있는 사람이 10억~20억 원을 대수롭지 않은 선물로 받아 챙기고 있었으니, 그 대통령 밑에서 국정을 담당하는 장·차관이며 국회의원들이며 장성들은 또 1억~2억 원의 선물을 기업체로부터 '관례'로 받아 챙기고 있었을 것이다.

이렇게 하여 대한민국에서 부정축재가 관례로 굳어져가고 있었고,

그 속에서 공공의 용도로 쓰여야 되는 민중의 부가 한 줌의 부자들의 금고만을 살찌워갔던 것이다. 서민들은 평생 가도 만져볼 수조차 없는 100억 원대의 거금을 받으면서 그것을 '관례'였다고 넘어가는 노씨의 이 도덕적 불감증을 어이할 것인가?

> **검찰** 1991년 1월 수서사건 당시 정태수 피고인이 청와대 비서관에게만 뇌물을 공여했고, 그 윗선에겐 준 사실이 없다고 함구한 이후 더욱 가까워진 것 아닙니까? 수서택지 분양 사건과 관련해 정 회장으로부터 뇌물을 받은 것이 아닙니까?
>
> **노씨** 아닙니다. 정 회장이 철강사업이 무지무지 잘된다고 하면서 1백억 원을 내놓겠다고 했습니다.

수서택지 비리 사건은 제6공화국 최대 의혹 사건이다. 정태수가 청와대에 거액의 자금을 헌납했다는 소문이 장안에 흉흉하게 돌았으나, 검찰에 불려간 그는 끝까지 모르쇠로 입을 다물면서 사건은 흐지부지되었던 것이다.

"정 회장이 철강사업이 무지무지 잘된다고 하면서 1백억 원을 내놓겠다고 했습니다"라는 노씨의 진술을 어디까지 신뢰해야 할지 모를 일이나, 이 거짓말에서도 우리는 흥미 있는 진실을 하나 포착하게 된다. 정부가 밀어준 사업이 잘되면 재벌들은 청와대에 찾아와 '사업이 잘된다'는 인사를 올리며 거금을 내놓는다는 것이다.

소문으로만 돌다가 이번 조사과정에서 확인된 사실이 하나 더 있다. 정태수와 김우중이 노태우의 검은 돈을 세탁하는 일에 깊게 개입했다는 것이다. 정태수는 노태우의 돈 500억 원을 실명으로 전환해주었음을 인정했다. 대통령과 재벌이 누이 좋고 매부 좋은 식으로 민중의 부를 착복하는 데 공모했다는 것이다.

> **검찰** 또한 1988년부터 1991년 9월까지 청와대 접견실에서 현대그룹 명예회장 정주영으로부터 원자력발전소 설비공사, 아산만 해군기지 건설공사, 경부고속철도 공사, 영종도 방조제 공사 등 국책 사업사 선정에 있어서, 기업 관련 정책에 있어서 선처해달라는 취지로 250억 원의 뇌물을 받았습니다. 피고인 맞습니까?
>
> **노씨** 예.

청와대가 재벌과 짜고서 뜯어먹을 수 있는 소 갈비짝처럼 맛있는 부위가 있으니, 그것은 나라의 세금으로 추진하는 국책 공사. 경부고속전철 건설 공사나 영종도 신공항 공사의 경우 5조 원대를 웃도는 초대형 공사. 국책 공사는 따놓기만 하면 이후 마음대로 설계 변경하여 공사비를 처음 수주할 때 액수의 3배로까지 뻥튀기한다. 그 외 제6공화국이 추진했던 국책 사업으로 석유비축기지가 있다. 이것도 재벌들이 나누어 먹었다.[1]

전남 여천 석유비축기지 건설 공사 참여 대가로 유각종 전 유개공 사장을 통해 노씨에게 약 100억 원을 건넨 8개 건설업체인 현대건설, 동부건설, 선경건설, 엘지건설, 대림산업, 대호건설 등을 검찰이 수사한 결과 자금은 금진호 의원을 거쳐 청와대에 건네졌음이 확인되었다. 이들 업체 중 주계약자 5개사가 각 기지 공사를 나눠 먹기 식으로 담합, 수주했다는 시인을 받아냈다. 검찰은 6공 당시 30억 원 이상의 정부 발주 공사를 청와대에서 직접 챙겼다는 것을 밝혀냈다. 이것은 작은 비밀이 아니다.

다음으로 청와대가 재벌과 짜고서 뜯어먹은 소 등심처럼 맛있는 부위가 있었으니, 그것이 율곡사업이다. 율곡사업에는 제6공화국 5년 동안 총 14조 원이 투입되었는데, 그중에서도 가장 덩치가 큰 사업은 차세대 전투기 사업 기종이었다. 미국에서는 한물이 간 노후 비행기종인 F-16으로 결정되기까지 엄청난 막후 로비가 있었다고 한다.

강수림 의원은 노씨가 율곡사업의 차세대 전투기 기종을 F-18에서 F-16으로 변경하면서 1억 달러 이상의 비자금을 조성했다면서 율곡비리를 밝히라고 요구했다. 검찰 수사 결과 노씨는 1225억 원 규모의 진해 잠수함 기지 건설 공사를 둘러싸고 대우그룹 김우중 회장으로부터 50억 원을 받았다. 문제는 내부 규정을 무시하고 계약 업체를 선정한 데 있었다. 50억 원 이상의 군 공사를 발주하려면 국방부 조달본부를 거치게 되어 있는데도 해군 중앙경리단이 직접 나선 것. 5775억 원의 공사비가 드는 아산 대규모 해군기지도 1억 원의 뇌물이 이현우 계좌로 흘러들어갔다. 조치원 탄약창 공사는 모두 667억 원의 공사 규모였는데, 이현우에게 9000만 원을 건넨 영진건설 등 5개 업체가 선정되었다.

검찰 롯데 측으로부터 110억 원을 직접 건네받았습니까?

노씨 그렇습니다.

검찰 한일그룹 김중원 회장으로부터 1백억 원을 직접 건네받았습니까?

노씨 그렇습니다.

검찰 쌍용 김석원 회장으로부터 80억 원을 직접 받았습니까?

노씨 아마도 그런 것 같습니다.

없는 사람은 어쩌다 공돈이 생기면 쓰기가 바쁘다. 이 사람 저 사람에게 인심 쓰다보면 다시 거지가 되고, 어렵지만 궁핍에 떨며 그럭저럭 산다. 가진 사람들은 돈이 무엇인지 안다. 돈을 모아 나가려면 돈을 헤프게 써서는 안 된다는 것이 몸에 밴 사람들이다. 따라서 돈에 관한 한 가장 짠돌이들이 재벌이다. 짠돌이 재벌들이 짠돌이 대통령 노태우에게 100억 원대의 거금을 선뜻 내놓을 수 있었던 것은 무엇 때문이었을까?

잠깐, 그런데 지금 재벌들이 시인하고 있는 뇌물은 그들의 증언에 의하면 추석이나 설을 앞두고 관례처럼 인사차 다녀가 내놓은 돈이었다. 이른바 떡값이었다. 대통령이 왕초 노릇을 하려면 부하들에게 용돈을 나누어줄 수 있는 재력이 있어야 한다. 정부로부터 특혜를 누려온 재벌들이 명절이면 찾아와 내놓은 떡값의 합계가 우리가 살피고 있는 5000억 원의 비자금이다. 따라서 대통령 선거다, 국회의원 선거다, 지방자치제 선거다, 작게는 1000억 원대 많게는 1조 원대의 자금이 소요되는 선거철이 오면 재벌들은 다시 눈도장을 찍어야 했다. 그리고 이 선거자금은 문제가 된 비자금에 계상하지 않았음을 노씨도 자인했다.

정부가 재벌들과 나눠 먹을 수 있는 소 안창살 같은 부위가 또 있으니, 그것이 국공영 사업체의 발주이다. 원자력발전소 1기 건설하는데, 2조 원대가 투입된다. 가동되고 있는 원전 12호기의 자본금만 해도 20조 원이 넘는다.

원전의 경우 국제 공인 리베이트가 있다. 원자로와 터빈발전기 부분이 각각 3%, 설계기술용역 5%, 토목건설 10%를 상납한다. 원자력발전소 공사는 노씨의 최대 자금원이었다. 1기 건설당 1조 5천억 원에서 2조 원이었다. 원전 도입비로 최소 7조 5000억 원에서 10조 원이 투입되었고, 국제 관례에 따르더라도 최소 2000억 원 이상의 리베이트 자금이 통치권에 전해졌을 것이다.

1990년 1월 노씨의 딸 노소영이 미국 사법 당국에 검거된 사건이 있었다. 달러를 은행에 예금하려다 이 돈이 불법 유입 달러임이 들통난 사건이다. 노씨는 1989년 11월 24일부터 27일까지 스위스를 방문한 뒤 귀국 길에 미국 시애틀에 들러 딸을 만났는데, 그로부터 2개월 뒤 노소영은 20만 달러 중 8000달러를 쓰고 남은 19만 2000달러를 미국 은행에 예치하려 했다. 승용차 안에서 발견된 돈 띠에는 스위스 UBS 은행의 도장이 찍혀 있었다. 검찰은 이 문제에 대해 심문을 하지 않았다.

다음은 노태우 사건의 공범으로 재판정에 나온 노태우의 동서 금진호 의원의 심문 내용이다.

검찰 김용산 극동회장의 진술에 의하면 경기도 일원의 골프장 용도 변경을 해달라고 하자 2백억 원을 요구했다는데 사실입니까?

금진호 그런 일이 없으며 50억 원이 건네진 이후 그 같은 민원 사항이 있는 것으로 파악해 그 사실을 노씨에게 전한 일은 있습니다.

검찰 그래서 노씨가 당시 경제수석인 김종인 씨에게 그 사안을 검토하라고 지시했다는데 알고 있습니까?

금진호 나중에 알았습니다.

검찰 용도 변경과 같은 사안은 지방자치단체급 공무원들이 인허가 결정을 하는 것으로 알고 있는데 이를 일국의 대통령이 해결한다는 것이 말이 됩니까?

금진호 부끄럽게 생각합니다.

골프장 인가가 홍수처럼 남발된 것도 6공 때의 일이다. 골프장 사업은 황금알을 낳는 거위로 불렸다. 골프장 한 개 인가받는 데 최소 10억 원 이상의 반대급부가 필요하다는 것이 시중의 여론이었다. 6공 시절 허가 난 골프장이 139개이다.

금융기관의 인허가를 받는 데에는 20억 원이 기본요금이다. 노씨 재임 기간 은행 6개, 증권사 7개, 지방투자신탁회사 5개, 보험사 25개 등 43개 금융기관이 신설되거나 업종 전환했다.

골프장 한 개에 10억 원, 금융기관 한 개에 20억 원이라는 루머를 우리가 어떻게 신뢰할 것인가? 그냥 한 귀로 듣고 한 귀로 흘렸는데, 검찰은 "김용산 극동회장의 진술에 의하면 경기도 일원의 골프장 용도 변경을 해달라고 하자 2백억 원을 요구했다는데 사실입니까"라고 물었다. 갑자기 2백억 원을 요구했다니 우리로서는 어안이 벙벙할 뿐이다. 김용산 극동회장이 거짓말을 할 리는 만무한데, 50억 원을 건네받은 것을 금진호가 시인하고 있다. 50억 원을 받았느냐 200억 원을 받았느냐가 중요하지 않다. 검찰 말마따나 '용도 변경과 같은 사안은 지방자치단체급 공무원들의 인허가 결정' 사항인데, 일국의 대통령이 이런 일까지 개입했다는 사실이 중요하다.

> **검찰** 1991년 4월 두산이 건네준 10억 원은 두산의 낙동강 페놀 오염 사건과 관련이 있다는데 사실입니까?
>
> **노씨** 기억이 나지 않습니다.

'기억이 나지 않는다'는 말은 '기억하고 싶지 않다'는 말이고, '기억하고 싶지 않다'는 말은 '잊어버리고 싶을 만큼 괴로운 일'에 쓰는 말이다. 세상에 낙동강에 페놀을 방류한 반사회적 기업이었던 두산으로부터 돈을 받아 묵고 그들의 범죄적 행위를 두둔했다니!!!

검찰 재임 종반기에 청와대 특명사정반을 가동하여 공직자 부패사정을 추진
한 일이 있습니까?

노씨 그렇습니다.

검찰 사정을 추진하면서 스스로 거액을 불법으로 조성한 소감은 어떻습니까?

노씨 현재의 잣대로는 잘못이라고 생각하지만 당시의 잣대로는 잘못이 아니
었다고 생각합니다.

그 무슨 일이 있더라도 공직자의 부패만큼은 용서치 않겠다며, 청와
대에 특명사정반을 가동했던 노태우의 속셈은 다른 것이 아니었다. 이
나라의 권력은 노태우 나의 소유이니, 나 이외의 그 어떤 공직자도 뇌
물을 받아서는 안 된다는 것이었다. '현재의 잣대'로는 잘못이지만 '당
시의 잣대'로는 잘못이 아니었다는 이 궤변은 또 무엇이냐? '대통령 재
임 시에 받는 뇌물'은 당연한 권리였다는 거다.

검찰 퇴임 이후 1700억 원이나 남아 있는 이유는 무엇인가요? 나중에 쓰려고
남긴 돈인가요?

노씨 그렇습니다. 이 돈은 국가와 사회에 환원한다는 의미에서 언젠가 큰일
을 하기 위해 남긴 것입니다.

충청도 꽃마을에 성금으로 천 원짜리 한 장 보낸 노태우가 1700억
원을 국가와 사회에 환원하기 위해 남겨두었다니 지나가는 소가 웃을
일이다. 노태우의 동생인 노재우의 명의로 된 100억 원대의 빌딩이 서

울 강남에 있으며, 200억 원대의 냉장창고회사가 경기도 용인에 있다. 부지 매입 당시인 1990년께 시세가 평당 15만~20만 원이었던 점을 감안하면서 땅값 상승분만으로도 약 80억 원의 이익을 챙긴 것이다. 건물 바닥면적이 약 1200평으로 창고 부지는 전체의 10분의 1에 불과하여 전형적인 부동산 투기의 하나인 셈. 노씨가 부동산에까지 손을 대 검은 돈 355억 원을 은닉·증식시켜온 온 사실이 검찰 수사 결과 드러났다. 대통령 재임 시절 '부동산 망국론'을 외치던 노씨가 엄청난 액수의 검은 돈을 은닉하고 그것도 모자라 부동산 투기까지 한 사실은 참으로 충격적이다.

검찰 조사에 의하면 노씨의 사돈인 신명수 회장은 1990년 11월 계열사인 정한개발을 설립해 1991년 9월까지 모두 다섯 차례에 걸쳐 170억 원을 증자했고, 또 370억 원을 들여 서울센터빌딩과 동남타워빌딩을 샀다. 노태우의 부동산 투기 비자금 355억 원이 서울센터빌딩과 동남타워빌딩, 동호빌딩과 미락냉장에 숨어 있었다.[2]

박정희의 부인 육영수에게는 안방 비자금이 없었다고 한다. 그러다 제5공화국이 되면서 전두환의 부인 이순자가 남편과는 별도의 돈주머니를 차기 시작했고, 노태우의 부인 김옥숙 역시 안방자금을 관리했다고 한다. 특히 노태우 정권하에서 국가의 주요 대사가 대부분 외척 모임에서 결정되었다고 한다. 처남 김복동, 동서 금진호, 처고종사촌 박철언 등 모두 김옥숙의 처가 쪽 인척들이 제6공화국의 실세였다. 김옥숙의 입김이 어느 정도였을 것인가는 짐작이 가고도 남는다. 생일을 비롯한 각종 명절에 재벌 회장의 부인들은 선물 공세를 했다. 이렇게 청와대의 안방으로 흘러들어간 자금이 전체 자금의 20~30%가 될 것이라는 추정도 나온다. 장병조 전 청와대 비서관이 청와대 안방자금 관리인이었다.

또 노씨의 퇴임을 전후한 5개월 동안 금괴 거래가 평소보다 두 배 가까이 늘어 노씨 비자금의 일부가 금괴 구입에 사용되지 않았느냐는 의혹이 제기되었다. 관련업계에 따르면 1992년 10월부터 1993년 3월까지 매월 1000억~1200억 원대의 금괴가 거래돼 평소 월 600억 원대 오고가는 거래가 두 배로 껑충 뛰었다고 한다. 200여 개의 금괴상이 밀집한 서울 종로 3가와 남대문 귀금속상에는 당시 "6공화국의 치마부대가 대거 금괴를 거둬갔다"는 풍문이 돌았다. 노씨의 재산은 가족들 명의의 각종 부동산으로 흘러들어가 있을 것이며 측근들이나 사돈들을 통해 대리 투자되었을 것이다. 원자력발전소 발주 시 받았을 리베이트 자금은 스위스 은행에 보관되어 있을 것이라는 추정도 강력하게 제기되었다.

'믿어주세요'

1992년 1월 9일 정주영 전 현대그룹 회장이 "1988~1990년 사이 청와대에 최소 260억 원을 갖다주었다"는 폭탄선언을 한 적이 있다. 그런데 하루 뒤 노태우는 연두 기자회견을 통해 "어느 기업에게도 누구에게도 정치자금 좀 주시오 한 일이 없다"고 오리발을 내밀었다. 보통 사람을 자처한 노태우가 재임 기간 중에 가장 많이 한 말은 "믿어주세요"였다.

탐욕은 거짓말을 낳고, 거짓말은 인간의 양심을 타락케 하며, 타락한 양심은 초점을 잃은 눈빛으로 나타난다. 노태우는 재임 기간 5년 내내 국민 앞에서 초점 잃은 눈빛으로 애걸했다. "믿어주세요."

검찰이 수사의 칼을 들이대자 "재임기간 중 조성한 비자금은 5000억 원이며 퇴임 당시 1700억 원을 남겼다"고 밝힌 노태우의 말을 누가 믿을 것인가? 재임 기간 중 대통령이란 권좌를 이용하여 빼먹은 돈이 5000억 원에 지나지 않을지 5조 원이 넘을지 아무도 알 수 없는 일이며, 그 돈이 지금 어디로 흘러 들어갔는가는 노태우만이 아는 일이다. 에잇 망할 놈의 돈태우!!!

1996년 검찰 앞에서 밝힌 노태우의 비자금 규모는 자그마치 5700억 원대. 이제 우리는 노태우가 자백한 이 액수를 도무지 믿지 않는다.

민중은 개·돼지다

나향욱 정책기획관은 최근 한 언론사 기자들과 식사를 하다가 "민중은 개·돼지다", "신분제를 공고화해야 한다"고 발언했다. 나 정책기획관은 과음한 상태에서 기자와 논쟁을 벌이다 실언했다고 교육부가 해명했다. 나 정책기획관은 교육부 장관 비서관, 청와대 행정관 등을 거쳐 2016년 3월 승진했다.

1988년 백담사에 갈 때 전두환이 고백한 비자금은 135억 원이 1996년 검찰 앞에서 5000억 원 대로 둔갑했던 사실을 생각해보시라. 노태우가 자백한 5700억 원대의 비자금 규모도 반드시 거짓이리라. 국민을 인간으로 보지 않는 이들 특권계급, 그들에게 어떻게 진실을 기대할 수 있단 말인가.

거짓말을 밥 먹듯이 하는 이들 기생충 같은 놈들이 검찰 앞에서 자백한 비자금의 규모가 5700억 원이었던 까닭은 무엇이었던가? 일설에 의하면 1993년 8월 느닷없이 발표된 금융실명제에 의해 노태우가 은행에 넣어둔 4000억 원이 꼬리를 잡히자 김영삼의 수하인 서석재에게 로비를 넣었다고 한다. 1995년 8월 10일자 신문을 뒤적여보자.

서석제는 8월 1일 오후 7시쯤에 민자당 출입기자 7명과 식사를 했다. 가장 문제였던 발언 내용은 과거 권력의 핵심 실력자가 가차명 형태로 갖고 있는 4천억 원 가운데 2천억 원을 국가에 헌납 할 테니 자금 출처 조사를 받지 않도록 해달라고 부탁받은 사실이 있다는 내용이다.

2000억 원은 너희들에게 넘겨줄 터이니 2000억 원은 돌려달라는 자가 노태우 말고 누구란 말인가? 이어 1994년 10월경 갑자기 박계동 의원이 노태우 비자금 4000억설을 폭로하게 된 것도 동화은행을 비롯하여 은행에 예치된 노태우의 비자금에 근거한 것이었다. 전두환이 노태우의 대통령 선거를 위해 2000억 원을 지원해주었던 전례에 비추어 보나, 노태우의 대통령 취임 축하금으로 500억 원을 내놓았던 사실에 비추어 보나, 노태우가 임기 말에 4000억 원의 비자금을 딴 주머니에 차고 있었던 것은 그리 황당하지 않은 이야기이다.

그러나 노태우는 그의 능구렁이 같은 성격으로 보아 집권 기간 동안 비자금이야 단 한 푼도 만들지 않았다고 고집하고 싶었을 것이다. 집권 기간 동안 노태우가 정치자금에 대해 한 연설을 떠올려보자. 1988년 2월 25일 대통령 취임식장에서 노태우는 이렇게 공언했다.

국민 여러분, 이 보통 사람은 부의 부당한 축적이 사라지고 도덕성으로 신뢰받는 정부를 만들겠다.

1988년 4월 21일 기자들을 불러놓은 간담회 석상에서 또 무슨 말을 했던가?

윗물이 맑아야 아랫물이 맑지요. 나 자신과 주변부터 엄격히 다스려 깨끗한 정부를 실현하겠습니다.

노태우에겐 말이 사기이고 사기가 말이었나 보다. 같은 해 말 11월 26일 노태우는 대국민성명을 밝혔다.

새로운 민주공화국에서는 권력과 연계한 비리가 사라지도록 깨끗한 정치에 앞장서겠습니다. 이 보통 사람, 기업인에 대한 어떤 부담금이나 기부금도 없애겠습니다.

하루가 멀다하게 재벌들을 청와대 비밀의 방으로 불러들여 '떡값 내라', '선거자금 내라', '리베이트 내라' 협박하던 놈이 국민 앞에서 입에 침도 바르지 않고 거짓말하는 것을 보면 절로 고개가 숙여진다. 오, 노

노태우 아들 노재헌과 조세 회피처

노태우 전 대통령의 장남 재헌 씨가 조세 회피처인 영국령 버진 아일랜드에 3곳의 유령회사를 설립한 것으로 나타났다고 뉴스타파가 밝혔다. 뉴스타파는 재헌 씨가 2012년 5월 18일 3개 회사를 설립해 이사로 취임했다고 설명했다. 뉴스타파에 따르면 재헌 씨의 유령회사 주소지에 해당하는 버진 아일랜드 소재 빌딩은 해당 업체 외에도 수천 곳의 유령회사들이 주소지로 삼고 있다. 재헌 씨는 회사 설립 당시 자신의 주소를 홍콩으로 기재했고 2013년 5월 이사직에서 사퇴했다.

—연합뉴스, 2016년 4월 4일.

태우의 강심장, 그대의 철면피, 너희들의 부도덕 앞에 우리는 유구무언이로다.

1991년 11월 11일 청와대를 지키는 수석비서감독관 회의에서 노태우는 또 이렇게 노가리를 풀었다. "기업인에게 손을 내밀어 괴롭히는 정치풍토는 근절하라. 기업 자금이 선거에 흘러 들어가는 일 절대 없도록 하라"고 강조했다는데, 돌아다보면 이 발언의 진심은 이런 것이었다. '너희들 똘마니 비서들이 돈 챙기는 것, 좌시하지 않겠다. 모든 자금은 청와대의 금고로 들어오는 것이야.'

임기가 끝나가는 1992년 1월 연초에 한 번씩 의례적으로 국민들 앞에서 폼을 잡는 연두회견 석상에서 또 노태우는 이렇게 말했다.

나는 분명히 어느 기업에도 누구에게도 정치자금 좀 주시오, 한 일이 없습니다. 불우이웃돕기 성금은 몇몇 기업으로부터 받았으나 그분의 뜻대로 사용했지요.

세상에 대통령이란 자가 충청도의 어느 꽃마을에 낸 성금이 1000원이었다고 한다. 단돈 천 원 말이다. 이런 사기꾼이 1995년 8월 4일 서석재의 폭로 발언에 대해 "이런 해괴하고 황당한 얘기를 도저히 납득할수 없다. 도대체 이게 무슨 말이냐"고 노발대발했다. 방귀 뀐 놈이 먼저화를 낸다는데, 태우여, 욕심쟁이 돈태우여, 혀가 있다고 함부로 놀리는법이 아니라는 것을 왜 몰랐더냐. 너의 발언은 그대로 일간지 신문에그대로 올랐으니, 정녕 그대가 사람이라면, 검찰이 고문을 하던 협박을하던 5000억 비자금 조성을 끝까지 부인해야 하지 않았을까?

박계동 의원이 노태우 비자금의 꼬리를 붙들고 "이 돈은 태우 돈이여!"를 외칠 때 너는 뭐라고 말했던가. 아마도 세상에서 가장 어리석은노태우가 그때의 발언을 기억하고 있으리라 기대하는 것이 어리석은일이겠지. 1995년 10월 20일 일간지에는 이렇게 기록되어 있다.

제발 수사를 제대로 해 진상을 꼭 밝혀 달라. 정말 그 비자금의 주인이 누구인지 우리도 알고 싶다.

네가 숨겨놓은 돈의 주인이 누구인지 너도 알고 싶었더란 말이냐. 에잇, 이 망할 놈의 돈태우!

부정으로 축재한 불법자산은 전액 환수해야 하며, 환수의 시효 기간을 없애야 한다.

왜 이렇게 망가졌는가

그 이유는 모든 인간적 가치를 화폐로 대체해버린 자본주의 경제에 있다. 이미 우리에게 노동은 수단이요, 목적은 돈이다. 노동을 통하여 나의 자질을 실현하고 그 노동의 성과를 사회에 제공하면서 사회적 자아를 확인받는 것이 아니다. 내가 만드는 제품의 질이 중요한 것이 아니라, 그것이 얼마에 팔리느냐가 중요한 사회이다. 모든 노동의 특질들은 화폐라고 하는 수치 앞에 무색하다.

　의사가 환자를 얼마나 정성껏 돌보았는가는 사라져버리고, 오늘 환자 몇 명을 보았고 그 결과 오늘 얼마의 소득을 올렸는가가 중요하다. 자아를 실현하는 노동이 아니라 돈 벌기 위한 노동에 관해서는 우리 노동자들도 마찬가지다. 이달에 내가 만든 물건의 가치는 정말이지 나의 안중에 없다. 오직 이달에 받게 되는 기본급 플러스 보너스가 얼마인가만이 중요할 따름이다. 우리의 노동이 돈벌이의 수단으로 전락하여 버린 것은 이제 상업적 영농구조 속으로 빨려 들어간 농촌 사회에서도 똑같이 발견된다. 내가 키운 딸기, 내가 재배한 포도, 그 속에 내가 흘린 땀은 아무 의미가 없다. 오직 그 딸기와 그 포도가 시장에서 얼마에 팔리는가가 잠자리에 들기까지 의식을 지배하는 힘이다.

이미 우리의 삶은 돈에 꽁꽁 묶여버렸다. 대한민국 사람들은 인간답게 살기 위한 자신의 프로그램에 따라 인생을 사는 것이 아니라, 30평짜리 아파트와 1500만 원짜리 자동차를 얻고 유지하기 위해 사는 사람들이다. 우리는 집을 사기 위하여 살고 있다. 그리고 자동차를 유지하기 위해 일하고 있다. 시도 때도 없이 밀려오는 각종 공과금이며 보험료가 우리의 숨통을 조인다. 결혼식, 장례식, 각종 관혼상제에 사회적 체면을 유지하려면 돈이 필요하다.

지금 우리는 먹는 것과 입는 것을 해결하기 위하여 돈을 벌려고 하는 것이 아니다. 이미 우리는 자본주의 경제의 마술에 걸려들었다. 더 많은 돈을 벌고, 더 많은 재산을 모으기 위하여 단 한 번 주어진 인생을 탕진하고 있다.

노동이 돈벌이의 수단인 사람에게 진정한 인생의 의미는 없다. 내가 너를 위하여 일하는 것이 아니라, 돈을 벌기 위하여 하는 노동이 무슨 재미가 있을 것이냐? 하루 여덟 시간 가장 귀중한 활동시간을 의미 없는 노동에 바치고 난 다음, 친구들을 만나 술로 스트레스를 푸는 것이 우리들의 삶이다. 그렇게 30년 가족의 생존을 위하여 돈 버는 데 젊음을 투입했는데, 돌아오는 것은 해고요 퇴직이다.

— 2002년 작성, 『레즈를 위하여』(실천문학, 2003)에 발표.

대한민국은 어디로 가야 하나

우리나라 역사를 봤을 때 현재

대한민국은 어떤 방향으로 나아가야 할지요?

여러분이 일제 치하에서 태어났으면 어땠을까요? 여러분은 일본 형사
들에게 붙잡혀서 무지막지한 고문 끝에 죽어갔을 거예요. 1950년대 태
어났으면 어땠을까요? 민주화를 위해 수많은 사람이 죽어갔어요. 나는
민주주의를 위해 싸우다가 민주주의의 세상에 살아본 유일한 세대에
요. 우리는 민주주의를 위해 싸웠는데 그것을 눈으로 본 사람이지요.

　세계사의 주도권은 20년 후 중국으로, 동아시아로 모든 게 넘어오게
돼요. 2013년 현재 미국의 GDP가 17조 달러이고 중국의 GDP가 9조
달러인데 15년이 지나면 중국이 미국의 경제력을 따라잡을 것이라고
나는 예측해요. 머지않은 시점에 미국과 중국 사이에 힘의 역학 관계가
바뀌게 되어 있어요.

　그 어느 시점에서 우리들이 슬기롭게 남북관계를 풀어 가면 남과 북
이 통일되리라고 나는 보아요. 통일 비용을 거론하면서 분단을 고착시
키는 분들이 있는데, 그분들에게 저는 묻고 싶어요. 통일 비용보다 훨
씬 많은 분단 비용에 대해선 왜 침묵하는가?

　저는 남북통일이 되어 광주에서 김밥 싸들고 기차 타고 시베리아까

지 갈 수 있으면 진짜 좋겠어요. 고등학생이 가출해서 런던까지 가보자고 김밥 싸들고 갈 수 있다니까요? 그게 앞으로 20년 안에 벌어질 일이에요.

여러분들은 민족주의 시각을 버리고 세계주의적 시각을 갖춰야 해요. 전 세계 모든 사람을 만나서 이야기할 수 있어야 해요. 러시아의 상트페테르부르크에 가서 도스토예프스키의『죄와 벌』을 말할 수 있어야 하고, 베를린에 가서 괴테의『파우스트』를 말할 수 있어야 해요. 피렌체에 가서 단테의『신곡』을 얘기할 수 있어야 하고, 런던에 가서 마르크스의『자본』을 말할 수 있어야 해요. 전 세계의 위대한 고전과 문학을 읽으셔야 해요.

—2014년 7월

필요로 하는 것이 가장 적은 사람
— 디오게네스 라에르티오스,『그리스철학자열전』

소크라테스는 자신의 생활이 요구하는 필요 이상의 돈을 늘 거추장스러운 장식품 정도로 간주했다. 실제로 그는 가게에서 팔리는 많은 물건들을 보면 이렇게 중얼거리곤 했다.

저 은 접시도 자줏빛 옷도 비극작가에게는 도움이 되지만, 나에게는 아무 쓸모없는 것들이지.

그는 자족할 줄 아는 사람이었다. 제자 알키비아데스가 그에게 집 지을 땅을 주려고 하자 소크라테스는 이렇게 사양했다.

내가 신발이 필요하다고 해서 자네가 나에게 신발을 만들어 신으라고 가죽을 준다 한들, 내가 가죽을 받는다면 얼마나 우스운 일이겠는가?

그는 욕심 없음을 긍지로 삼았기에 누구에게도 대가를 요구하는 경우가 없었다. 음식에 대한 욕망이 가장 적은 사람이 음식을 가장 맛있게 먹는다고 보았다. 필요로 하는 것이 가장 적은 사람, 그가 가장 신에 가까운 사람이라고 생각했다.[3]

2013년 나는 철학과 대학원에서 연구한 소크라테스를 한 권의 책으로 묶어보았다.[*] 소크라테스에 대한 우리의 무지를 조금이라도 면해 보기 위한 시도였다. 내가 정한 책의 이름은 '소크라테스의 사랑'이었다. 책의 이름을 '사랑하라'라고 선정한 것은 전적으로 출판사의 잘못된 선택이었다.

2015년 청암사에서 있었던 일이다. 청암사는 비구니의 불도를 위해 운영되는 절이다. 소크라테스를 강연하기 위해 나는 스님들에게 『사랑하라』를 주문하여 먼저 읽어오길 요청했다. 강연을 시작하는데, 스님들의 손엔 낯선 책이 쥐여져 있었다. 이상한 책이었다. 책 이름은 분명 '사

---

[*] 나는 전남대 철학과에 들어가 뒤늦게 철학을 공부했다. 석·박사 과정에서 주로 고대 그리스 철학을 공부했다. 그 과정에서 나는 소크라테스에 대해 제법 깊이 있는 조사를 하게 되었고 『사랑하라, 단 한 권의 소크라테스전』(생각정원, 2013)을 출간하게 되었다.

랑하라'인데, 책 안에는 보기 민망한 포르노 그림들이 잔뜩 실려 있었다. 오 마이 부처님!

소크라테스는 글을 남기지 않았다. 오늘날 우리가 알고 있는 소크라테스는 모두 제자 플라톤에 의해 기술된 소크라테스이다. 그런데 플라톤의 글은 심원하여 우리 같은 입문자들에겐 어렵다. 소크라테스의 삶을 기술한 또 한 명의 작가가 있다. 탈레스에서부터 시작하여 고대 그리스 철학자들의 언행을 총망라한 디오게네스 라에르티오스의 『그리스철학자열전』이다. 이 책은 동서문화사에서 전양범의 번역으로 2008년 출간되었다. 나는 소크라테스와 플라톤을 연구하면서 이 책에서 큰 도움을 받았다.

"필요로 하는 것이 가장 적은 사람, 그가 가장 신에 가까운 사람이라고 생각했다"는 구절도 라에르티오스의 글이다. 어떤가? 대한민국은 세계에서 가장 신을 많이 찾는 나라이다. 그런데 우리의 삶은 신으로부터 가장 멀리 멀어져 있지 않은가?

"저 은 접시도 자줏빛 옷도 비극작가에게는 도움이 되지만, 나에게는 아무 쓸모없는 것들이지." 나는 이런 소크라테스가 무척 좋다. 삼성의 타워팰리스도, 현대의 제네시스도 나에겐 아무 쓸모없는 것이다.

5

IMF 사태의
장본인은?*

"난 참 바보처럼 살았군요"라는 가수 김도향의 노랫말이 있지만, 후회하는 사람은 깨달은 사람이다. 아직도 우리는 1997년 외환위기가 초래한 경제적 고통에서 헤어 나오지 못하고 있다. 중산층이 사라져버렸고, 빈부 격차는 1979년 통계를 작성한 이후 가장 심각하다. 그런데 우리는 아직도 외환위기의 진짜 원인을 모르고 산다. 정말 바보처럼 살고 있는 것이다. "I am foolish!"

시대의 성찰: 달러의 해외 도피

IMF 사태의 직접적 원인

IMF 사태를 맞게 된 직접적 원인은 외환 관리의 부실에 있었다. 한국은행 창고에 들어 있던 1000억 달러의 외환이 외국으로 빠져나가버린 것이다.

---

* 1997년 작성, 미발표.

IMF 외환 관리가 도래하기에 이른 직접적인 책임은 첫째 외환의 관리 문제에 있다. 일차적으로 외환 업무를 관장하는 실무 부서를 비롯하여 한국은행과 재경원을 비롯한 경제부처이지만 총체적으로 정부의 책임이다. 둘째, 외환의 투기 문제이다. 외환위기를 악화시킨 것은 외환투기이다. 흔히들 초국적 금융투기자본의 책임으로 돌리는 경우가 많은데, 문제는 우리 내부에서 찾아야 한다. 셋째, 외환의 유출 문제이다. 외환 유출 문제는 외환투기의 문제와 분리해서 생각하기 어렵다. 그럼에도 불구하고 이 문제는 한국 사회의 누적된 병폐인 부정부패와 연결되어 있다. 즉 외환 유출 문제는 부패특권층의 외환 해외 도피와 밀접한 연관이 있다.[1]

'민주개혁국민연합 경제청문회 국민감시단'이 백서로 제출한 이 책은 외환위기의 정체를 밝히고 있다. 우리 국민들은 결혼반지, 아이 돌반지를 팔아 외채상환운동을 벌이면서도 왜 외환위기가 초래되었고 외환위기를 초래한 자가 누구인지를 몰랐다. 그러면 10년 전의 과거로 차분하게 돌아가 보자.

먼저 달러가 어떤 화폐인지 고찰하여 보자. 달러는 원화와 달리 우리 국민들의 일상생활에서 사용되지 않는 돈이다. 외국으로 신혼여행을 떠날 때 만져보는 1000달러 정도가 서민들이 평생 한두 번 사용해보는 액수이다. 1990년대 들어와 1996년까지 500만 명의 국민이 일인당 1000달러를 해외여행에 지출했다고 가정할 경우 서민들이 소모한 총액은 50억 달러이다. 외환위기를 초래하게 된 문제의 달러는 자그마치 1000억 달러였다. 외환위기와 중산층의 해외여행은 전혀 상관이 없는 일이었다.

다음으로 무역 수지가 근 10년 계속 적자를 기록하여 한국은행의 외환 보유고가 바닥이 났다고 하면, 이것은 누구를 탓할 문제가 되지 못할 것이다. 무역에서 적자를 기록했다는 것은 물건을 팔아먹은 것보다 물건을 사온 것이 많았다는 것을 의미한다. 소비재가 아닌 자본재의 수입으로 적자를 기록했다면, 이것은 더욱 문제가 아닐 수도 있다. 1996년 무역 수지 적자가 230억 달러였는데, 그해 외환 보유고는 332억 달러였다. 강경식 부총리는 무역 수지 적자 때문에 외환위기가 발생하리라 예상하지 않았다. 그의 판단은 정당하다.

1995년 8월 이경식 한국은행 총재가 취임할 때 외채 총액은 1200억 달러였다. 그중 60%가 단기 외채였다. 이 단기 외채를 상환하지 못하여 IMF 사태를 당하게 되었다고 언론은 보도했다. 그러나 여기에서 냉정하게 살펴보자.

빚도 자산이다. 갑돌이가 갑순이에게 1200만 원의 빚을 냈다. 갑돌이는 빚쟁이일까? 그렇지 않다. 갑순이가 부채의 상환을 요구했을 때 돌려주면 끝이다. 문제는 갑돌이가 부채 1200만 원을 흥청망청 소비하여버렸을 경우 갑돌이는 빚쟁이가 되는 것이다.

외채가 1200억 달러였다는 것이 중요한 것이 아니다. 1200억 달러를 우리가 흥청망청 소비해버린 것이다. 누가 이 달러를 흥청망청 소비했을까? 외제 승용차를 사들이고 외제 골프채를 사들이면서 200억 달러를 낭비했다고 치자. 나머지 1000억 달러는 무엇인가? 누가 어디에다 이 1000억 달러를 썼는가? 이것이 IMF 사태의 원인이다.

외환위기의 비밀을 밝히기 위해 10년 전 신문을 들추어 보자. 1996년 1년 내내 한국의 신문들은 한보철강 정태수 사건을 연일 보도하고 있다. 결론은 간단하다. 정태수가 한보철강을 지으면서 독일식 용광로를 수입하는 명목으로 제일은행 돈 5조 원을 부정 대출하여 써버린 것이다. 그런데 재미있는 것은 제일은행을 말아먹은 이 5조 원 중 한보철강에 투자한 돈은 2조 원이 되지 않는다. 3조 원은 어디로 갔는가?

돈의 규모가 1조 원을 넘으면, 이 돈은 한 개인이 소모할 수 있는 돈이 아니다. 강남의 룸살롱에 출근부 도장 찍듯 출입하면서 토요일 일요일까지 하루도 빠지지 않고 매일 1천만 원을 써도 1년에 쓸 수 있는 돈의 총액은 36억 원이다. 어떻게 하룻밤에 술값으로 1천만 원을 쓸 수 있느냐고 놀라시는 분들이 있는데, 신문 기사를 보시라. 2001년 자민련의 김종필과 한나라당의 서청원과 민주당의 정대철이 강남의 룸살롱에서 1천만 원짜리 술을 먹다가 기자들에게 덜미를 잡혀 혼난 적이 있다.

그런데 30년 동안 하루도 빠짐없이 출근부에 도장까지 찍으면서 룸살롱에서 돈을 낭비해도 30년 동안 소모하는 돈의 총액은 1000억 원에 불과하다. 이거 어쩌나. 1조 원의 돈을 룸살롱에서 마셔 없애려면 이제 유언장을 작성해야 한다. "아그들아, 우리는 하늘이 점지한 위대한 난봉꾼 가족이다. 향후 300년 동안 10대 손까지 매일 빠짐없이 룸살롱에 출입하그라"고 유언장을 작성했다. 그랬더니 유언장 전담 변호사가 머리를 끄적거린다. "회장님, 1조 원을 은행에 예치해두면 3%의 이자만 받아도 1년에 이자가 300억 원 발생합니다. 천만 원짜리 룸살롱을 출입하여서는 해마다 270억 원의 재산이 불어나게 되어 있습니다. 1조 원은 룸살롱에서 없앨 수 없는 돈입니다."

그러니까 정태수가 감옥에서 고생하고 있을 때 그가 빼돌린 돈 3조 원은 지금도 무장무장 증식하고 있다. 과연 이 3조 원은 누구 명의로 된 돈일까?

정태수가 누구냐? 그의 공식 명함은 한보철강 회장이었지만, 진정한 그의 임무는 대통령 선거 자금 동원책이었다. 세무서 직원으로 쌈짓돈을 챙긴 다음 은마아파트 공사로 자금을 챙긴 그가 로비의 진정한 의미를 알게 된 것은 노태우 정권 시절이었을 것이다. 대통령에게 10억 원을 투자하면 100억 원이 돌아오고 100억 원을 투자하면 1000억 원이 돌아오는 이 로비 사업의 비밀을 알게 된 후 '정치인들에게 아낌없이 주는 나무, 정태수'가 된 것이다.

노태우는 대통령이 되기 위해 좀 무리를 했다. 국민들에게 아무 인기가 없는 그가 김영삼·김대중처럼 여의도에 100만 군중을 동원하느라 돈을 뿌린 것이다. 신문의 이면들을 꼼꼼히 읽어 보면 1987년 대통령 선거에서 민정당이 뿌린 선거 자금은 1조 원대를 넘어선다. 삼성이며 현대며 선경이며 대한민국의 재벌들은 줄줄이 노태우에게 라면박스·사과박스 나르기에 바빴다. 삼성과 현대 일류 대기업은 300억 원을 바쳤다.

정태수가 실력을 발휘한 것은 1992년 김영삼 대통령 선거 때였다. 일류 대기업도 아니면서 500억 원을 쏜 것이다. 총알을 달라는 일선 소대장들의 아우성이 빗발치는 선거 후반, 다시 정태수는 300억 원을 쏜다. 자발적으로 알아서 갖다 바치는 정태수, 김영삼에게 얼마나 고마운 존재였겠는가? 대통령 취임식을 마치고 청와대에서 열린 재벌들과의 만찬 석상에서 김영삼은 말한다. "정 회장님, 제 옆에 앉으시지요."

당시 제일은행은 잘나가는 은행이었다. 국민은행 다음으로 규모가 큰 은행이었다. 이제 제일은행은 정태수의 사금고가 된다. 국민들이 넣는 예금은 은행 대리의 손을 거쳐, 은행장을 거쳐 모조리 정태수에게 가는 것이다. 백서는 외환 유출을 IMF 사태의 원인이라고 밝혔다. 동시에 "외환 유출 문제는 부패 특권층의 외환 해외 도피와 밀접한 연관이 있다"고 못 박았다. 그 부패 특권층의 한 명이 정태수였다. 그런데 그가 빼돌린 돈 3조 원은 IMF 사태 때 비어 있는 돈 100조 원(1000억 달러)의 행방을 다 설명해주지 않는다.

정태수가 제일은행을 말아먹은 인물이라면, 대한민국의 전 금융권을 말아먹은 위인이 있다. 그가 김우중이다. 정태수가 IMF를 몰고 온 것이 아니다. 정태수가 3조 원을 해외로 빼돌렸다고 했을 때 달러로 30억 달러밖에 되지 않는다. 사라진 1000억 달러의 주범이라 보기엔 너무 액수가 적다. IMF 사태의 주범은 김우중이다.

1999년 가을인가. 금융감독위원회는 금융감독위원회를 감사하는 국회의원들에게 한 권의 팸플릿을 제출했다. 물론 대외비 자료이다. 신문기자들이 김우중의 부채 총액이 도대체 얼마나 되는 것인지 가늠을 잡지 못해 기사를 작성하지 못하고 있을 때, 금융감독위원회는 김우중이 금융권에서 갖다 쓴 총 부채를 87조 원으로 선포했다. 아울러 분식회계 수법으로 빼돌린 돈이 42조 9천억 원인 것으로 공표했다. 금감위는 김우중을 검찰에 넘겼고 김우중은 해외로 날랐다.

흥미로운 사실이 있다. 김우중이 금융권에서 빌어다 쓴 87조 원 중 20조 원이 김대중 정권 때 갖다 쓴 돈이라는 것이다. 대우그룹은 김대중과 김우중의 합작이었던가. 1998년도 어느 날인가, 백주 대낮에 대우자동차 노동자들을 몽둥이로 두들겨 패고 방패로 찍던 백골단들이 지금도 잊히지 않는다.

IMF 사태가 왜 터진 것인지, 외환 위기의 주범이 누구인지, 이제 더이상 연구할 필요가 없다. 30대 재벌들이 저마다 적게는 10억 달러에서 많게는 100억 달러를 해외로 빼돌렸던 것이다. 기아자동차며 삼미며 현대건설이며 삼성자동차며 1996년도 부도를 낸 재벌들이 바로 달러 해외 도피의 주인공들이었다. 그런데 국민들은 금가락지를 뺐다.

김대중 집권 초의 옷 로비 사건을 기억하는가. 사건의 얼개는 이러했다. 김대중 씨가 대통령이 되고 난 직후 외환위기 사태에 대한 진상 보고를 받고서 김대중은 잠을 자지 못했다. 자기에게 도움을 준 그 사람들이 외환위기의 장본인이었음을 확인한 것이다. 외환위기를 극복하기 위해 재벌들에게 협조를 구한다. 빼돌린 재산 일부라도 돌려놓으라고 말이다. 재벌들은 말을 듣지 않았다. 신동아그룹 회장 최순영도 뭉그적거렸다. 검찰은 최순영을 표적 수사했다. 이를 안 신동아그룹 기획실에 비상이 걸렸고 1000억 원을 뿌리더라도 회장님의 감옥살이만큼은 막으려 했다.

로비의 대상은 김대중의 부인 이희호였다. 이순자는 땅을 사랑했고, 김옥숙은 다이아몬드를 사랑했으며, 이희호는 옷을 사랑했다. 강남에서 제일 잘나가는 옷 가게 사장을 최순영의 부인이 만난다. 영부인께 드릴 모피 옷 한 벌 만들어달라고. 밍크코트 한 벌 값이 300만 원 정도 한다. 300만 원 정도밖에 나가지 않는 밍크코트가 로비의 전부인 것으로 알면 이것은 순진한 거다. 서울의 택시 기사님들이 웃을 일이다.

학부모들이 스승의 날에 상품권 10만 원짜리를 양말에 넣어 선물하던 시절이 있었다. 밍크코트는 양말이었다. 전문 용어로 밍크코트는 뇌물의 캐리어였다. 최순영은 구속되었고 로비는 실패했다. 로비가 실패하면 로비 자금은 돌려주는 것이 이들 세계의 법도이다. 그런데 옷에 담아 보낸 자금은 돌아오지 않고 남편만 감옥에 가버린 것이다. 이 억울한 현실을 최순영의 부인은 같은 교회에 다니는 신도들에게 불어버린 것이다. 그리하여 장안의 화제가 되어버렸던 것이다. 그런데 이제 이희호를 구출하기 위해 검찰총장 김태정이 희생양이 되었다. 김태정이 한강물을 보며 마신 소주에는 이런 비련의 진실이 있었던 것이다.

사라진 공적 자금 60조 원

2011년 8월 168.6조 원의 공적 자금 투입액 중 102.2조 원을 회수하여 회수율이 60.6%인 것으로 나와 있다. ―김상조, 「종횡무진 한국경제」(오마이북, 2013).

5년 후 김우중은 돌아왔다. 늘그막에 무슨 팔자냐. 집을 떠나면 고생이라는데, 물도 좋지 않은 외국에서 5년씩이나 고생을 하고 병만 도진 채 우리 곁으로 돌아왔다. 개인적인 심정으로는 그냥 풀어주어 버렸으면 하는 생각도 없지 않았다. 단 한 가지 조건만 달자. 해외로 빼돌린 42조 원의 진실을 이실직고하라는 것이다. 당신이 진정으로 참회한다면 먼저 숨긴 돈을 내놓으라.

김대중 정부는 이건희, 정몽원, 최순영 등 재벌들이 책임져야 할 채무에 대해서는 몇 조 원씩 과감하게 탕감해주었다. 이건희가 책임져야 할 삼성자동차의 채무 4조 원, 정몽원이가 책임져야 할 한라그룹의 채무 3조 원, 최순영이가 책임져야 할 대한생명의 채무 2조 원을 쓱싹 없애주었다.

IMF 사태를 보고 있노라면 시장의 논리라는 게 얼마나 헛된 것인가 절감한다. 시장의 실패라는 용어를 함부로 남용할 일이 아니다. 김우중은 역대 대통령들의 비자금 해외 담당책이었다. 정경유착과 부패구조는 시장의 실패인 것이 아니라 시장의 성공이다. 적어도 한국의 재벌들에게는. 삼성의 X파일은 삼성의 성공 비결을 담은 파일이다.

저승에서 온 편지[*]— 로비의 원리

대수 정말 두한이는 박력 좋았구요, 깨끗했어요. 추억의 그 시절엔 문관
님, 로비의 존재 이유가 없었지요. VIP께서 먼저 손을 내밀어 주었
거든요.

"장사하느라 애로 사항 없느냐. 은행은 대출을 잘 해주고 있지.
관급 공사 있으니까 가져가라. 국제그룹은 없애버릴란다. 겁먹지
마라, 본보기로 손 좀 봐주는 것이다."

마, 비러분 거는 태호 아이카요. 지가 무슨 왕초라고 선거에 턱
기 나왔지 않았습니꺼? 인기도는 제로에, 연설은 유치원생 국문 읽
는 실력이요, 부르는 노래는 베사메디져밖에 없는 자식이 지가 무
슨 보통개털이라고 넥타이 매고, 빈 가방을 손에 쥐고…. 태호 대통
령 만든다고 우리 범털들 고생 많이 했습니더. 지금도 1조 원이면
큰돈인데, 그때는 상당히 큰돈이었습죠. 영심이·대충이가 여의도
군중집회를 하는 것은? 인기가 있으니까 하는 것인데, 무슨 군바리
가 인기가 있다고 장안의 통반장들을 돈 주고 사서 퍼 날랐던 거 아
니요. 87년 대통령 선거 끝나자마자 88년 국회의원 선거 치렀지요,
90년에 또 지방자치제 선거를 치렀지요, 범털들 돈 많이 썼지요.
우종이가 검찰 앞에서 그랬대요. "지방자치제 선거를 치르려면 돈
이 제법 필요할 겁니다. 자동차사업도 잘되고 해서 100억 원 가져
왔습니다."

사기꾼들 말을 누가 믿겠어요. 선거철이면 갖다 바치는 것이 재
벌의 의무이지만, 아이, 태호가 대통령 되면서 우리들 정말 팍팍했

---

[*] 이 글은 연극 대본으로 사용하고자 쓴 풍자 문학이다.

어요. 청와대로 개별적으로 부르대요. 대통령한테 봉투를 건네면 또 경호실장이 부르는 거예요. 경호실장에게 봉투를 건네면 또 비서실장이 부르는기야요. 두한이 성님은요, 자기가 받은 돈을 가지고 부하들과 나누어 썼거들랑요. 근디, 요 여시 같은 태호는 지 혼자 독식한 거지요. 두한이는 국가 기밀을 통 크게 까놓고 이야기를 했지요. 이놈의 태호 속은 알 수가 없는기라요. 두한이 때에는 대충 새동이 통해서 약속을 하면 VIP를 만날 수 있었는데, 헌태는 가방만 나를 뿐 도통 약속을 잡을 수가 있어야죠.

만나서도요, "요즘 장사하느라 고생이 많지요" 한마디로 끝이에요, 끝. 미국으로부터 무기는 대거 도입한다는 소문은 무성한데, 15조 규모의 율곡사업이 시작된다는데, 7조 원짜리 경부고속전철 공사는 시작된다는데, 5조 원짜리 영종도 공항은 놓는다는데, 누구하고 거래하려는지 알 수가 있어야죠.

일산·분당 신도시 있죠, 정말 우리 범털들도 그곳이 신도시 후보지인지 언론에 보도 나고서야 알았습니다. 태호, 그 양반, 정말 욕심 많은 사람입니더. 우리들이 무슨 제조업으로 돈을 벌겠습니까. 땅 장사 아니에요, 땅 장사. 헌데 정말 기밀 뽑아내기가 힘들었지요. 그래 내가 아예 수서에서 사고를 친 것 아닙니까? 수서 땅을 매입해놓고 아예 태호에게 떼를 썼지요. 용도 변경해 달라, 뭐 이리 장사 해먹기 힘드냐. 두한이 같으면 "뭘 이런 걸 가지고 찾아왔느냐, 걱정하지 마라"고 할 것을, 태호는 세상에 이러는 거예요. "몇 배 장사요? 오대오로 합시다." 내 더러워서 책상을 엎고 나와버리려고 했지만 참았지요. 그래, 참아야 한다, 저런 여시 밑에서도 기어 엎드릴 줄 알아야 세상을 먹는 기다, 참고 참고 참았지요.

문관 그래도 범털들의 세계에서는 대수가 입이 무겁다고 한 번 약속은 끝까지 지키는 싸나이라고 소문이 자자하던데.

대수 뭘 그런 걸 가지구 비행기 태울 것까지는 없잖아요. 이제 로비가 뭔지 좀 알겠나요?

문관 권력을 매수하는 것, 그것이 로비라는 말씀이지요?

대수 그렇지요. 100억 원이 나올 건수라면 10억 원을 처바르는 거예요. 로비 3대 원칙 중 제1원칙 로비 자금 극대화 법칙이란 게 있지요. 로비, 아무나 하는 거 아니에요. 냄새 맡는 코가 좋아야 하고 될 성싶으면 바르는 거죠. 10억 원을 바르면 100억 원이 쏟아지고 100억 원을 바르면 1000억 원이 솟아나는 게 로비의 세계 아닙니까? "너의 처음은 미약했으나, 너의 끝은 창대하리라"는 성경 말씀은 어찌나 정확한 말씀인지.

제가 말이에요, 영심이한테 얼마 바른지 모르죠. 허허허. 검찰들이 말이에요, 내 입을 열라꼬 비열하게스리 인질극을 벌이지 않았겠어요. 개명 천지에 연좌제를 쓰는 비열한 놈들이요. 아들 보건이를 잡아들이자 바위 같던 나의 입도 녹아들대요. "저 어린것이 애비 잘못 만나 고생하는구나." 가슴이 미어지대요. 반창고를 떼고 입을 열었지요. "내가 영심이에게 바친 돈은 500억 원보다는 많고 1000억 원은 안 된다." 슬쩍 흘려주었더니 요 쥐새끼 같은 검찰놈들이 환장하고서 받아 적대요. 나는 속으로 낄낄대며 웃었지요. 예라이, 거지발싸개보다 못한 놈들아. 누구 거시기나 머시기 해라.

문관 로비의 세계도 법칙이 있다고?

대수 관성의 법칙, 중력의 법칙, 상대성의 법칙, 자연계를 지배하는 엄정한 법칙이 있듯이 로비의 세계를 지배하는 확호한 법칙이 있지요.

제2법칙 로비 자금 유연화 법칙이란 것이 있지요.

문관 그게 뭔데.

대수 에 또 말씀드릴 것 같으면 다시 말해서 유연화란 상대의 사정에 따라 유연하게 자금 형태를 변신하는 것으로서 일차적으로는 공직에 계시는 분들의 사회적 지위와 체면을 고려하여 현금으로 전달해주어야 합니다. 007가방이면 만 원권이 1억 원 들어가고요, 사과상자면 만 원권이 2억 원 들어가고요, 골프가방이면 만 원권이 5억 원 들어가지요. 그게 공정가격이에요. 사과가 먹고 싶다면 2억 원, 골프를 치고 싶다면 5억 원, 그러는 거지요. 이제 왜 정치한다는 놈들이 왜 만나면 골프장엘 가는지 아시겠어요?

문관 잠깐, 그러면 10억 원대의 큰 공사는 어떻게 치르오?

대수 아무리 염라대왕의 특명을 받은 분이라 하여도 이승의 세계를 너무 많이 알라고 하면 다치는 법이오.

문관 이승으로 돌아가고 싶지 않은가, 간땡이가 부었는가?

대수 제3법칙 로비 자금 절대기밀 원칙을 어길 수 없잖수.

문관 역시 프로는 프로구나. 저승에서만 알고 있을 터이니 너의 양심에 맡기겠다.

대수 액수가 10억 원대를 넘어서면, 우선 배달이 힘들어지오. 30억 원을 믹이려면 골프가방을 6개 날라야 하는데, 택배로 보낼 수 없는 것이 로비 자금이오. 배달 사고가 나도 어디 하소연할 데가 없고 만일 사고가 나면 장사는 끝장이니 말이오. 10억 원대가 넘어가는 경우엔 대개 차명계좌를 설정하오. 상대에겐 구좌의 비밀번호만 건네주는데, 이 경우엔 또 은행장을 구워삶아야 하는 번거로움이 따르오.

문관 그러면 100억 원대가 넘어서면 어떻게 하는고?

대수 100억 원대가 넘어가는 돈은 당장 찾아 쓸 돈이 아니므로 무기명 장기채권을 끊어주면, 대개들 기분 좋아하지요. 알아서 와리깡을 해서 쓰든 이불 속에서 마누라 거시기에 쑤셔 넣든 그것은 로비스트가 알 일이 아니지요.

문관 그러면 1000억 원대가 넘어서면 어떻게 전달하는고?

대수 1000억 원대부터는 장난이 아니지요. 1000억 원대의 돈은 국내에서 돌아다니기가 힘드오. 태호가 본격적으로 개발한 방법이요, 나도 헌철이와 거래하면서 한 번 써먹은 방법인데, 밝혀서도 안 되고 밝힐 수도 없는 국가 기밀 사항이오. 범털들은 대개들 짐작하고는 있으나 개털들이 이 사실을 알았다가는 개난리를 칠 것이오.

문관 네 이놈, 여기가 어디라고 수작을 부리는고? 애시당초 너와 내가 맺은 약속을 잊었는가?

대수 그럼, 이승에 난리가 일어나도 문관이 책임지려우? 참, 저승의 세계에 애국자는 없지요? 내 범털들의 배신자가 되는 셈치고 발설하겠수다. 1000억 원대의 로비에서는 절대 신뢰가 전제이외다. 상대를 믿지 못하면 일은 그르치는 법. "너의 믿음이 너를 구했다"는 성경의 말씀은 바로 이 대목을 두고 한 말이었소.

1000억 원대가 넘어가는 로비는 우선 회사에 투자하는 방식을 거치오. 예컨대 태호가 선강물산에 1000억 원의 지분을 갖는 것으로 끝내는 것이지요. 그러면 선강물산은 해외 지사를 통해 1000억 원의 지분을 빼내 외국 은행에 입금을 시키지요. 물론 가명을 사용하지요. 91년 태호가 유럽 여행길에 올라 할 일도 없는데 스위스를 경유한 것은 그곳의 은행 계좌에서 달러를 빼내기 위한 것이었소.

귀국 길에 미국을 들렀던 것은 딸 소연에게 용돈을 주기 위함이었는데, 그 애비의 그 딸년이라고 욕심 많은 소연이가 그만 일을 그르쳤지 않았소. 장롱 속에 넣어두고 필요한 만큼만 빼다 쓰면 될 것을 이자 몇 푼 더 벌려고 미국 은행에 예치를 한 것이었소. 아무 소득원이 없는 소연의 뒤를 조사해 본즉, 문제의 달러는 태호가 불법 증여한 달러였던 것이었소.

이 방면의 전문가는 역시 우종이라고 해야 할 것이오. 우종이는 사실 기업인이라기보다 뚜쟁이라고 보아야 하오. 청와대의 검은 돈들을 무이자로 받아 외국으로 돈을 빼주는 것을 전문으로 하면서 권력의 총애를 받아왔던 것이오. 개털들은 세계화라는 구호를 거창한 것으로 착각하고 있는데, 우리가 보기에 검은 돈의 해외 도피를 위장하기 위한 구호가 바로 세계화였소.

문관 음음, 심각한 지점이로구나. 언제부터 검은 돈의 해외 도피가 비롯되었던 거냐?

대수 '검은 돈의 해외 도피가 언제부터 시작되었냐'라는 질문은 어리석은 질문이오. 본디 우리 범털들은 언제나 한탕하고 미국으로 바를 준비를 하는 사람들이오. 70년대 유명한 기업인 용회가 YH 기업을 통해서 모은 수백만 달러를 몽땅 미국으로 빼돌리고 껍데기만 남은 회사를 내팽개친 것이나 형욱이가 중앙정보부를 하면서 모은 돈을 미국으로 빼돌린 것이나 우리 범털들의 세계에서는 누구나 하는 관례적 일상일 따름이오. 하지만 검은 돈의 해외 도주가 대세를 이루면서 본격화되었던 것은, 나의 기억으로, 정확히 말하자면 94년 즈음이었던 것 같소. 93년 8월이면 금융실명제가 발포되오.

문관 금융실명제가 달러의 해외 도피와 무슨 상관이란 말이냐?

대수 아주 중요한 지적이오. 금융실명제로 말할 것 같으면, 검은 돈 일체를 발본색원하기 위한 일대 개혁인 것은 사실이오나 금융실명제의 창끝은 지하경제 일반을 향하고 있었던 것이 아니라 노태호의 비자금을 향하고 있었던 것이오. 말이 비자금이지 민차당의 정치자금이었던 것인데, 관례에 따르자면 전임 대통령이 후임 대통령에게 관리권을 넘겨주는 것이 바로 비자금입지요. 여당의 정치자금으로 모은 돈인데, 이 돈을 전임 대통령이 소유하고 관리한다는 것은 어폐가 있지 않소? 두한이는 태호에게 1000억 원을 깨끗이 넘겨주었지요. 그런데 이 욕심 많은 태호가 영심이에게 공당의 정치자금을 넘겨주지 않고 묵어분 거요.

문관 태호, 고놈 더러븐 놈이고마.

대수 재미있는 것은 92년도 여름 서울의 금괴 시장에서 1000억 원어치의 금괴가 빠져나갔다 하지 않소? 일설에 의하면 옥순이 치마부대가 휩쓸어 갔다는 것이오. 문제의 정치자금이 원화로 국내 은행에 머물러 있을 것임을 확신한 영심이가 이 돈을 꼼짝 못하게 하기 위해 내린 것이 바로 금융실명제란 말이오.

그렇게 하여 밝혀진 액수가 동회은행의 4000억 원. 태호는 법정에서 5700억 원의 비자금을 만들었다고 하지만 도둑놈들의 이야기는 믿어선 안 되오. 87년 대선에서 태호가 1조 원이 넘는 돈을 썼다고 대충이가 폭로한 적이 있지 않소. 민정당의 정치자금으로

5700억 원밖에 모금하지 않았다는 것도 턱없는 소리지만, 민정당의 공적 자금인 정치자금 말고 태호가 뒤로 빼돌린 태호의 사적 자금, 이른바 부정축재의 규모가 얼마나 될 것인지 상상해보오. 태호가 빼돌리고 옥순이가 빼돌리고 철헌이 이름으로 빼돌리고 진오 명의로 빼돌리고 선강물산 앞으로 달아놓고 스위스에 예치하고….

문관 흥분하지 마시고 담배 한 대 태호면서 계속하시오.

대수 문제는 금융실명제 이후의 상황이오. 영심이는 단 한 푼도 기업인들로부터 돈을 받지 않겠다고 약속했소. 닭의 모가지를 비틀어도 새벽은 온다는 영심이의 똥고집은 나의 로비력으로도 이후 통하지 않았소. 나는 정말 영심이의 결백함을 확신하오. 그래서 우리들은 언길이를 통해 영심의 아들 헌철에게 돈을 바치는 새로운 루트를 개발했지요. 언길이가 "내가 받은 돈으로 땅 한 평을 샀나, 건물 한 채를 샀냐"면서 자신의 결백을 밝힌 점에 비추어, 문맹정부의 모든 로비 자금의 집결처는 헌철임에 틀림없소. 자, 검은 돈은 사방팔방에서 쏟아져 들어오지요, 금융실명제는 발표해놓았지요, 어떻게 검은 돈을 관리할까요.

문관 제 발에 도끼 찍은 격이로구만.

대수 바로 그렇소. 태호를 잡기 위해 썼던 그물망이 이제 헌철이를 조여오는 것이오. 엎친 데 덮친 격으로 영심이는 94년 11월 토지전산망 가동을 발표하오. 고래로 검은 돈들이 제일 먼저 안착하는 곳이 부동산인데 컴퓨터가 부동산 소유자들을 일괄 정리하여 발표해버리는 국면이 당도하니 이제 더 이상 부동산은 검은 돈이 마음 놓고 쉴 곳이 되지 못했던 것이오. 여기 보시오.

"건설부는 내년 초부터 전산망을 이용해 땅 부자 5만여 명을 가려내 특별 관리하겠다."

설상가상으로 영심이는 금융소득종합과세를 집행하오. 여기 보시오.

"돈이 금융권을 떠나려 하고 있다. 1996년을 전후해 약 20~30조 원의 뭉칫돈이 대이동하는 이른바 큰손들의 엑소더스가 벌어질 것이라는 충격적 시나리오다."

문관 이제 감이 잡히기 시작하구나. 세계화가 큰손들의 탈코리아 엑소더스였구나.

대수 맞소. 경제 정의를 실현하겠다던 영심이의 입과 세계화의 기치를 흔드는 영심이의 손은 일견 일관된 개혁 성향인 것 같지만 사실은 상호 배반된 것이었소. 우리 범털들을 잡으려면 확실하게 잡아야지 입으로는 죽인다고 엄포를 놓고서 손으로는 나라 문을 활짝 열어주고서 이 남조선을 떠나거라고 배웅을 해주는 것이나 다름없었소. 보시오.

"외화 보유를 합법화하다. 94년 12월 6일. 개인이 연 1만 불 외화 구득 가능, 이민은 50만 불 소지 가능, 투자 이민은 백만 불도 구득 가능, 개인당 해외 증권 투자 5억 원어치 가능하고, 30만 불 이내의 해외 부동산 투자도 허용, 3만 불 이내 해외 예금은 언제든지 자유."

20억 원을 달러로 바꾸어 외국으로 도망칠 수 있도록 어제의 불법 행위를 오늘의 합법 행위로 바꾸어준 것이 바로 김영심의 세계화였소.

문관 이제 감이 잡히는구나. 에프 사태가 뭔지. 그런데 대수, 저승의 계산법으로 이해되지 않는 게, 94년에서 97년까지 1500여억 달러가 남한으로 들어왔는데 이 방대한 양의 달러가 어디로 사라졌냐 이거요.

대수 참으로 어려운 문제를 풀려고 하고 있소. 본디 돈처럼 발 빠른 물건은 없소. 돈은 고속버스를 타고 달릴 뿐 아니라 비행기를 타면 한 시간에 서울에서 부산을 가오. 인터넷이 개통되면서 이제 돈은 빛의 속도로 지구를 이동하오. 이 신출귀몰한 돈의 행적을 낱낱이 파악하는 것은 염라대왕 아니라 부처님 할애비도 가능하지 않은 일이오.

문관 그래도 에프 사태의 책임자를 가려내려면 실증적 계량적 엄밀성에 입각해야 되는 것은 아닌가?

대수 너무 깊은 대목까지 알려고 하면 다치오. 먼저 범털들의 장롱 속에 내장된 달러를 생각해 보시오. 여기 보시오.

"경찰이 부유층 전문 절도범을 검거해 조사하는 과정에서 일부 부유층이 평상시 금고가 아닌 장롱, 책상서랍, 편지봉투 등에 수천 달러를 보관해두고 있다는 사실이 드러나…서울 서대문 경찰서는 6일 서울의 평창동, 성북동, 청담동, 논현동 일대를 18차례에 걸쳐 미화·엔화 등 7억 7천만 원어치를 턴 이종수 씨에 대해 절도혐의로 구속시켰다."

대충이 똘마니 종건이도 집에 달러를 쑤셔놓고 있다가 도둑놈에게 들통난 사건이 있었지요. 아마도 이 분야는 창운이가 전문가인데, 그분은 저승도 탈옥할 '탈옥의 강자'입지요. 어림잡아 계산해 보시오. 한국의 범털 10만 명이 10만 불을 장롱 속에 은닉하고 있다면, 그것으로도 100억 달러 아니오?

문관 이야기는 고마운데, 장롱 때문에 에프 사태가 터졌다고 보기는 힘들지 않겠는가?

대수 금융실명제, 토지전산화, 금융소득 종합과세제도가 잇달아 터지자

범털 동네에서는 코리아 시대는 갔다, 세계화 시대다. 원화가 무슨 필요가 있냐. 마구 쓰자. 마구 마시고 마구 뿌리자는 마구 패션이 붙었지요. 외제 차가 마구 수입되었고 외제 장롱, 외제 샹들리에, 외제 대리석, 외제 금붕어, 외제 양복, 외제 속옷, 외제 냉장고, 외제 에어컨, 외제 소파, 외제 양주잔, 외제 벽지, 외제 장롱, 외제 에스컬레이터, 외제 스키, 외제 골프채, 외제 모터보트, 외제 카펫, 외제 핸드백, 외제 식기, 외제 싱크대, 외제 수중안마기….

문관 그만 그만. 흠, 그렇게 해서 94년에서 97년 네 해만에 469억 달러가 다시 해외로 빠져나갔던 거구만. 그런데 대수 너는 대단한 애국자인 양 외제 타령하는데 대수 너도 똑같은 사람 아니었나? 네 아들 보건이 말이야, 라스베이거스에서 하룻밤에 백만 달러를 날렸다고 하던데.

대수 마, 새끼 잘못 둔 애비가 의당 책임져야 할 일이긴 하지만서도요, 신문에 보도된 바는 사태의 전말을 칼로 무 썰듯 재단해버리고 말단지엽적 사실을 과대 포장한 면이 없지 않소. '보건이가 라스베이거스의 봉'이라고요?

"외화 펑펑 새나간다. 하룻밤 수십만 달러 날려. 미 원정 100억 대 카지노 도박 부유층 적발. 재벌 2세, 연예인, 전직 국회의원"이라고 써놓고, 옆면에 "라스베이거스 미라지호텔 카지노 마케팅 담당자 재미교포 최로라의 고객 명단에 정대수의 차남 정보건을 포함, 홍순협 변호사, 전직 정치인, 방송 쇼프로 피디 40명 이름이 올라 있다."

근디요. 아니 막말로 미국 가서 라스베이거스 물 안 먹어본 놈 있어요? 언론사 데스크들 말이에요, 지네들도 다 알면서 왜 이렇게 편파보도를 하는지 모르겠어요. 보세요, 향응을 받는 자하고 향응을 제공하는 자하고는 입장이 다른 거예요. 공무원이 모 기업 영업 부장과 함께 룸살롱에서 술을 마셨다 할 경우 공무원은 향응을 즐긴 것이지만 우리 기업가들은요 죽을 맛이어요. 그 몸에도 좋지 않은 독할 술을 밤새워 마시죠, 그 싸가지 없는 공무원들 비위 맞춰야죠, 이건 고역 중에 고역이죠.

마찬가지인 겁니다. 정치인이 카지노에 들른 것은 도박이요 향응이지만 아들 보건이가 카지노에 들른 것은 생산적 영업활동인 것이어요. 탤런트가 왜 나오느냐고요? 그걸 몰라서 물어요? 술이라는 게요, 할머니가 따라주어도 지집이 따라주어야 맛이 나는 거 아닙니까? 정치한다는 애들요? 이쁜 지집 물려주면 고마 끝에요. 로비 3대 원칙 절대 기밀의 법칙을 관철함에 있어서 로비 제공자와 피제공자의 관계를 공생·공멸·공범의 관계로 엮어두는 것이 필수적인 것이구요.

왜 부엉이 새끼마냥 눈깔을 껌벅껌벅 해요? 문관님은 동양의 고전 『삼국지』도 읽지 않았나. 유비가 여포를 죽일 때 무슨 계략으로 죽이던가요? 초선을 앞세운 미인계였지 않았어요? 내 아들 보건이는요, 지 애비 닮아서 그런지 여자의 '여'자도 모르는 순진한 애였어요.

문관 음, 미꾸라지마냥 잘 빠져나가는구만. 그러면 헌보철강 시설재의 도입 과정에서 독일산 플랜트를 시세보다 두 배 더 많은 값으로 도입하여 차액을 헌철이에게 넘겨주었다는 보도가 있던데, 이것은 뭔가?

대수 이승에서는 내가 입을 열지 않았지만, 저승에서는 진실을 이실직

고하겠습니다. 사실의 자초지종은 이렇게 된 것이옵지요. 영심이를 대통령으로 당선시키는 데, 마, 이 불초소생이 일등 공신이었다는 것을 세상 사람들이 모르더라구요. 빅 쓰리 재벌들이 쫀쫀하게 다섯 장 상납하고 있을 때 나는 일판을 벌렸죠. 영심이가 대통령이 될 것이다, 나는 확신했어요. 제가 사람 보는 눈이 있거든요. 대통령이 될 것인데 무슨 짓을 못하겠습니까?

로비의 본질, 내가 어떻게 규정했죠? 그렇죠, 권력을 매입하는 것이다. 권력을 매입하는 데 가장 좋은 시기는 역시 선거 때죠. 그래서 나도 다섯 장을 박았죠. 그런데 선거 막바지에 무슨 일이 있었죠? 추원복집 사건이 터지잖아요. 사태의 흐름이 어디로 기울지 알 수 없는 일촉즉발의 상황이었어요. 다행히 경상도 얼라들이 "우리가 남이가" 외치면서 우리 편으로 똘똘 뭉쳐주어 한숨을 놓았지만 정말 그때는 심각했지요.

나는, 마, 한 번 더 쏘아 버렸지요. 그랬더니요, 선거가 끝나고 경제인들과 조찬을 하는 자리에서 영심이가 내 손을 붙들대요. "영감님, 옆에 와 앉으라." 바로 이거예요, 이거. 이후 은행장들은 다 내 머슴들이었죠. 전화 한 통이면 끝이죠. 내가 청와대고 청와대가 난데, 즈그들이….

실업, 그리고 나의 행복관

IMF 사태를 치르면서 나는 실업의 비극을 가까이에서 목격했다. 외국어를 네 개나 구사하는 능력 있는 한 친구가 느닷없이 황당한 퇴직을 당한 것이다. 친구는 하루걸러 나를 찾아와 술을 얻어먹었다. 나 역시 술을 마다하지 않는 취향이기에 친구에게 술을 사주고 친구의 주정을 들어주는 것이 그렇게 싫지는 않았다. 고통스러웠던 것은 친구 스스로가 자신의 미래를 자포자기하는 것이었다. 실업이 어떻게 인간성을 파괴하는지, 일자리를 잃고 6개월만 술을 먹고 다니면 누구나 영등포역의 노숙자들에게서 보이는 휑한 눈빛을 띠게 된다는 것을 경험하게 되었다.

실업자에게 그토록 소중한 일자리, 하지만 과연 오늘 우리들이 선택할 수 있는 직업들이 인간에게 행복을 주는지에 대해서 나는 무척 회의적이다. 나의 자질을 마음껏 발휘하기 위해 선택한 직업이 아니라 돈을 벌기 위해 선택한 직업일 경우 직업이 가져다주는 것은 밥을 비롯한 몇 가지 필수품일 뿐, 인간에게 행복을 가져다주지는 않는 듯 보인다.

나는 내 나름대로의 행복관을 갖고 있다. 나에게 중요한 행복의 제1가치는 창조적 활동이다. 하루 내내 환자들을 진단하고 면담하고 처방전을 써주면서, 글쎄 의사들이 얼마나 자신의 노동에 대해 보람을 느낄지 의문이다. 법조인이라는 직업에 대해서도 별 부러움을 느끼지 못하는 것도 같은 맥락에서이다. 도둑놈들을 취조하는 검사, 도둑놈들을 수발하는 변호사, 도둑놈들 앞에서 망치질하는 판사, 사람들은 이들 법조인을 영감님이라 존칭하지만, 과연 그들이 '하루의 노동'을 뿌듯하게 느끼는 날이 평생 며칠이나 될까.

창조적 활동이 주는 기쁨이라는 점에서 볼 때 의사나 판사보다는 차라리 농부나 목수 혹은 작가나 교사의 직업이 더 나아 보인다. 농부는 벼를 심고 가꾸고 거두는 활동 속에서 단지 먹고살 쌀을 얻을 뿐 아니라 대자연의 섭리를 느끼고 자신이 흘린 땀방울의 의미를 확인하는 보람을 느낄 수 있다. 목수는 나무를 자르고 못을 박고 집을 짓는 노동을 통하여 자신의 생계수단을 확보할 뿐 아니라, 이 활동 속에서 자신의 창조적 열정을 구현하고, 완성된 한 채의 집을 보면서 노동의 보람을 느낄 수 있다. 작가는 글을 씀으로써 그날그날의 생계수단을 벌 뿐 아니라 자신의 소중한 사상과 감정을 타인에게 전달하는 자아실현의 기쁨을 누리며, 선생님들 역시 비록 아이들을 가르침으로써 월급을 받고 그 돈으로 생계를 꾸리지만, 아이들의 해맑은 웃음 속에서 생명의 경이를 느끼고 제자들의 성숙해가는 몸짓과 언어를 보면서 삶의 보람을 느끼기 때문이다.

나에게 중요한 행복의 제2가치는 봉사활동이다. 사람들은 '봉사'라고 하면 먼저 거창한 종교적·도덕적 계율을 떠올리는데, 제발 이러지 않았으면 좋겠다. 사람은 태어나 하나의 인격체로 성장하기까지 먹는 것, 입는 것을 비롯한 모든 물질적 생계수단을 사회로부터 빌려온다. 뿐만 아니라 말하는 능력, 생각하는 능력까지 사회로부터 배워온 것이

라고 한다면, 장성한 이 몸과 이 몸속에 내재된 정신적 활동능력을 가
지고 이웃을 위하여, 나아가 인류를 위하여 봉사하는 것은 너무 자연스
런 일이지 않은가.

인간은 사회적 동물이기 때문에 사회의 발전과 인류의 행복에 기여
하는 활동을 통하여 행복을 느끼게 되어 있다. 비록 일신상의 안일을
희생하더라도 민족과 인류의 행복에 커다란 기여를 하면 할수록 그 사
람은 더없는 행복을 맛보게 된다는 아인슈타인의 이야기를, 나는 그대
로 받아들인다.

—2000년 작성, 『레즈를 위하여』(실천문학, 2003)에 발표.

대화

가슴으로 살아야 하나 머리로 살아야 하나

가슴으로 살 것인가? 머리로 살아야 하나?
두 가지 토끼를 다 잡고 싶은데 어떻게 해야 할까요?

케인스라는 경제학자가 있어요. 케인스의 은사가 마셜이에요. 마셜 교
수가 대학교 신입생을 상대로 "차가운 머리를 갖고 뜨거운 가슴을 가져
라"고 했대요. 나는 대학교 1학년 때 족보도 모르고 선배한테 이 얘기를
들었는데, 경제학 공부를 해보니까 이 말의 원조가 마셜이었어요. 자,
차가운 머리가 뭘까? 냉철하고 객관적 분석적인 사고죠. 사회에 문제

가 있으면 흥분만 하지 말고 왜 문제가 발생했는지 어떻게 이 문제를 해결할 수 있는지 냉정하고 객관적인 논리를 펼 수 있는 훈련이 필요해요, 경제학에선.

하지만 이러한 사회문제를 냉정하고 객관적으로 바라보는 것보다 더 중요한 것은 뜨거운 가슴이에요. 뜨거운 가슴은 이웃에 대한 공감과 연민, 즉 sympathy예요. sympathy를 유교로 말하면 어질 인(仁)이고, 불교로 말하면 자비이고, 기독교로 말하면 사랑이죠. 불우한 삶을 살고 있는 이웃에 대한 뜨거운 연민, 거기에 여러분의 실천을 이끌어주는 동력이 있어요.

차가운 머리와 뜨거운 가슴, 둘의 조율을 어떻게 하냐고요? 20대 때는 불도저처럼 그냥 밀고 나가세요. 앞뒤 재지 말고. 무지무지 실패한다 생각하고 밀고 나가세요. 젊음이 창창하게 남아 있는데 벌써부터 뭘 조심하고 버벅거려요? 그러면 아무것도 안 돼요. 20대엔 일을 저지르는 거예요. 무언가 의미 있는 삶을 살려면 두려워하지 말고 저질러야 해요.

─2014년 7월

최고의 가치는 명성
— 크세노폰, 『경영론』

소크라테스가 말했다.[2]

"나는 더 이상의 돈이 필요 없어. 이대로 충분하지. 크리토불로스, 그런데 너는 참 가난해 보이는구나. 정말 불쌍해."

소크라테스의 언행을 우리에게 전해준 또 한 명의 작가가 있다. 소크라테스의 제자 크세노폰이다. 크세노폰의 글 역시 간명하다. 지금 소개하는 이 글은 『크세노폰의 향연, 경영론』에서 빌려온 것이다. 출판사 '작은 이야기'는 오유석의 번역을 2005년에 출간했는데, 안타깝게도 이 책은 절판되어 구하기 쉽지 않다.

크리토불로스가 대꾸했다.

"그렇게 잘 알고 계시면서도 내가 가난하다고요?"

소크라테스가 대답했다.

……

그러자 크리토불로스가 어이없어 물었다.

"선생님의 재산을 판다면 몇 푼이나 된다구요?"

소크라테스가 대답했다.

"좋은 구매자를 만나면, 5므나 정도 받을 거야. 물론 너의 재산은 나보다 100배 많겠지."

소크라테스는 거지가 아니었다. 행색은 거지와 같았으나, 그는 어떤 아테네인도 따라오지 못할 영혼의 풍요를 누린 이였다. 또 부모님으로부터 상당한 재산을 물려받은 중산층이었다.

성인 남성 아테네인들은 모두 전쟁에 나가 싸우는 전사들이었다. 부자들, 귀족들은 준마를 타고 싸우는 기마병이었고, 중산층 시민들은 칼과 창, 투구와 방패 등 중무기로 무장하여 싸우는 보병이었다. 물론 이무기들은 자신의 재산으로 구입했다. 따라서 소크라테스가 중무기로무장한 보병이었다는 것은 그가 중산층이었음을 시사한다.

1므나는 뭐냐? 100드라크마에 해당하는 큰돈이다. 1드라크마는 뭐냐? 노동자 하루 일당에 해당하는 금액의 화폐 단위였다. 요즘의 노동자들은 일당으로 10만~20만 원을 받는다. 그렇다면 소크라테스가 소유한 5므나는 얼마인가?

크리토불로스가 대꾸했다.

"그렇게 잘 알고 계시면서도 내가 가난하다고요?"

소크라테스가 대답했다.

"암, 그렇지, 크리토불로스. 왜냐하면 나의 재산은 나의 필요를 충족시켜주기에 충분하지만 너의 재산은 너의 명성을 유지시켜주는 데 충분하지 않잖아."

크리토불로스는 누구인가? 크리톤의 아들이다. 크리톤은 누구인가?
소크라테스의 죽마고우이고, 소크라테스의 사상적 추종자이며, 소크라
테스의 경제적 후원자이다. 그래서 아들 교육을 소크라테스에 맡긴 것
이다.

기원전 399년, 아테네의 재판에서 사형을 선고받은 소크라테스는 한
달 동안 감옥에 수감되어 있었다. 소크라테스에게 감옥은 국립 호텔처
럼 편안한 곳이었다. 그런 소크라테스에게 탈옥을 권유한 이가 있었다.
그가 바로 크리톤이다.

크리토불로스의 재산이 500므나라고 했다. 얼마인가? 우리의 주위
에도 100억 원대의 부를 소유한 졸부들이 있다. 소크라테스는 강남의
졸부들에게 이렇게 말하고 있다. "너는 참 가난해 보이는구나. 정말 불
쌍해."

그 이유가 무엇인가? 소크라테스는 이렇게 말하고 있다. "나의 재산
은 나의 필요를 충족시켜주기에 충분하지만 너의 재산은 너의 명성을
유지시켜주는 데 충분하지 않잖아."

크리토불로스의 100억대 자산이 그의 명성을 유지하는 데 충분하지
않다는데, 이 말은 도대체 무슨 말이냐? 왜 100억대의 거부 크리토불로
스가 불쌍하다고 말했던가? 크세노폰은 이렇게 전한다.

"크리토불로스, 너 말이야, 돈 자랑하지 마. 너는 부자의 공적 책무를
집행하지 않으면 시민들의 비난의 표적이 되고, 심한 경우 재판정에 끌
려가잖아. 매달 치르는 대규모 제사에 돈을 내야지, 외국인들 접대해야
지, 부자라는 이유로 시도 때도 없이 시민들에게 밥을 사야지, 말 먹이

값 대야지, 연극·합창단 경비 내야지, 운동선수 후원비 내야지. 전쟁이 일어나봐. 함대 유지비, 결국 니네들 호주머니를 털잖아."[3]

 고대 아테네의 부자들은 도시 국가 폴리스의 공동 경비를 모두 책임지고 있었다. 이른바 귀족의 '노블레스 오블리제'였다. 나랏돈 빼먹기 바쁜 재벌, 창고에 700조 원의 부를 쌓아두고서 비정규직을 늘이고 있는 우리의 재벌과는 사뭇 대조적이다. 고대 아테네인들이 추구한 최고의 가치는 부가 아니라 '명성'이었다. 좀 배워라, 배워.

2부

성장
프레임의
파탄

1
나라 살림
400조 원을 쓰면서도

시대의 성찰: 정치는 세금이다*

대한민국 사람들은 하여튼 이상한 사람들이다. 1년에 100조 원[1]이 넘
는 돈을 세금으로 뜯기면서도 자기가 얼마를 뜯기고 있는지, 세금을 거
두어 간 자들이 그 돈을 어디에 어떻게 쓰는지 알지도 못하고, 알려고
도 하지 않기 때문이다. 경제활동인구를 2000만 명으로 잡으면 경제활
동인구 1인당 연간 500만 원을 세금으로 뜯기고 있으면서도, 기름 10만
원어치 넣을 때마다 6만 원을 세금으로 뜯기고 있으면서도, 웃기는 것
은 세금을 생산비용의 하나로 간주해버리며 국가가 뜯어가는 것은 당
연한 일로 치부한다는 것이다. 그러면서 우리의 어머니들은 시장에서
파뿌리 하나 더 얻으려고 그 찌들게 사는 노상의 할머니와 다툼을 하
며, 아이들에게 용돈 한 푼 더 주지 않으려고 매일 자식들과 전쟁을 치
른다.

　대한민국 노동자들도 이상한 노동자들이다. 먼저 한국 사회에서 노

---

* 2001년 작성, 미발표.

동자만큼 민주주의에 치열한 집단이 없음을 밝혀두고 싶다. 노동자들은 자신의 권익을 지키고 향상시키기 위하여 자주적 결사체인 노동조합을 만들어 운영하고 있는데, 지난 10년 동안 나의 관찰에 의하면 노동조합 위원장이 임기를 채우고 그만두는 경우가 오히려 드물다. 노동조합 위원장으로서 마땅히 수행해야 할 노동자의 권익 대변 활동에 조금이라도 하자기 보이면 우리의 자랑스러운 노동자들은 그날로 해임시켜버린다. 해임만 시켜버릴 뿐 아니라 사측과 손잡았다 하여 어용 노조 위원장으로 낙인찍어버린다. 대다수의 사회단체에서 선출되는 감사가 감산가? 집행부의 비리를 눈감아주는, 다시 말하여 집행부와 짜고 치는 고스톱을 치는 집행부의 일원이다. 하지만 노동조합은 다르다. 노조 위원장이 단 한 푼이라도 공금을 유용할 시에는 그날로 난리가 난다. 옷을 벗어야 할 뿐만 아니라 다시는 재기할 수 없는 상태로까지 치명적인 명예 훼손을 입는다.

정치는 세금이다. 대한민국 국민은 민주공화국의 일원으로서 지미다 헌법이 보장하는 주권을 갖는다. 왜 주권을 갖는가? 그것은 세금을 내기 때문이다. 세금을 내지 않으면 정부가 운용될 수 없는 것이니만큼, 당연 정부의 운용 권한은 세금을 내는 국민에게 있는 것이다. 미국인들이 1776년 영국과 독립전쟁을 치를 때 내걸었던 구호가 무엇이었던가? 그것은 "대표권을 주지 않으면 세금을 내지 않겠다"는 것이었다. 다시 말하여 미국의 13주 주민들은 자신의 대표가 영국 의회에 참여할 권한이 없으니 아예 세금을 내지 않을 것이라 선포했던 것이다. 세금을 영국에게 바치지 않겠다는 것, 그것이 바로 영국과 빠이빠이 하겠다는 독립 선언이었던 것이다.

한국의 경제활동인구 2000여만 명 중 노동자계급이 차지하는 비중은 자그마치 60%이다. 그런데 국회에 가면 노동자계급의 대표자는 눈 씻고 보아도 없다. 국회의원 전원이 기업주들로부터 돈을 받고 그들의 이익을 대표하는 사람들이거나, 직접 수백억 원의 거부를 소유하고 있는 졸부들이다. 자신의 대표자가 없으니 자신이 낸 세금이 어디에 어떻게 쓰이고 있는지, 알 수도 없는 일이거니와 알아도 소용없는 일인 셈이다.

정치적 무관심은 사실은 자신이 낸 세금에 대해 무관심하다는 것을 의미한다. 나의 부모님들은 관존민비사상의 여파로 고급 공무원이나 국회의원을 보면 머리를 굽실거리기 바빴다. 우리들은 독재를 몰아내는 일과 노동조합을 만드는 일에는 열심이었지만, 정작 자신이 정치의 주인으로 나서는 일에는 소극적이었다. 이제 평등한 사회를 만드는 일은 우리의 젊은이들의 몫이다.

정치를 바로 잡지 않는 한 인간에게 행복은 없다. 죽기 살기로 부지런히 일하는데, 국민들이 생산하는 GNP의 1/3을 정부가 엉뚱한 곳에다 낭비해버리면 무슨 수로 정의로운 사회, 평등한 사회를 만들 수 있단 말인가? 적어도 합리적인 이성이 통하는 사회, 어려운 이웃들에게 따뜻한 손길을 보내는 것이 상식으로 통용되는 사회를 만들려면, 젊은이들이여, 그대들이 나서야 한다. 정치를 바로잡는 일에.

홍도의 세금 이야기

세금이 100조 원이면 한 가구가 1년에 1000만 원의 세금을 내고 있다는 나의 이야기를 뻥으로 받아들이는 분들이 있다. 경제활동인구가 2000만 명이요, 한 가구에 2인의 경제활동인구가 노동을 하고 있다고 계산하면 1000만 가구가 1년에 세금으로 바치는 돈은 평균 1000만 원이다. 그렇지 않는가? 그런데 죽어라고 일을 해 보았자, 한 달에 100만 원을 벌지 못하는 비정규직 노동자들의 경우 일인당 세금을 500만 원 내고 있다는 이 엄연한 사실이 피부에 닿아오지 않는 모양이다. 또 많은 정규직 노동자들 역시, 과연 내가 그렇게 많은 세금을 부담하고 있는지 실감이 가지 않는 표정들을 짓는다.

세금 하면 우리 노동자들은 월급 명세서에 찍혀 나오는 갑근세만을 떠올리기 십상이다. 물론 월급쟁이들이 갖다 바치는 직접세도 무시 못할 만큼 크지만 더욱 큰 부담은 간접세이다. 간접세는 물건의 가격 속에 포함되어 있는 것이라서 기업주들에게는 아무런 부담이 되지 않으면서 고스란히 소비자들에게 떠넘기는 세금이다. 술값의 절반 이상이 세금이요, 담뱃값의 2/3가 세금이라는 것쯤은 다 아는 상식. 다음 홍도의 이야기를 들어 보자.

홍도는 태어나자 세금을 먹었다. 분유 한 통이 1만 원이면 그중에 세금이 1천 원이기 때문이다. 초등학교에 다니면서 부지런히 저축을 했다. 졸업하면서 100만 원을 찾았는데, 은행에서는 98만 원만 주고 2만 원을 원천 징수했다. 이자소득세를 납부한 것이다. 고등학교를 졸업하고 군대를 갔다. 군대에 갔더니 맥주값이 허벌나게 쌌다. 알고 보니, 군대 맥주가 싼 것이 아니라 그동안 마셔왔던 맥주가 세금 덩어리였던 것이다. 1500원짜리 맥주 한 병 마시면서 900여 원어치의 세금을 마셨다는 것을 그때에서야 알았다. 군대를 제대하고 사회에 나와 취직을 했다. 월급을 100만 원 받았는데, 갑근세·주민세·국민연금·의료보험료로 6만 원을 공제 당했다.

열심히 직장생활을 해서 모은 돈 1000만 원에다가 부모님으로부터 2000만 원 지원 사격을 받고, 2000만 원 은행 융자를 끼고 하여 5천만 원짜리 아파트 한 채를 구입했다.[2] 위매, 취득세 명목으로 구입가격의 7%에 달하는 세금 350만 원을 납부하고서야 등기 서류를 손에 쥘 수 있었다.

개나 소나 백수나 거지나 남들 다 몰고 다니는 자동차. 자동차 없인 연애도 할 수 없는 세상이라 큰 맘 먹고 홍도 역시 900만 원짜리 소형 승용차 한 대를 뽑았다. 차 한 대 뽑으면서 열두 종목의 세금을 내야 한다는 것을 처음 알았다.

부가가치세로 100만 원을 압수당했다. 특별소비세로 90만 원을 물었다. 무슨 소형승용차가 사치품이람, 특별소비세를 물게? 이상하다는 생각이 들었다. 특별소비세를 내는 것도 억울한데, 특별소비세에 대해 또 30%의 교육세를 내라고 했다. 90만 원에 대한 30%, 즉 27만 원을 별도로 내면서 성질이 났다. 씨팔, 학교 다니면서 기성회비, 육성회비 오만 잡부금 다 물면서 다녔는데, 무슨 교육세는 교육세.

이제 세금 다 물고 자동차를 가져가려고 하는데, 안 된단다. 취득세를 내라나? 자동차도 무슨 대단한 재산이라고 취득세로 22만 원을 뜯어간다. 재산을 취득했으니, 재산등록 신고를 해야 한단다. 등록세로 55만 원을 뜯기고 나니, 마지막 채권을 사야 한다는 의무조항을 내밀며 채권을 강제 매입시켰다. 900만 원짜리 승용차 한 대 구입하는 과정에 300여만 원을 국세청에 헌납했다.

이렇게 여섯 종목의 세금을 꼬박 물고 마침내 자동차를 구입하는 데 성공한 홍도는 또다시 국세청에 끌려가야 했다. 자동차를 취득했으면 이제 자동차 소유자로서 세금을 내야 한다는 것. 자동차세를 내면서 자동차세에 자동으로 따라 붙게 되어 있는 특별목적세인 교육세를 또 내야 한다. 죽은 사람에게 세금을 뜯고, 막 태어난 아이에게 세금을 뜯어간 조선시대가 달리 없었다. 국세청에게 꼼짝없이 또 30만 원을 뜯긴 것이다. 이제 1단계의 취득과 2단계의 소유를 완수했으니, 운행하는 것은 내 맘이다.

그런데 다시 국세청은 홍도의 차를 가로막는다. 이 나라가 누구의 나란데, 니 맘대로 차를 몰고 다녀? 교통세를 낼 것이요, 전과 같은 방식으로 다시 이 교통세에 대한 특별목적세로 교통세 교육세를 내야 한단다.

그래 이제 새 차 액셀러레이터를 밟아 볼까. 주유소에 가 6만 원어치 기름을 넣는데 4만 원을 세금으로 뜯어간다. 기름값도 기름값이지만, 기름값이 세금 투성이라는 것을 홍도는 그제사 알게 되었다.

이상으로 열두 종목의 자동차 세금을 꼬박 바친 홍도가 차를 몰고 가려 하니까, 잠깐 보험회사에서 좀 보잔다. 자동차를 모는 사람이 보험료를 납부하는 것은 의무요, 보험료를 내지 않고 차를 탈 경우 구청에서 과태료를 징수한단다.

세금아 날 살려 다오. 머리에 흐르는 땀을 닦고 차를 몰아 고속도로에 들어서는데, 도로공사에서 손을 내민다. "안녕하세요, 4800원 나왔습니다." 주행세를 내라는 것. 열이 받쳐 130을 밟았더니, 보이지 않는 구석에서 교통경찰이 등장한다.

이리하여 불쌍한 홍도들이 과속 과태료에 주차 위반에 갖다 바치는 자동차 관련 세금이 물경 30조 원에 이른다. 지금 굴러다니는 자동차가 1000만 대라고 치면, 불쌍한 홍도들은 연간 300만 원을 세금으로 뜯기는 셈이다.

이것 하나는 잊지 말자. 아무리 세금을 비용의 일부로 간주하는 사고에 익숙하여 있다 할지라도, 자동차 기름 10만 원어치 속에는 6만 원이 세금이라는 사실을. 그러니까 4만 원어치 기름을 우리의 홍도들은 10만 원에 사서 주유하고 있는 셈이다.

납세는 헌법이 내려주신 국민의 자랑스러운 의무이다. 독일과 같은 나라에서는 국민들이 세금을 많이 내는 것을 명예로 생각한다. 선진 복지 사회, 누가 만드나? 우리가 세금을 많이 내야줘.

문제는 어디에 있는가? 1조 원대의 자산을 굴리는 재벌 2세나 한 달 월급 150만 원으로 아득바득 살아가는 홍도나 담배 한 값 사면서 똑같이 2500원을 내고 있다는 것이다. 이재용이가 담배를 사 피우나 막노동자가 담배를 사 피우나 대한민국은 참 평등한 나라이다. 정의헌이 기름을 넣으나 청소부 아주머니가 기름을 넣으나 똑같은 세금을 내고 있다는 것이다.

땅과 건물을 소유하여 거기에서 나오는 임대 수입으로 먹고사는 사람들이 세금 징수의 주요 원천이어야 하는데, 대한민국의 현실은 늘 그러하듯 거꾸로다. 연간 4000만 원의 금융소득을 올리는 부자들이 9만 명이 넘는 것으로 알고 있으나, 이들에 대한 금융소득 종합과세제도가 어찌된 일인지 사라져버렸다.[3]

없는 사람은 얄짤없이 뜯기고 가진 사람은 이 구멍 저 구멍으로 다 빠져나가는 것이 대한민국이다. 상속세가 그중의 하나이다.

지금 대한민국의 국세청이 상속세로 거두어들이는 돈은 고작 1조 원이다. 김밥장수 할머니가 평생 성실하게 일하고 근검절약할 줄만 알았지 상속세 빠져나가는 개구멍을 몰라 그만 자식들에게 물려주면서 국세청 직원에게 붙들려 납부하는 돈이다.

『홍대리의 세금이야기』를 쓴 윤종훈은 이렇게 말하고 있다.

1998년도 상속세 납세 인원은 26만 5천 명에 달하지만 실제로 세금을 납부한 인원은 3455명(1.3%)에 불과했다. 98.7%인 26만 명이 상속세를 면제받았다.

탈세의 개구멍을 들락거린 졸부들 중 한 명이 대한민국의 언론 권력을 한 손에 쥐고 있었던 조선일보 사장 방상훈이었다. 법정에서는 다음과 같은 판결문이 낭독되었다.

피고인이 조선일보사의 대표이사로서 증여세 23억 5000만 원과 법인세 1억 7700만 원을 포탈하고, 조선일보사와 계열사인 조광 인쇄출판 스포츠 조선의 부외자금 등 합계 25억 7000만 원을 사주 일가의 개인 용도로 사용, 횡령하여 그 죄가 크지만…우리나라 언론 문화를 발전시키는 데 기여하도록 함이 더 낫다고 생각되는 점 등을 참작, 징역 3년(4년간 집행유예) 및 벌금 25억 원을 선고한다.

김대중 정부가 들어서자마자 조중훈 한진그룹 회장이 탈세로 걸려들었다. 지난 20년 동안 무려 1조 원이 넘는 돈을 탈세했다는 것이다. 재계 서열 10위권 밖에 있던 한진 그룹이 1조여 원을 탈세했다면 10위권 이내의 재벌들은 얼마나 많은 액수를 탈세했을 것인가?

하기야 삼성 이건희 회장은 7000억 원의 자산을 아들 이재용에게 물려주면서 상속세로 고작 14억 원을 납부하여 탈세의 귀재임을 다시 한번 과시했다. 이 대대적인 유산 공짜로 물려주기 프로젝트가 권력의 비호 없이 어찌 상상이나 할 수 있는 일이겠는가? 재벌 2세가 재벌 회장이 될 수 있다는 단 하나의 사실에서 우리는 한국의 상속세제가 재벌들에게는 작동되지 않는 기계임을 확인한다. 헌법 제11조 2항은 수정되

어야 한다. '재벌이라는 사회적 특수 계급의 제도는 인정된다.'

악독한 정부*

청년실업의 해결을 기업들에게 맡기지 말고 정부가 나서야 한다고 했다. 교육과 의료 역시 시장에 맡기지 말고 정부가 책임져야 한다고 했다. 농촌 살리기도 시장의 논리에 맡길 것이 아니라 정부가 나서야 한다고 했다. 시장이 제 역할을 할 수 없는 사회적 공익을 정부가 맡아야 한다고 했다. 교사의 수를 두 배로 늘리고 의료 인력을 세 배로 늘리라고 했다. 귀농의 용사들에게 연간 1000만 원의 지원금을 주라고 했다. 그러면 청년실업의 문제도 해결되고, 도시의 과밀도 해소되며 양극화의 사회적 모순을 완화시키는 데 큰 도움이 될 것이라 했다.

우리는 지금 정부에게 과도한 주문을 하고 있는 것인가? 이것은 과도한 주문이 아니다. 왜냐하면 우리 국민은 정부에게 200조 원이 넘는 어마어마한 재원을 넘겨주고 있기 때문이다.[4] 이렇게 거대한 세금을 걷어간 정부가 민중의 삶을 돌보지 않는다면, 이제 이런 정부는 엎어버려야 할 것이다.

시인 백석은 세상 같은 건 더러워 버리는 것이라 했는데, 국민들의 교육 문제 하나 해결하지 못하는 정부, 국민의 건강을 시장에 맡겨놓는 정부, 청년들의 일자리 문제 하나 해결하지 못하는 정부, 죽어가는 농촌을 방치하는 정부, 이런 정부는 우리들의 정부가 아니다. 이런 정부는 버려야 한다.

2003년 한 해 한국 정부는 227조 원이라고 하는 거만의 부를 집행했

---

* 2003년 작성, 미발표.

재정 400조 원 돌파

2017년 나라살림은 400조 원이다. 국가재정은 박정희 때 1조 원, 전두환 때 10조 원, 노태우 때 30조 원, 김영삼 때 70조 원 규모였다. 김대중 때 100조 원을 돌파했고, 다시 노무현 때 200조 원, 이명박 때 300조 원을 돌파하고, 박근혜 때 400조 원 시대를 열게 됐다.

다. 2003년 한 해 한국에서 생산된 부가가치의 총액은 721조 원. 정부가 GDP의 30%를 사용한 것이다. 의료보험료 등 4대 보험료로 거둔 돈과 국민연금은 빼고 말이다. 국민들이 1년 내내 뼈 빠지게 일하여 벌어놓으니 정부가 넉 달치의 생산을 통째로 가져가고 있다. 그렇게 뜯어가고도 이놈의 정부는 아이들 연필 한 자루 사줄 줄 모른다.

박정희 때 세금이 1조 원이었다. 그때는 모두가 가난한 시절이었다 치자. 전두환 때 세금이 10조 원이었다. 선성장·후분배. 파이를 키워야 나눠 먹을 것이 있는 게 아니냐는 논리에 순박한 우리 노동자들은 묵묵히 일만 했다. 노태우 때 30조 원이 넘어가고 다시 김영삼 때 70조 원이 넘어가던 정부의 예산이 무장무장 커지더니만 김대중 때 100조 원을 돌파했다.

1998년도에 중앙정부 재정 100조 원 돌파 기념식이라도 벌였어야 했는데, 멍청한 우리들은 그냥 바라만 보았다. 2003년 노무현 정부의 예산은 162조 원. 여기에 지방정부의 재정을 합산하여 보니, 자그마치 227조 원이라는 것이다.[5]

이 대목에서 소처럼 부지런히 일하고 진돗개보다 더 충성스런 우리 임금노동자들의 전반적인 의식상태를 지적하고 넘어가자. 우리의 충직한 노동자들은 노동조합에 바치는 조합비 2만 원을 아까워한다. 모 노동조합에서는 조합비 1천 원 증액안을 총회에 상정했는데, 조합원들은 부결시켜버렸다. 그런 노동자들이 정부에 갖다 바치는 세금에 대해서는 한없이 관대한 이 역설의 현실을 무엇으로 해명할까?

노동자들은 관대하다. 첫째, 일 년에 세금으로 얼마 바치는지 셈을 하지 않는다. 둘째, 담뱃값을 올리고 기름값을 올려도 항의를 하지 않는다. 셋째, 그 엄청난 부가 어디에 집행했는지 관심을 갖지 않는다. 노동조합 집행부가 단돈 10만 원만 부정 유출해도 눈깔 부릅뜨고 집행부 총사퇴를 요구하는 그 똑똑한 노동자들이 연간 한 가구당 1000만 원을 세금으로 뜯기면서.

10조 원이면 유치원에서부터 고등학교까지 완벽한 무상교육을 실시할 수 있는 돈이며, 10조 원이면 대학생들 학비를 50% 면제해줄 수 있는 돈이며, 10조 원이면 무상공공의료체계를 수립해 들어갈 수 있는 종잣돈이며, 10조 원이면 농촌을 살릴 수 있는 돈이다.

그런데 정부의 재정이 100조 원이 넘고 200조 원이 넘어서는데도, 노동자는 말이 없다. 정부는 높고 백성은 천한 것인가. 우리 노동자들이 아직도 관존민비(官尊民卑)사상에 물들어 있는 것은 아닌지 돌아다볼 일이다.

선박, 철강, 자동차, 반도체 산업 등 한 나라 경제의 국제경쟁력을 가늠하는 기간산업들이 세계 1~5위를 기록하고 있는데, 서민들은 예나 지금이나 살기가 팍팍하고 자영업자들은 장사가 안 된다고 아우성이고, 경제는 성장하는데 청년들은 일자리를 찾지 못하여 암울한 미래에 한숨짓는 이 역설의 현실, 왜 그러는가? 그것은 정부가 불량한 정부이기 때문이다.

일찍이 마르크스는 상속의 폐지를 주장했다. 맞는 말이다. 뱀 같은 지혜와 물개 같은 정력으로 1000억 원대의 높은 부의 탑을 쌓아올린 창업자의 소유권은 인정하지만 그 자산을 지지리 못난 자식에게 물려주지 말라는 주장은 참으로 지혜로운 충고이다.

아버지가 졸부면 아들은 망나니가 된다. 가족이기주의에 찌들어 사는 한국인들은 부모의 자산이 자식들에게 승계되는 것을 '자연의 법칙'으로 안다. 보자. 1000억대의 자산은 결코 한 개인의 지혜와 정력으로 쌓아올릴 수 있는 부가 아니다. 그것은 명백히 사회적 자산이다. 정몽구 회장 혼자 잘하여 오늘의 현대자동차를 만든 것이 아니지 않는가? 4만 노동자들과 함께 일군 사회적 자산을 왜 유독 그의 아들 정의헌에게 물려주어야 하느냐 말이다. 창업자들이여, 죽을 때 육신은 자연으로 돌려주고 자산은 사회에 돌려주어 깨끗한 이름 하나 남기고 감이 어떤가?

쾌락주의에 대해

성장주의 경제가 믿고 따른 철학적 원리는 다름 아닌 쾌락주의였다. 더 많은 재화를 소비하여 얻는 쾌락의 증대가 바로 행복의 증진이라는 믿음은 우리가 배웠던 조순의 『경제학원론』 맨 앞에 나오는 경제학의 공리였다. 인간의 행복은 쾌락에 비례하고 욕망에 반비례한다는 수식이 바로 그것이다.

쌀밥 한 그릇 구경하기 힘든 빈민의 아들이 고봉으로 가득 찬 밥을 양껏 먹고 났을 때의 포만감, 수박 한 덩이 먹기 힘든 시절 아버지가 생일을 기념하여 이따만한 수박 한 덩이를 사오시고 바늘로 정성껏 얼음을 깨고 설탕도 치고 하여 버무려 먹은 수박화채의 상큼함, 돼지고기 한 점 먹기 힘든 시절 어느 날 어머니께서 연탄불에 구워준 제육볶음의 졸깃함, 이런 것들을 떠올려 볼 때 나는 쾌락이 행복의 증진과 무관하다는 부처님 말씀은 할 수 없다.

적어도 인간이 인간답게 살아가는 데 필수적인 먹고 자고 입는 생존 수단의 충족은, 거기에서 오는 안락은 행복의 필수요소임을 나는 힘주어 강조하고자 한다. 눈물 젖은 빵을 먹어본 자만이 인생의 깊은 맛을 안다는 누구의 말은 여전히 진리이다. 배가 고픈 사람에겐 밥이 행복이요, 추위 벌벌 떠는 이에겐 따스한 온돌방이 행복이요, 집이 없어 떠돌아 다녀야 하는 이에게 판잣집이라도 행복이다. 인간 욕구의 충족과정에서 부수되는 쾌락감은 행복의 필수요소임을 부인하지 말자.

그러면 쾌락주의의 문제는 무엇인가? 인간의 행복이 쾌락으로만 충족되는 것으로 보는 것이 문제이다. 인간은 의·식·주의 충족으로만 만족하지 않는 동물이다. 인간은 자연과의 교섭에서 오는 생명의 외경으로부터 무한한 영혼의 안식을 누리는 존재이며, 인간은 사회적 관계망 속에 들어가 이웃을 돕고, 혹은 위기에 처한 집단의 운명을 구하는 자기희생 속에서도 행복을 누리는 고등한 존재이다. 인간은 존재하는 모든 것에 자족하지 못하여 끊임없이 새로운 것을 창조하려는 묘한 존재이다. 무에서 유를 창조하는 과정은 어머니가 아이를 낳는 산고처럼 고통스러운 것이나 마찬가지로 산고를 거쳐 안아보는 아이처럼 예술인에게 새로운 작품은 위대한 것이다.

물질적 소비를 통해서만 행복을 누리고자 하는 중생을 향하여 석가는 탐욕이 고통의 원천이라 가르쳤고, 예수 역시 인간이 빵만으로 살 것이 아니요 하나님의 말씀으로 살 것이라고 가르쳤을 때, 모두 물질적 가치에만 눈이 어두운 중생의 미망을 깨우치기 위함이었다. 인간의 행복을 구성하는 가치는 매우 다양하다. 이 가치의 다양성을 외면하고 어느 한 가지의 가치만을 고집할 때 인간은 불행에 빠지며, 한 가지 가치만을 고집하는 문명은 획일화되고 경직되어 이내 사멸의 길로 접어든다.

나는 금욕주의에 대해 찬성하지 않는다. 플라톤은 그의 『국가』에서 아테네의 젊은이들에게 욕망의 과도한 충족을 악이라 가르쳤고, 이성적 사유에 따른 욕망의 절제를 선으로 가르쳤다. 플라톤이 살았던 아테네 사회가 술과 여자만을 탐닉했던 부패의 시기였던 점을 감안하면 플라톤의 이 금욕주의도 이해되는 일이지만, 원칙적으로 모든 금욕주의는 위선이다. 젊은이들이 서로를 사랑하고 그리워하는 것은 천리이다. 이런 점에서 조선의 성리학자들의 계율을 버리고 "나는 성현의 가르침을 따르기보다 하늘의 뜻을 따르련다"며 자유로운 사랑을 나누었던 허균이 매우 솔직하다. 마찬가지로 서구 문명이 아폴론적 지혜만을 추구하여 디오니소스적 광기를 금기시한 데서부터 문명의 몰락은 예정되었던 것이라는 니체의 선언도 의미 있는 지적이다. 나는 석가보다 노자를 더 좋아한다. 두 분 모두 "욕심을 비우라(虛其心)"고 가르쳤다. 그런데 노자는 "배는 든든히 하라(實其腹)"고 가르친 것이다. 참으로 민중적인 소박한 사상이지 않는가.

낮이 지나면 밤이 오고 여름이 가면 겨울이 오듯, 음과 양은 교체한다. 생명 속에는 동일한 상태를 유지하려는 관성의 힘이 작용하면서 동시에 동일한 상태를 교체하는 변화의 힘이 작용한다. 전자가 음이면 후자는 양이다. "뒤집어지는 것이 도의 움직임(反者 道之動)"이라고 노자는 말했다. 굶주림과 포만감은 서로를 뒤집는 관계요, 사랑의 엑스터시와 정사 후의 공허감 역시 서로를 뒤집는 관계이다. 쾌락과 금욕도 마찬가지의 관계인 것이다. 과도한 음주는 상당 기간 동안의 절주를 요청하고, 금주를 오래 하다 보면 술맛이 땅기는 법 아닌가.

쾌락주의를 철학으로 하는 성장주의의 문제는 무엇인가? 한없는 경제성장이 인민에게 한없는 쾌락을 주고, 한없는 쾌락이 인민에게 한없는 행복을 줄 것이라고 하는 이 얼토당토 없는 머저리 사유를 버리지 못하는 곳에 있다. 일인당 GDP가 100배 성장하니 쾌락이 100배 늘어나고 쾌락이 100배 늘어나니 행복이 100배 증대하던가요?[6]

—2005년 작성, 미발표.

올바른 삶은 무엇일까요

올바르게, 착하게 살면 손해 보고 바보 취급당하는 사회에서

그래도 올바르게 살고 싶은데,

어떻게 하면 이 괴리를 극복할 수 있을까요?

이 질문에는 도덕주의와 쾌락주의의 갈등이 들어 있습니다. 올바른 삶을 살면 손해 보더라는 거지요.

나의 하루를 봅시다. 아침밥상에 맛있는 음식에 젓가락이 먼저 가잖아요. 그런데 동생이 맛있는 것을 먼저 먹으려고 해. 아, 형이니까 양보해야지. 양보했다는 거는 뭐예요? 먹고 싶은 것을 먹지 못하지요. 그런데 한 번 양보하고 두 번 양보하고… 동생에게 화가 나지요. '이런 개〇〇!' 나는 다시 쾌락주의로 돌아갑니다. 우리의 일상생활을 보면 도덕주의와 쾌락주의가 실타래처럼 얽혀 있어요.

그런데 왜 우리는 도덕적 삶을 생각합니까? 나의 경우 1980년 광주 민중항쟁 때 참 고민이 깊었어요. '워매. 내 고향 내 형제들이 다 죽는데 이렇게 살아도 되는가?'

1980년 5월 20일경, 그때 나는 연애를 하고 있었어요. 서울에서 광주로 내려가야 하는데, 여대생하고 강화도의 전등사로 놀러가 버렸다니까요. 애인하고 놀러가니까 얼마나 좋아요. 그렇게 일주일을 놀았어요.

그리고 일주일 후에 TV를 켜보니 광주에 난리가 나 있는 거예요. 일주일 동안 나를 사로잡은 건 쾌락주의였어요.

나는 쾌락주의가 잘못됐다고 생각하지 않습니다. 젊은 남녀가 만나서 사랑하는 것처럼 정직한 일이 어디 있어요? 문제는 상황이 비상사태였다 이거죠. 나의 행태를 심각하게 반성하지 않을 수 없었어요.

그러면서 이제 사회적 실천을 하는 거죠. 유인물을 만들어서 서울 시민들에게 광주의 진실을 알리는 활동에 돌입해요. 서울 시내 온 산동네에 유인물을 뿌리고 다녀요. 광주항쟁이 나고 일주일 동안 쾌락주의로 살다가 이후 1년 동안 나는 도덕주의로 산 거죠.

쾌락주의와 도덕주의의 이 갈등은 해결할 수 없는 인류의 근본적 갈등입니다. 우리는 기본적으로 쾌락주의로 살아요. 하지만 사회적 존재이기 때문에 도덕적 선택을 하는 겁니다. 쾌락과 도덕 간의 갈등을 회피하지 말고 대면하며 고뇌하는 거, 그게 정직한 삶 아닌가요?

—2015년 7월

오색은 눈을 멀게 한다
—『도덕경』 12장

| 오색은 눈을 멀게 하고 | 五色令人目盲 |
| 오음은 귀를 멀게 하며 | 五音令人耳聾 |

오미는 입맛을 상하게 한다.   五味令人口爽

말을 타고 달리는 사냥은 사람을 미치게 하고   馳騁田獵, 令人心發狂

얻기 어려운 재화는 사람을 어지럽힌다.   難得之貨, 令人行妨

오색은 청(靑), 황(黃), 적(赤), 백(白), 흑(黑)이다. 오음은 궁(宮), 상(商), 각(角), 치(徵), 우(羽)이다. 오미는 산(酸), 함(鹹), 신(辛), 감(甘), 고(苦)이다. 산(酸)은 신맛이고, 함(鹹))은 짠맛이다. 황제의 건강한 삶을 위해 조언을 주었던 책『여씨춘추』의「본생」편은『도덕경』의 이 문구를 풀이한다.

상쾌한 소리이지만 귀를 멀게 한다. 상쾌한 색깔이지만 눈을 멀게 한다. 상쾌한 맛이지만 입맛을 버린다. 그러므로 아름다운 소리와 색깔과 맛에 대해서 성인은 본성에 이로우면 취하고 본성에 해로우면 버린다. 살진 고기와 독한 술은 창자를 헐어 문드러지게 할 뿐이다. 고운 피부와 흰 이를 가진 아름다운 여자는 '본성을 그르치는 도끼'이다. 옛 사람은 부와 귀를 달갑게 여기지 않았는데 이는 생명을 중히 여겼기 때문이다.

쾌락으로부터의 자유

— 플라톤, 『고르기아스』

"우리가 옴에 걸려 가려움을 참지 못해 한평생 몸을 긁적거리면서 살아야 한다면, 이것 역시 행복한 생활이라고 할 수 있을까?"

소크라테스는 몸의 욕망을 충족시키기 위해 사는 인생을 심지어는 옴에 걸린 환자에 비유한다. 소크라테스에게 있어서 몸의 쾌락은 옴 환자가 몸을 긁으면서 느끼는 쾌감이다. 긁으면 긁을수록 몸은 더 가렵다. 하여 쾌락을 부르는 몸의 욕망으로부터 자유로워지는 것을 소크라테스는 주문한다.[7]

2
청와대와 삼성, 누구의 힘이 더 셀까[*]

벌써 20여 년의 세월이 흘렀다. 1998년의 일이다. 그 무렵 나는 늦깎이 복학생이었고, 졸업장을 타기 위해 안간힘을 쓰고 있었다. 지금은 유명 (幽冥)을 달리하신 김모 교수의 연구실에 들러 나는 노(老) 교수와 이런저런 한담을 즐기던 중이었다. 선생님의 책상 위에서 낯선 청첩장 하나를 보았다. 무심코 열어 보았는데, 삼성경제연구소가 보낸 세미나 초청장이었다. 김모 교수가 어떤 분인가? 젊음을 민주주의를 위해 바친, 평생 올곧은 삶을 살아온 교수이지 않는가? 그런 분이 삼성의 초대를 받은 것이었다.

다짜고짜로 "교수님, 교수님마저 이런 데 다니면 어쩌자는 거예요?" 나는 투덜댔다. 늘 소탈하던 교수님은 약간 수줍은 듯 어눌한 어조로 답했다. "집사람이 좋아하더라구." 내가 목격한 것은 한 장의 초대장에 불과한 것이어서 그냥 넘어가도 좋을 일이었건만, 마음이 순결한 교수님은 조그만 비리를 나에게 고백하고야 말았다. 사모님이 좋아하더라는 것이다.

---

* 2017년 3월 작성.

그리고 이날 목격한, 하찮은 청첩장 한 장은 나에게 '거대한 부패의 거미줄'을 드러내는 징표로 다가왔다. 재벌의 해체를 주장하는 이른바 '민중운동 진영'의 교수에게마저 삼성의 작업이 진행되고 있다면 도대체 대한민국의 지도층 인사들 그 누가 삼성의 범죄로부터 자유로울 것인가! 몸이 오싹해졌다.

광주는 이 나라 민주주의를 대표하는 도시이다. 그런 광주 시민의 염원으로 청와대에 입성한 노무현 전 대통령은 취임사의 서두를 '동북아 물류 중심 국가론'[1]으로 장식했다. 나는 둔기로 머리를 얻어맞은 기분이었다. 취임사의 절반이, 내가 학교에서 익히 들었던 동북아 물류 중심 국가론이었다. 누가 써준 원고인가?

시대의 성찰: 삼성 X파일

나는 '삼성이 대한민국을 체계적으로 말아먹고 있음'을 직감했다. 하지만 섣불리 공언할 수 없었다. 노무현과 그의 사람들이 삼성에 의해 체계적으로 관리되고 있음을 입증할 증거가 내게 없었기 때문이다. 2005년, 삼성의 비리가 터졌다. 민주노동당 노회찬 의원이 '삼성 X파일'을 공개했다.

대화 내용은 뭐냐? 1997년 대통령 선거는 김대중 후보와 이회창 한나라당 후보의 대접전이었습니다. 그래서 삼성그룹에서 막대한 금액의 불법 자금을 조성해서 이회창 후보에게 전달을 합니다. 그럼 그 돈의 출처는 어디인가? 다 삼성그룹입니다. 전달하는 것은 누가 맡았는가? 홍석현 당시 중앙일보 회장이 맡은 것입니다. 그러니까 돈줄은 삼성이고, 돈을 전달하는 역할은

홍 회장이 말았던 것입니다.[2]

참 대한민국은 희한한 나라이다. 어렸을 때부터 나는 간첩을 발견하는 즉시 '신고하라, 간첩을 신고하면 거액의 포상금을 준다'는 교육을 받고 자랐다. 1996년 충남 부여에서 출현한 무장 공비 김동식은 내가 신고한 간첩이었다. 그런데 준다는 포상금은 오지 않고 안기부에 6개월 동안이나 불려 다니는 고초를 겪었다. '진짜 빨갱이가 가짜 빨갱이를 신고했다'는 둥, '토끼 용궁에 갔다 왔다'는 둥 알쏭달쏭한 이야기를 수사관들로부터 들어야 했다.

노회찬 의원도 마찬가지였다. 삼성이 벌여온 뇌물 공여의 테이프에 의거하여 비리를 폭로하는 것은 국회의원의 당연한 권리이자 의무였다. 더욱 노 의원은 법사위 소속 의원이 아니던가? 그런데 노 의원이 관련 인물을 공개하자, 검찰은 오히려 노 의원을 명예훼손죄로 고소하여 버렸다. 고소한 이는 고교 동창 황교안. 잡으라는 범인은 잡지 않고 잡으라고 신고한 의원만 족친 애꿎은 사건이었다. 결국 삼성 X파일에 담긴 검사의 실명을 공개했다는 이유로 노회찬 의원은 대법에서 유죄를 선고받고 국회의원직을 상실했다. MB 정권하에서 말이다.

2009년 『삼성을 생각한다』라는 책이 나왔다. 검사 출신으로 삼성 구조본의 핵심 인물이었던 김용철 변호사의 고백록이었다. 나는 경악했다. 이건희-노무현의 고리가 이 책에 있었다. 노무현을 삼성의 품속으로 유인한 이는 노무현의 부산상고 선배 이학수였다. 취임사의 비밀은 이것이었다. 김용철 변호사는 말한다.

이학수는 부산상고 후배인 노무현과 인간적으로 아주 친했다. 노무현은 대통령이 되기 전부터 이학수를 '학수 선배'라고 부르며 잘 따랐다고 한다. 그래서인지 이학수는 노무현 후보의 당선이 삼성에도 나쁘지 않을 것이라고 말했다. 실제로도 그랬다. 노무현 정부 정책 가운데 삼성에 불리한 것은 거의 없었다. 대신, 삼성경제연구소에서 제안한 정책을 노무현 정부가 채택한 사례는 아주 흔했다.[3]

노무현과 이학수가 아주 가까운 사이라는 사실을 김용철 변호사는 담담하게 술회했다. 이어 그는 고백했다.

당시 이학수는 아침 모임만 하루 두 번씩 가졌다. 이렇게 일 년이 지나니, 호남 출신 주요 인사들이 대부분 삼성과 인연을 맺게 됐다. 정권이 바뀌어도 재벌이 주요 인맥을 장악하는 데는 일 년이면 충분했다.[4]

노무현 전 대통령은 "권력은 시장으로 넘어갔다"는 푸념을 자주 했는데, 알고 보니 '그 시장'은 삼성이었다. 청와대의 인사들이 전원 삼성의 로비망에 포섭 완료되었음을 고백한 선언이었다. 이 대목에서 누군가 김용철 한 사람의 고백을 곧이곧대로 받아들이는 것에 대해 이의를 제기할 수 있다. 김용철의 진술을 증거로 채택할 수 없다고 말하는 분을 위해 여기에 또 한 명의 증인을 호출한다. 전 열린우리당 원내기획실장을 맡았던 윤석규 씨이다. 그 역시 노무현과 이학수의 관계를 증언한다.

처음으로 노무현 후보와 삼성의 관계에 대해 들은 것은 캠프 내부 멤버들의 입을 통해서다. 이학수 삼성 부회장이 노 후보와 부산상고 선후배고, 초선 의원 시절부터 도움을 받았단다. 두 사람의 관계가 더욱 돈독해진 것은 국민의 정부 시절 노무현 후보가 민주당 동남특위 위원장으로 활약할 당시, 삼성자동차 처리 문제에 나섰을 때였단다. 나는 삼성자동차 처리가 결과적으로 삼성에 유리하게 이루어졌는지 어쩐지 잘 모른다. 어쨌든 청산 이외에는 답이 없던 삼성자동차를 르노에 넘기는 과정에서 노무현 후보가 비중 있는 역할을 했고, 삼성 쪽 파트너였던 이학수 부회장과 매우 긴밀한 교류가 있었다고 한다.[5]

김용철은 누구보다 삼성의 힘을 잘 알고 있었다고 한다. 중앙일보는 삼성 구조본의 통제 아래에 있었고, 동아일보는 사주가 삼성 이건희 회장과 사돈 사이다. 삼성은 권력기구와 언론을 구워삶아서 나오는 힘만 갖고 있는 게 아니라 국정원과 경쟁하는 수준의 감시와 도청을 저지르면서 확보하는 정보력을 갖고 있단다. 무서운 범죄집단이다.

누구의 힘이 셀까? 청와대인가 삼성 구조본인가? 세계의 그 어떤 기업도 국가권력보다 더 막강한 힘을 구사할 수는 없다. 특정 기업의 매출이 그 국가의 재정을 상회할 수 있다 치

자. 하지만 기업은 공권력의 강제력을 직접적으로 행사할 수 없다. 그래서다. 삼성은 대통령 선거 때마다 몸살을 앓는다. 권력의 향배에 따라 차기 정권에서 삼성의 순행과 역행이 좌우되기 때문이다. 여기에서 중요한 것은 대통령의 뜻을 따라야 할 검찰과 국세청의 수장이 삼성이 관리해온, 삼성의 뜻을 따르는, 삼성의 충견이라는 데 있다.

김용철은 고백한다. "검찰총장 등 권력기관 수장 후보로 오르내리는 사람이 삼성의 관리 대상이라는 점을 국민들에게 반드시 알려야 한다고 여겼다."

2007년 11월 12일 사제단의 3차 기자회견이 열렸다. 양심고백을 한 뒤, 청와대 관계자가 내게 국세청장 후보자 세 명의 명단을 제시하며 의견을 물은 적이 있다. 나는 삼성이 국세청을 상대로 한 로비에 대해서는 검찰에 대한 것만큼은 자세히 알지 못했다. 그런데도 당시 후보자 세 명이 모두 낯익은 이름이었다. 모두 삼성이 관리해온 국세청 간부들이었다. 국세청에 대한 삼성의 관리 수준은 검찰에 대한 것보다 한 단계 위라는 게 공공연한 사실이었다. 실질적인 이해관계가 걸려 있었으니 당연한 일이었다.[6]

삼성이 검찰만이 아니라 국세청을 체계적으로 관리했다는 김용철의 고백이 한낱 지나가버린 과거의 사실일까? 이 점이 중요하다. 촛불은 이 사실 앞에서 정신 바짝 차려야 한다. 김용철에 의하면 삼성의 돈을 받은 공직자가 중용되는 것은 이명박 정부 들어서 더 심했다고 한다. 대통령실 민정수석 이종찬, 국정원장 김성호, KB금융지주 회장 황영기 모두 삼성의 관리 대상이었다.[7]

'불출호 지천하(不出戶 知千下)'라고 했던가? 대문 바깥을 나가지 않아도 세상사가 훤하다. 대통령이 직접 이재용을 만나 거래를 한 박근혜 정부 밑에서 삼성과 권력의 유착이 어떠했을까? 완화되었을까 심화되었을까? 참여정부는 그렇지 않았다고? 다시 윤석규 씨의 이야기를 듣자.

정확치는 않지만 2002년 초로 기억한다. 당시 참여연대가 '소액주주운동'의 일환으로 삼성 주총에 참여해 일전을 벌였다. 주총 사회자가 이학수 부회장이었고, 그의 이사 선임 문제가 쟁점이었다. 장하성 교수를 비롯한 참여연대 대표단은 이학수 부회장의 이사 선임을 반대했고, 여러 언론이 이를 보도했다. 다음 날 금강캠프에 출근했을 때 노무현 후보의 오른팔이라 일컬어지던 이광재 씨는 나에게 동의를 구하듯 장하성 교수를 격렬하게 비판했다. "장하성 교수 빨갱이 아니냐, 삼성을 세계적인 기업으로 키운 이학수 부회장의 이사 선임을 왜 반대하는 것이냐?"[8]

노무현의 오른팔 이광재 씨가 소액주주운동을 빨갱이들의 짓이라고 규정했다니 대단하다. 개미들의 권리를 보호하겠다는 장하성 교수의 운동이 빨갱이 짓이라면, 노동자들의 권익을 보호하기 위해 기업주들에 대항했던 노무현은 무엇인가? 우리의 노무현은 노동자의 외로운 투쟁을 엄호하기 위해 전경 버스 앞에서 드러누운 변호사였다. 1988년 5공 비리 청문회장에서 정주영에게 삿대질을 하며 대들었던 의원이었다.

소액주주운동은 자본의 질서를 파괴하는 운동이 아니라 오히려 자본의 질서를 강화하는 운동이다. 삼성을 반대하면 자본주의체제의 전복을 주장하는 빨갱인가? 장하성 교수의 소액주주운동은 이건희와 이재용의 사적 이익만을 돌보는 삼성 구조본을 반대하는 운동이다.

허. 철학자 한나 아렌트는 히틀러의 졸개들이 일말의 가책도 없이 태연하게 유태인들을 가스실에 몰아넣었던 학살 행위가 어떻게 가능했던가를 분석하여 보았더니 '생각 없음(thoughtlessness)' 때문이었다고 했다. 이광재의 무식함도 같은 맥락이지 않는가? 김용철은 'X파일'의 비밀을 이렇게 증언한다.

> 안기부 'X파일'이 논란이 될 때는 안기부의 후신인 국가정보원에서 국내 정보를 총괄하는 자리에 아예 삼성 임원이 기용됐다. 노무현 전 대통령은 2005년 7월 이언오 삼성경제연구소 전무를 국정원 최고정보책임자로 임명했다. 삼성과 노무현 정부의 관계를 극명하게 보여주는 사례였다.[9]

2005년이면 문재인 씨가 청와대에 재직하던 시기이다. 'X파일'이 논란이 되고 있었다. 그 파일은 안기부의 작품이었다. 그 안기부의 후신이 국정원이었는데, 국정원장의 자리에 삼성맨을 앉혔으니 이를 어쩌자는 것인가?

김용철의 증언에 따르면 삼성 수뇌부는 자기들이 사실상 국가를 운영한다는 생각을 갖고 있다고 한다. 그러면서도 국가의 이익에는 아무 관심이 없는 자들이었다. 오직 이건희의 사적 이익만을 돌보았던 게 삼성 구조본이었다. 삼성 구조본의 이학수와 김인주에 의해 참여정부가 놀아났다는 김용철의 증언을 촛불은 잊어서는 안 된다.

> 아주 시시콜콜한 정부 방침까지 구조본 팀장회의에 올라오곤 했다. 대표적인 게 '참여정부'라는 명칭이다. 노무현 대통령 취임 전 열린 팀장회의에서 노무현 정부의 명칭에 관한 안건이 올라왔다. 당시 회의에서 '참여정부'가 좋겠다고 의논이 모아졌는데, 실제로 노무현 정부의 공식 명칭이 됐다.

노무현 정부와 삼성 사이의 관계를 잘 보여주는 사례다.

노 전 대통령은 삼성에 진 빚이 너무 컸다. 정권 초기 안희정 등 측근들이 구속되는 것을 보며 노 전 대통령과 삼성의 연결고리가 끊어질 수도 있지 않을까 하는 생각을 한 적이 있다. 그러나 순진한 오해였다. 노 전 대통령은 임기를 마칠 때까지 삼성의 손아귀에서 벗어나지 못했다. 삼성경제연구소는 아예 정부의 부처별 목표와 과제를 정해주기도 했다.[10]

노무현의 삼성경제연구소가 박근혜의 최순실이었나? 정부의 부처별 목표와 과제를 정해주었다는 김용철의 증언, 제발 더 이상 귀담아들을 필요가 없는 낡은 이야기이길 바란다. 이제 김영란법도 시행되고 있으니, 5만 원짜리 꽃다발도 돌리지 못하는 깨끗한 세상이 되고 있는데, 삼성과 청와대 간에 뿌리내린 저 강고한 삼청 유착에 대해 더 이상 가슴 졸이지 않길 바란다.

적은 돈으로 큰 결과가 오게 하는 것이 삼성의 로비이다. 삼성에게 뇌물은 범죄가 아니라 사업이다. 김용철이 만나본 이재용은 비자금과 뇌물이 왜 범죄인지 납득하지 못하는 인간이었다.

삼성이 대한민국을 '관리'하는 방법

삼성 미래전략실에는 50~60명의 변호사들이 포진해 있다. 상무급 이상만 수십 명이라는 삼성전자의 미래전략과 상생협력센터의 대관업무팀을 모두 감안하면 삼성에서 정부와 국회 등을 상대로 로비를 하는 임직원은 최대 천 명 안팎에 이를 것으로 추정된다. 한 기업 집단이 이처럼 거대한 로비조직을 운영한다면 정부나 국회 등의 공적 기관이 공정한 시장 경제를 중재·관리하는 것 자체가 어려워질 수 있다.

이재용은 "비자금이나 차명계좌는 모든 기업이 공공연하게 갖고 있는 것인데, 왜 삼성에 대해서만 문제 삼는 것인지 이유를 모르겠다"며 짜증스러워했다. 나는 이재용이 범죄에 대한 의식이 없다는 생각이 들었다.[11]

이건희가 특별한 관심을 보였던 것은 부동산과 섭외였다. 영향력 있는 공무원에게 뇌물 주는 일이 이건희의 섭외였다. 삼성의 섭외 대상은 정계·관계·법조계·언론계 등 사회적 영향력이 있는 곳이라면 어디라도 가리지 않았으며, 때론 돈으로, 때론 선물로, 때론 고위 임원 영입으로 대상을 관리했다. 이익이 생긴다면 지옥에라도 간다는 자본의 화신, 삼성이 이길까 김영란법이 이길까?

공리주의에 대해

쾌락주의가 성장주의의 철학적 기초라면 성장주의의 경제학적 기초는 공리주의이다. 공리주의라는 말은 효용(utility)을 최고의 가치로 추구하는 이념을 뜻하는 것이어서 유틸리테어리어니즘(utilitarianism)은 사실 효용주의라고 번역해야 옳았다. 공리를 公利로 풀이하면 '우리 모두의 이익'을 뜻함이요, 功利로 풀이하면 '힘써 얻은 이익'을 뜻함인데, 모두 본래의 뜻인 효용(效用)과는 거리가 있는 풀이다. 영국의 벤담이 창시했고 존 스튜어트 밀이 발전시켰다는 이 공리주의가 담고 있는 경제학적 함의는 무엇인가?

플라톤 이래 서양인들은 무엇이 사회 정의인가를 놓고 오랫동안 고민해온 모양인데, 공리주의자들에 의하면 최대로 많은 사람이 최대로 많은 행복을 누리는 사회가 정의로운 사회라는 것이다. 그러면 행복이란 무엇이냐. 공리주의는 쾌락주의의 철학에 기초하여 고통은 불행이고 쾌락이 행복이라는 것이다. 따라서 행복의 양에서 고통을 양을 뺀 효용지수가 사회 정의의 척도가 되는 것이다. 효용지수가 양수이면 괜찮은 사회이고 음수이면 지옥이라는 거다. 그러면 어떤 사회가 더 정의로운 사회이냐고 물으면 효용지수가 가장 높은 사회라고 말하면 되는 것이다. 그러면 그 지수는 무엇이냐고 물으면 달리 할 말이 없으므로 한 국민이 연간 생산하는 부가가치의 총합인 GNP나 한 국가에서 연간 생산하는 부가가치의 총합인 GDP로 측정하자는 것이다. 그렇게 하여 유럽인과 미국인과 일본인은 GNP나 GDP의 수치로 자국의 국력과 정의지수를 계산해왔던 것이고, 이 지수가 형편없이 낮은 후진국들의 젊은이에게 너희들도 GDP를 늘리라는 주문을 하늘의 뜻인 것 마냥 내놓고 있는 것이다.

공리주의 경제학의 첫째 곤란은 인간의 행복이 물질적 재화의 소비에서 오는 쾌락만으로 제한되지 않는다는 데 있다. 이 점은 19세기 유럽이 배출한 천재 학자 존 스튜어트 밀에 의해 일찍이 지적된 바 있다. "나는 배부른 돼지보다 배고픈 소크라테스가 되겠다"는 유명한 말이 바로 이 맥락에서 나온 말이다. 돼지가 느끼는 물질적 포만감보다 소크라테스가 느끼는 이성적 사유의 명징함이 훨씬 더 행복하다는 것이다. 스튜어트 밀은 아버지 밀을 따라 벤담의 공리주의에 심취했으나, 공리주의 속에 깃든 쾌락주의적 핏줄이 안고 있는 돼지근성의 한계를 간파했던 것이다.

공리주의 경제학의 둘째 곤란은 쾌락과 고통이란 매우 주관적인 것이어서 객관적인 수치로 계산할 수도 비교할 수도 없는 것이라는 데 있다. 인생이란 매우 복잡한 것이어서 자식들에게는 밥을 먹이면서 자신의 굶주림을 견디는 모성애가 있다. 어머니의 사랑은 공리주의 밖에 있다. 인간이란 아주 변덕스러운 존재라서 한 끼의 포만감보다 한 끼의 공복감이 차라리 편할 때가 있다. 구도자들이 즐기는 비어 있는 마음, 비어 있는 몸의 자유는 공리주의 밖에 있다. 쾌락과 고통의 합산으로 사회 정의를 기술한다는 것은 피자 한 판에 환장하고 떡볶이 한 그릇에 감동하는 초등학생에게나 어울리는 유치한 세계관인 것이다.

공리주의 경제학의 셋째 곤란은 현존하는 불평등을 은폐하고 심지어는 합리화한다는 데 있다. 귀족의 호화 저택은 홈리스들의 길바닥 수면을 은폐하고, 삼성 CEO들의 통장으로 들어가는 100억 원대의 연봉은 택시기사의 박봉을 가린다. 자살이냐 생존이냐를 강제 받고 있는 극빈층의 고통은 부동산 졸부들이 룸살롱에서 퍼마시는 양주의 환락에 의해 가리어진다. 보자.

2005년 한국인의 1인당 GDP는 1만 5천 달러이니, 아내와 남편, 딸과 아들로 구성된 4인 가구당 GDP는 6만 달러이다. 이 GDP라는 척도는 현존하는 한국의 야만적 불평등을 은폐한다. 연 소득 1억 원을 버는 고위 전문직 종사와 연 소득 1천만 원이 되지 못하는 가난한 노동자 간에 엄존하는 불평등을 GDP는 전혀 보여주지 않는다. 강남 대치동에 사는 사람은 25평 아파트를 10억 원에 매각하는데, 광주 일곡동에 사는 사람은 25평 아파트를 매각하고 1억 원을 받을까 말까 한다.

GDP는 이 불평등을 은폐한다. 아니 합리화한다. 노무현 대통령이 2만 달러 시대로 나아가자며 국민에게 호소하고 있을 때 그는 이 불평등을 정당화하고 있었던 것이다. 1977년 1인당 소득이 1000달러였고 2005년 1인당 소득이 1만 5000달러인데, 그렇다면 우리 모두 15배 부자가 되었는가? 공리주의가 표방하는 최대 다수의 최대 행복은 다수 인민의 희생으로 천문학적 부를 사유하고 있는 대한민국의 1% 땅 부자들의 행복을 합리화하고 있을 따름이다.

—2005년 작성, 미발표.

'자유'는 무엇인가요

자유로우려면 어떻게 해야 할지,

선생님의 의견을 듣고 싶습니다.

자유 하나: 나는 고교 시절에 독재정권 물러가라고 외치는 데모를 했어요. 광주일고 교정이 충장로 4가에 있는데, 우리들은 교문을 박차고 나가 어깨에 스크럼을 짜고 충장로 1가, 도청 앞까지 구호를 외치며 시위를 했어요. 그때 우리가 목청껏 외쳤던 구호가 "자유", "정의"였어요. 17세 청소년들이 외쳤던 그 자유의 의미는 무엇이었을까요? 압제로부터의 자유가 아니었을까 생각해 봐요.

자유 둘: 나는 영어 참고서 『성문종합영어』를 통해 소크라테스를 처음 읽었어요. 존 뷰리가 쓴 사상의 자유를 역설하는 지문이었어요. 사상과 표현의 자유를 위해 목숨을 내놓은 최초의 투사로서 소크라테스를 소개했던 것 같아요. 사상과 표현의 자유를 위해 기꺼이 목숨을 바친 소크라테스를 나는 좋아합니다.

자유 셋: 그런데 서양 근대사에서 자유란 이중적으로 사용되어요. 아담 스미스가 모든 정부 규제(regulation)로부터의 자유를 주창하면서 자유주의 사상의 경제적 토대를 놓지요. 18세기의 자유주의는 계몽사상과 무신론의 짝으로서 구체제로부터의 해방을 역설하는 진보의 사

상이었지요. 그러던 것이 19세기에 들어와 사회주의를 반대하는 보수 진영의 논리로 기울어요. 지금 자유는 유럽의 우익 정당들이 내거는 구호가 되었어요.

자유 넷: 질문에서 말하는 자유는 실존적 자유를 말하는 것 같아요. 제도에 억압당하지 않고 유행에 휩쓸리지 않으며 나의 주체적 사유에 의거하여 삶을 선택하고자 하는 실존주의적 경향의 자유 아닌가요? 나는 인간이 자유로운 존재이고, 자신의 주체적 사유에 입각하여 삶을 선택해야 하며, 선택한 삶의 결과에 대해서 책임진다는 실존주의적 견해를 100% 지지해요.

자유 다섯: 석가모니의 해탈도 알고 보면 인간의 자유와 연결되어 있어요. 무명이란 세계를 지혜의 눈으로 보지 못하는 미망을 말하겠지요. 지혜의 눈으로 본다는 것은 세계에 대한 나의 욕망을 제거했을 때 비로소 들어오게 되는 투명한 진리를 말할 거예요. 석가모니의 가르침을 인용하자면, 자유로워지려면 그대의 집착을 버려야 하지요. 집착이 고(苦)의 원인이고 집착이 사라지면 고가 소멸하지요.

자유 여섯: 이순(耳順)의 나이를 가까이 두고 있는 이즈음에서 다시 '자유로운 삶을 살려면 어떻게 해야 할까'라는 물음을 나에게 던져봅니다. 첫째, 생활비를 줄여야 하겠지요. 둘째, 뜻은 원대하되 삶은 소박해야 하겠지요. 나이 예순이 되면 봉사하는 삶을 살고 싶어요.

— 2015년 5월

역성혁명(易姓革命)

—『맹자』,「양혜왕장구하(梁惠王章句下)」

제 선왕이 물었다. "탕 임금이 하나라의 폭군 걸(桀)을 내쫓고, 무왕이
은나라의 폭군 주(紂)를 정벌했다는데, 그런 일이 있었습니까?"

맹자가 대답했다. "전해 오는 책에 있습니다."

제 선왕이 물었다. "신하가 그 임금을 시해해도 됩니까?"

맹자가 대답했다. "인(仁)을 해치는 자를 적(賊)이라 하고, 의(義)를 해
치는 자를 잔(殘)이라 합니다. 잔적(殘賊)한 자를 일부(一夫)라고 하는데,
일부에 지나지 않는 폭군 주를 죽였다는 말은 들었어도 그 임금을 시해
했다는 말은 듣지 못했습니다."

맹자는 몽둥이로 살인하는 것과 칼로 살인하는 것 사이에 차이가 없
듯이, 칼로 살인하는 것과 정치로 살인하는 것도 차이가 없다고 했다.
왕의 부엌에 기름진 고기가 있고 마구간에는 살찐 말이 있는데 들판에
굶어죽은 시체가 있다면 왕이 백성을 죽인 것에 다름없다고 말했다.

2015년 하루 40명이 자살했다. OECD 국가들 중에서 부동의 1위이
다. 누가 죽인 걸까? 맹자의 논리에 따르면 삼성이, 재벌이 죽인 것 아
니냐? 다시 맹자의 논리에 따라 생각해 보자. 재벌을 죽이는 것은 기업
을 죽이는 것이 아니다. 도둑놈을 죽이는 것일 뿐이다.

3
"당신들만의 천국에서
우리는 내리겠다"

당신들만의 천국에서 이제 우리는 내리겠다

송경동

그래 맞다
수레 하나에 기대
쪽방이나 옥탑 방이나
지하방 한 두 칸에 기대
구명조끼 하나 없이
이 험난하고 잔인한 세상을 건너야 했던
우리 모두가 작은 세월호였다

우리들의 가난한 집이
투기자본들의 무한한 이윤만을 위해
60도로 기울고 80도로 기울고
160도로 기울다 끝내
이 세상에 다시는 없는 주소지로

뿌리 뽑히고 난파할 때마다

이 참혹한 세상에 하나밖에 없는 구명복인

작업복을 잃고 일자리를 빼앗기고

죽음의 거리로 내몰릴 때마다

우리들 모두의 숨 또한

천천히 멎어 가야 했다

우리에겐 그렇게 어떤 비상구도

탈출로도 제공되지 않는 세상에서

법은 늘 가진 자들만을 위한 안전판이었다

정부와 공권력은 늘 부자들만을 위한 긴급구조대였고

국회와 정치는 저희들의 안전과

재벌들만을 지키는 무책임한 선원들이었다

우리는 그렇게 당신들만의 천국에서

배제당한 하나의 운명이었다

우리는 노점상이면서 세입자여야 했고

장애인이면서 일용공비정규직이어야 했고

때론 소농이었다 실업자였다 노숙자여야 했다

기껏해야 임금노예에 다름없는 정규직노동자였다

우리가 기름이었고 우리가 쌍차였고

우리가 다시 불태워지는 용산이었고

핵 마피아들에게 밀리는 밀양이었고 부서지는 강정이었고

피눈물을 삼키는 4대 강이었다

그런 우리 모두가 세월호였다

…(중략)…

선택하라

이 기울어가는 자본의 비좁은 선창 밑바닥에서

가만히 있으며 죽을 것인지

저들만이 무한히 안전한 갑판 위로 뛰어올라

솟구쳐 올라 모두 함께 살 것인지

선택하라. 새로운 시대의 새로운 항로를

이 거리가 안전할지 저 거리가 안전할지

이 집이 안전할지 저 집이 안전할지

이 일자리가 온전할지 저 일자리가 안전할지

이 줄이 안전할지 저 줄이 안전할지

더 이상 작은 선택은 무의미하다

선택하라. 이미 모든 세상의 평형이 기울었다

선택하라. 이미 구시대는 침몰했다

선택하라. 이미 저들은 5.18 광주에서처럼 모두 먼저 탈출해버렸다

선택하라. 이제 우리가 다시 이 시대 마지막 남은

평형수로, 복원력으로, 다시 일어서야 한다.

새로운 평화를, 새로운 평등을

새로운 존엄을, 새로운 정치를

새로운 국가를

우리가 다시 세워나가야 한다

시대의 성찰: 거대한 감옥

부자들의 천국*

하루 종일 장대비가 쏟아지던 6월 24일 오후, 서울 압구정동에 자리한 갤러리아 명품관 수입품 코너엔 쇼핑 나온 사람들로 붐볐다. "지난번에 산 베이지색 핸드백은 쉽게 싫증나더라. 이걸로 하나 더 가져야겠어." 한 여성이 지갑에서 수표를 꺼내 값을 치른다. 프랑스제 와니 악어가죽 핸드백은 2200만 원짜리였다.

매장 관계자는 IMF 체제 이후 부유층 손님이 오히려 더 늘어났다고 귀띔했다. 비쌀수록 더 찾는 경향이 있어서 천만 원짜리를 1500만 원이라고 부른 뒤 1200만 원으로 깎아주면 기분 좋게 사가곤 한단다.

같은 날 오후 6시쯤, 서울 강남구 청담동에 자리한 룸살롱 델로스에는 벤츠 승용차를 포함해 고급 승용차들이 모여들기 시작했다. 차에서

---

* 2002년 작성, 미발표.

내리는 여성들은 늘씬한 미인들이었다. 이곳 룸살롱은 강남 유흥가에서 정관계 인사들이 출입하는 곳으로 소문이 자자하다.

IMF 체제 이후 대다수 국민이 고통 받는 상황에서 고액 재산가들 쪽으로 급속히 부가 이전되고 있다. 대다수 국민의 고통에도 아랑곳하지 않고 온갖 탈세와 음성적 방법으로 부가 특정 계층 중심으로 확대 재생산되고 있다.

어쩌면 대한민국은 노예들이 사는 거대한 지하 감옥일는지 모른다. 먹고살기 위해, 아파트 한 채 마련하기 위해, 아니면 자동차 월부금을 넣기 위해, 시시포스처럼 고역의 노동을 해야 한다면 그가 노예가 아니고 무엇인가? 그런데 중요한 것은 노예가 자신이 노예라는 사실을 모른다는 것이다. 그의 발에는 쇠고랑이 채여 있다. '돈'의 쇠고랑 말이다.

오늘도 자동차 판매사원은 빌딩 숲을 헤치며 사람들에게 명함을 나눠주고 다닌다. 그의 머릿속에서 그의 행동을 지배하고 있는 것은 오늘 몇 건을 올리냐이다. 백화점 앞에서 지하 주차장으로 들어가는 자동차를 향해 양손을 반짝반짝 흔드는 아가씨가 입으로는 "어서 오세요" 상냥하게 인사하고 방긋 미소를 짓지만, 그녀의 마음속에 있는 것은 이달 몇 푼의 월급을 받느냐이다. 돈의 노예가 아닌 자 있을까?

문제는 지하 감옥에서 일하는 노예들이 망각하고 있는 사실이 있다는 것이다. 그렇게들 열심히 일하다 보면 언젠가는 돈의 쇠고랑에서 해방되겠지 하는 착각 속에서 산다는 사실이다. 그들은 태어나면서 한 가지의 음악을 듣고 자랐다. "원하는 것은 무엇이든 얻을 수 있고, 뜻하는 것은 무엇이든 이룰 수 있어"라고 외치는 정수라의 '대한 감옥 찬가'이다. 노예들은 이 노래를 들으면서 입 안에서 후렴을 넣을 줄 안다. "돈만 있으면, 돈만 번다면."

그러나 노예들이 돈을 벌어 쇠사슬로부터 자유롭게 될 때가 되면, 아빠 노예들은 새끼 노예들의 쇠사슬 때문에 다시 돈을 벌어야 한다. 못 배워 이 노예짓을 하고 있다는 잘못된 생각 때문에 새끼들에게만은 꼭 교육을 시켜야 하겠다고 마음먹은 아빠 노예들은 새끼들 교육비 대느라고 다시 쇠고랑을 찬다. 노예 노동에 종사한 지 30년, 이제 인생도 황혼에 이르렀을 때 노예들이 가는 곳은 더 깊은 실업의 감옥이며, 그중 육체의 쓸모가 다 떨어진 자들의 경우는 더 깊은 염라 감옥으로 끌려가고 만다.

부평엘 갔다. 전두환 시절에도 그렇게 많은 전경들이 새까맣게 깔리지 않았는데, 노벨 평화상을 받은 대통령 밑에서 1750명의 노동자가 일터를 잃고 전경이 공장을 점거하는 폭압이 자행되고 있었다. 10조여 원에 달하는 대우자동차를 지엠에 3천억 원에 매각한다는 소문이 부평의 밤하늘을 더욱 우울하게 만들었다. 프랑스에서는 연일 김우중 체포대의 소식이 텔레비전의 첫 면을 장식한다는데, 사건의 진원지 대한민국에서는 고요하다.

내가 입수한 금융감독원의 보고서에 의하면 김우중이 금융권에서 갖다 쓴 돈은 총 87조 원으로 기록되어 있다.

그런데 실사 결과 대출금 87조 원과 대우그룹 자산과의 차액은 자그마치 42조 9천억 원. 100억~200억 원이야 룸살롱 종업원들의 팁으로 날렸다 치더라도 1조 원 단위의 돈은 술값으로 날릴 수 있는 성질의 돈이 아니다.

42조 9천억 원은 어딘가 있다. 이 돈이 국내에 남아 있지 않다고 한다면 해외로 빠져나간 것이다. 영국의 BFC로 빼돌린 돈이 75억 달러(약 9조 원)라고 하지 않는가? 유럽보다 시장 규모가 훨씬 큰 미국에는 또 얼마의 달러를 도피시켜놓았을지 상상에 맡길 일이다. 국민들은 경제난에 다 죽어가는 판에 40여조 원을 거덜 낸 김우중은 해외의 그 어디에선가 호화 여행을 즐기고 있다니, 대한민국은 알다가다 모를 나라이다.

지난 IMF 사태 때 부도 어음 한 장 때문에 평생을 바쳐 쌓아올린 자산을 한순간에 날리고 쪽박을 찬 중소기업 사장들이 부지기수였다. 아파트를 내주고도 모자라 양복이며 침대까지 차압을 당한 분은 다행한 경우였고 부채를 청산하지 못하는 분들은 감옥으로 끌려가야 했다. 부도를 내면 재산을 차압당하는 것이 시장의 논리이고 빚을 갚지 못하면 감옥에 가는 것이 법의 논리일진대, 왜 42조 9천억 원을 거덜 낸 김우중의 은닉 재산을 찾아내지 않는지 대한민국은 알다가도 모를 나라이다.

2017 부자 보고서

부자들은 어떻게 돈을 불릴까. 하나금융경영연구소의 설문조사에 따르면 절반 가량의 돈을 부동산에 넣어두고 있었다. 부자로 불리려면 순자산이 최소 100억 원 이상 있어야 한다고 답했다. '부자는 어떻게 해서 부자가 된 것이라고 생각하나'를 물었다. 주된 자산 축적 방법은 부모로부터의 상속·증여(31%), 부동산 투자 성공(30%)이었다.

대우자동차를 지엠에 3천억 원에 넘긴다는 이야기가 소문으로 나돌고 있다. 12조 원을 투입하여 미국의 모 투기자본에게 5천억 원에 넘겨버린 제일은행 해외 매각 사태가 대우자동차에서 재연되고 있다. 10조 원의 자산을 미국 기업에 3천억 원에 판다는 것은 파는 것이 아니라 거저 주는 것이다. 김우중은 은행돈을 퍼다 해외로 빼돌렸다. 때문에 은행들이 망했다. 그런데 정부는 은행들을 살려주었다. 김우중의 숨긴 자산을 환수하여 살려낸 것이 아니라 159조 원의 공적 자금을 쏟아 부어 살린 것이다. 공적 자금은 국민의 돈이다. 그렇다면 대우자동차의 주인은 우리 국민이다. 국민이 소유해야 할 대우자동차를 외국에 거저 내주려 하는, 대한민국은 정말 알다가도 모를 나라이다.

성장주의를 버리자[*]

지난 40년 동안 성장을 향해 달려온 한국 경제의 모습을 도표로 그려보았다. 1965년 한국인의 일인당 GDP는 100달러였다. 2010년 한국인의 일인당 GDP는 2만 달러를 상회했다. 불과 40년 만에 20배로 소득이 증가했다. 우리의 행복도 20배로 증가했는가?

서울 강남에는 핸드백에 4000만 원짜리 현금 통장을 20~30개씩 넣고 다니며 돈을 넣고 빼는 졸부들이 즐비하다고 한다. 은행 예금으로 10억 원을 갖고 다니는 이런 졸부들의 총자산은 어느 정도일까? 5억 원짜리 아파트 몇 채를 끼고 있을 것이다. 목 좋은 곳에 몇 십 억 원짜리 빌딩도 가지고 있을 것이다. 한국의 부자들은 고래로 자산을 땅에다 보유한다. 제주도를 비롯하여 전국 도처에 전답과 임야 수십 목을 소유하

---

[*] 2005년 작성, 미발표.

| 국민소득 변화 추이 |

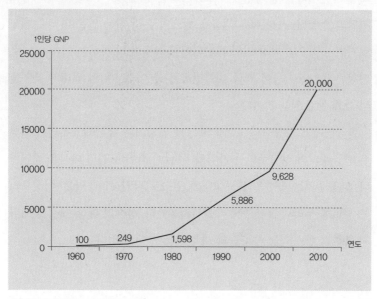

출처: 각종 자료를 바탕으로 필자가 재구성.

고 있을 것이다. 이들의 실재 자산규모는 줄잡아 100억 원대가 넘을 것이다.

이들 졸부의 수가 20만 명이라 치면, 전체 경제활동인구 2000만 명의 딱 1%이다. 깨놓고 말하여 지난 40년의 고도성장 과정은 이들 1%의 졸부[1]를 만들어주기 위한 경제성장이었다 해고 과언이 아닐 것이다. 그렇게 1%의 졸부들이 100억 원대의 자산을 축재하고 있는데, 1300만 명 노동자들 중 57%

3 "당신들만의 천국에서 우리는 내리겠다" **177**

에 달하는 700만 명 비정규직 노동자들은 한 달 50~60만 원의 박봉에 시달리고 있다. 가장 적은 월급을 받으며 온갖 힘든 일을 다 하는데도 일거리가 없으면 가장 먼저 해고되어도 아무 소리 못하는 현대판 노예, 비정규직 노동자들이 지금 대한민국 하늘 아래 100억 원대의 졸부들과 함께 살고 있는 것이다.

한국인에게 성장주의는 일종의 모태 신앙이다. 초등학교부터 주입받은 반공주의와 성장주의는 가위의 두 날이 되어 우리의 의식을 재단한다. 반공주의는 북한을 불구대천의 원수로 각인시켜놓았고, 성장주의는 재벌을 우리의 구세주로 각인시켜놓았다. 성장의 환상[2]에서 벗어나지 못하는 한 우리는 졸부들의 개 신세를 면할 수 없다.

행복의 세 원천

인간의 행복은 많이 먹고 많이 쓰는 데서 오는 것은 아니다. 그와 반대이다. 소크라테스는 "가장 필요로 하는 것이 적은 삶이 부자이다"라고 말한다. 내가 살아갈 때 필요로 하는 것이 가장 적은 것이 부자라는 것이다. 대화야말로 삶의 가장 큰 즐거움이다. 한가야말로 삶의 보배이다. 우리가 어떻게 살아야 행복을 누릴 수 있는 것인지 각자의 가치관에 따라 다르겠지만 우리가 먹고살기 위해서 일해야 하는 경우 어떻게든 그 시간을 줄이고 나의 자유의지로 살 수 있는 한가를 많이 갖는 사람이 행복한 사람인 것이다. 먹고사는 문제로 많은 시간을 허비하지 말고 내 자유의지로 살 수 있는 시간을 많이 갖는 세상을 살아야 한다.

우리에게 그런 한가의 시간이 주어질 때 우리는 무엇을 해야 할까? 앞으로 역사는 노동시간이 줄어들게 되어 있다.[3] 그래서 주 5일에서 주 4일로 가게 되는 것은 당연하고 주 4일로 가는 것은 세계사의 필연이다. 주 3일 나의 여가가 발생할 때 나는 무엇을 하며 살 것인가를 고민해 보아야 한다. 자기가 어떻게 사는 게 행복할 것인가를 생각하고 자기 철학을 세우는 일이 중요할 것이다. 소크라테스는 말한다. "캐묻지 않는 삶은 살 가치가 없다."

인간의 행복은 인간의 본성에 잘 어울려야 한다. 인간 본성이 건강하게 실현되는 데에서 인간 행복이 실현되는 것이다. 이 본성이 살 실현될 때 행복이 온다. 따라서 행복이 무엇이냐를 찾으려면 인간 본성이 무엇이냐를 찾아야 한다. 나는 이 인간 본성이 세 가지라 생각한다.

첫째, 인간은 노동을 통해서 인간이 되었다. 인간이 이룬 이 위대한 문명은 모두 노동에 의해서 이루어졌다. 모두 노동의 결과물이다. 노동자 속에는 학자도 들어가고 예술가들도 모두 포함한다. 인간의 모든 예술품을 만드는 모든 창의적 활동도 노동 속에 들어간다.

이 노동을 통해서 원래 인간이 된 거다. 노동을 통해 뭔가 새로운 것을 만들면 무지무지 기쁘다. 나는 직업이 작가인데, 한 권의 책을 쓸 때면 많은 어려움이 있다. 한 권의 책이 출판되어 나의 사랑하는 지인들에게 자랑스럽게 사인을 해줄 때 그렇게 즐거울 수가 없다.

행복은 다른 데 있는 것이 아니다. 나의 온 지적 활동을 통해 좋은 글을 쓰고 좋은 글을 친구들에게 나눠줄 때 더 이상 바랄 게 없다. 따라서 노동을 하지 않는 자, 실업자, 이건 비극이다. 또 노동할 일이 없이 부자인 사람, 이것도 비극이다. 돈이 없어서 굶어 죽는 사람도 비극이지만 돈이 너무 많아 할 일이 없는 사람, 그 사람도 불행하다. 인간은 온전하게 적절하게 노동을 해야 한다. 단, 그 노동시간이 길면 안 되고 적절해야 한다. 그 적절함은 그 나라의 생산수준 발전과 문화적 수준에 따라 다를 것이다.

노동을 무시하는 그 모든 어떤 종교도 어떤 사상도 모두 위선이다. 나는 예수를 존중하지만 구약 성경에서 아담과 이브가 원죄를 지었다고 하며 여성에게 출산의 고통을 주고 남성에게 노동하는 고통을 주었다는 이야기는 용인하지 못한다. 이 세상에서 가장 위대한 일은 어머니의 출산이다. 그렇지 않은가? 마찬가지로 땀 흘려 일하여 생산하는 노동만큼 신성한 행위도 없다.

사람이 먹고살려면 일을 해야 한다. 그 일이, 그 일 속에서 나를 실현할 수 있는 그런 사회가 와야 한다. 예술가의 창작활동도 노동이다. 창조적 활동을 통해 기쁨을 누린 사람이 많은 사회, 그런 행복한 사회를 만들어야 할 것이다.

둘째, 인간은 사회적 동물이다. 인간은 태어날 때부터 사회 속에서 태어나고 사회적 존재이다. 따라서 나는 이웃에 봉사할 때 행복하다. 내 마음은 무지무지 편해진다. 내 것만 챙기면 내 영혼이 께름칙해진다. 느껴 보셨을 것이다. 나만 행복할 게 아니라 우리 이웃들 전체가 행복해져야 한다.

원래 우리가 공동체의식이 발달된 민족이었는데 언제부터인가 싸가지가 없어졌다. 우리 선조들에게는 공동체적인 문화가 굉장히 발달되어 있었다. 지금도 우리는 '나'를 쓰지 않고 '우리'라고 하지 않는가? 우리 문화가 유럽의 문화가 들어오면서 언제부터인가 굉장히 이기적으로 변해갔다. 나는 사회적 존재로서 우리가 이웃을 돕고 연대하며 살아가야 한다고 본다. 내가 생산한 것, 내가 창조한 것을 친구에게 나눠주면 무한한 뿌듯함을 느끼게 되어 있다.

셋째, 아리스토텔레스가 그랬다. 인간은 본성에 의해서 알고자 하는 욕구를 가진다(Man have, by nature, desire to know). 왜 공부를 할까? 공부를 하면 재미있으니까 하는 거다. 왜 책을 읽나? 책을 통해 새로운 것을 깨달을 때 순수한 기쁨을 얻기 때문이다. 몰랐던 것을 알 때, 새로운 것을 깨달아갈 때, 내 마음은 나도 모르게 굉장히 뿌듯하고 희열이 솟음을 느낀다. 왜 그럴까? 그게 바로 인간의 본성이라는 거다. 나의 본성

속에 알고자 하는 욕구가 있어, 그 알고자 하는 욕구가 충족되니까 희열이 느껴지는 거다. 들뜬다. 그래서 독서삼매경에 빠진다.

나는 아침 5시에 일어나 밤 12시까지 공부를 한다. 책상을 한 번도 안 뜨고 공부할 때가 있다. 내가 왜 책상에 앉아 있겠는가? 새로움을 알면 알수록 재미있으니까 그렇다. 더 이상 묻지 말자. 생존하기 위해 단백질을 공급받듯이, 오늘 하루 뭔가 의미 있는 일을 했다 할 때 뿌듯하고 그 속에서 내 영혼이 들뜨게 되는 거다.

친구를 만나 한 잔의 술을 마신다. 무슨 이야기를 할까? 내가 깨달았던 것을 이야기해야지. 술자리가 즐거운 이유는 매일매일 깨달은 일을 서로 이야기하기 때문일 것이다.

일이 없는 사람은 비극이다. 그러나 너무 과도한 노동을 강요당하는 것도 비극이다. 일은 적당히 해야 한다. 그 일을 통해 우리는 삶의 보람을 누려야 한다. 그 일을 통해 이웃을 도와야 하고 그리고 늘 앎을 추구하는 삶을 살아야 한다.

—2015년 작성, 미발표.

대화

재능은 타고나는 것인가

다섯 시부터 여덟 시까지 공부하실 수 있는

지구력과 힘이 어디서 나오는지 궁금합니다.

선천적 재능과 후천적 노력의 상관관계를

'즐김'과 연결시켜서 얘기해주시면 좋겠습니다.

"천재는 99%의 노력과 1% 영감의 결과이다"라고 에디슨이 말했죠. 하도 사람들이 천재라고 칭송하니까 '내가 실험실에서 뼈 빠지게 일한 것은 모르고 웃기고 있네' 하면서 에디슨은 그렇게 말한 거죠. "우연의 요소인 1%의 영감(inspiration)은 신이 나에게 준 것이고, 필연의 요소인 99%의 땀(perspiration)은 내가 기울인 노력입니다."

인간의 능력은 비슷비슷합니다. 나이 스무 살 때부터 60대까지 한 우물을 파면 누구나 탁월한 성과를 낼 수 있다고 봅니다. 세종대왕이 어떻게 한글을 만들었겠어요? 세종대왕이 천재라구요? 보세요. 모든 일 다 제치고 6년간 집중했잖아요. 모든 권력을 문종에게 넘기고 몰래 연구에 집중했다고요. 한글 창조는 6년 동안의 집중적 노력에 의해 만들어진 거예요. 우리가 여기에 주목해야 합니다. 노력 혹은 집중력 말이에요.

그러면 이 집중력은 어디서 올까요? 왜 한 인간은 허송세월하며 놀기만 하고, 한 사람은 죽을 각오로 몰두하냔 말이에요? 그 차이는 문제의식이 있냐 없냐에 달려 있지요. 문제의식이 깊은 사람은 그 문제를 풀기 위해서 밤잠 설쳐가며 노력하는 거구요, 문제의식이 없으니 허구한 날 탱자탱자 노는 거죠. 이 짧은 인생에서 무언가 의미 있는 성취를 남기려면 사람들이 볼 때 미쳤다고 할 정도로 한곳에 집중해야 하는 거예요.

—2014년 12월

어짊을 드러내지 않아

—『도덕경』77장

하늘의 도는 큰 활과 비슷하지 않소?	天之道, 其猶張弓與
활의 볼록 튀어 나온 곳은 눌러주고	高者抑之
오목 들어간 곳은 들어줍니다.	下者擧之
하늘은 여유 있는 자에게서 덜어내	有餘者損之
부족한 자에게 도와줍니다.	不足者補之
넉넉한 자로부터 덜어내어 부족한 자를	
도와주는 것이 하늘의 도인데	天之道, 損有餘而補不足
사람의 도는 그렇지 않습니다.	人之道, 則不然
부족한 자들로부터 뺏어내 넉넉한 자들을	
보태줍니다.	損不足以奉有餘

시장은 부분의 합리화에 기여하지만 전체의 불합리를 초래한다. 대기업이 이익을 극대화하기 위해 중소기업의 시장을 침범하는 경우가 매우 많다. 덩치 큰 대기업은 공룡처럼 비대화하면서 재력이 약한 중소기업들이 죽어갈 경우 이는 결코 사회 전체의 균형 발전에 도움이 되지

않는다. 그럼에도 불구하고 지난 40년 동안 한국의 재벌기업들은 문어발식 확장을 철면피하게 자행해왔다.

기업이 자사의 이익을 극대화하기 위해 평생의 삶을 바친 직원들을 해고시키는 경우를 보자. 이 경우에도 기업의 당기 순이익은 향상될 것이나, 해고자와 그 가족이 겪어야 하는 죽음과 같은 고통은 완전히 외면된다. 멀쩡한 직장인이 어느 날 직장에서 해고되어 할 일도 없고 갈곳도 없어 마음이 괴로워 술을 마시기 시작하고 저녁술이 낮술이 되면 폐인이 되는데 이런 살인적 퇴출이 지난 IMF 사태 때 얼마였던가. 시장의 논리는 부분을 합리화하지만 전체의 불합리를 낳는다.

바로 그렇기 때문에 사회 전체의 이익을 돌보는 정부가 있는 것이고, 정부는 시장이 하지 못하는 자기의 역할을 충실히 수행해야 하는 것이다. 개별 기업이 자신의 사적 이익만을 탐하여 공익을 침해할 때 중세의 흑기사처럼 불의를 징벌하러 나서야 할 자가 바로 정부이다. 그런데 이상하게도 이놈의 대한민국 정부들은, 이승만 정부 때부터 지금까지 국민의 정부이건 참여 정부이건 간에 약자를 돌보는 정부가 아니라 약자를 짓밟는 정부였고, 정의를 세우는 정부가 아니라 불의를 부추기는 정부였다.

4
낙수효과는
없었다[*]

우리는 모두 대기업을 응원했다. 정부는 수출하는 대기업을 도왔고, 우리는 이 나라 기업의 제품을 먼저 사줬다. 대기업들은 끊임없이 외쳤다. 대기업이 잘되어야 나라 전체가 잘된다고. 대기업이 수출을 잘해서 돈을 많이 벌어오면 그게 자연스레 사회 전체로 흘러간다고. 그들은 낙수효과로 우리에게 최면을 걸었다.

삼성전자와 현대자동차는 눈부시게 성장해 이제 세계적 글로벌 기업이 되었다. 2011년 삼성전자의 매출은 164조 원이고, 영업이익은 16조 원이었다. 현대자동차그룹의 전체 매출은 180조 원이고, 영업이익은 18조 원이었다.[1] 대단하다. 반면 평균적인 한국인의 삶은 팍팍하다. 현재는 빠듯하고 미래는 불안하여 자고 일어나면 노후가 염려된다. 기업은 눈부시게 성장했으나 우리의 삶은 더 어려워졌다. 혹, 대기업의 살림살이를 나의 살림살이로 착각하며 살아온 것은 아닌가? 삼성전자의 휴대폰 중 90% 이상이 해외에서 생산되고 있고 삼성전자 직원의 60% 이상이 외국인인데 말이다.[2]

---

[*] 2017년 3월 작성.

시대의 성찰: 고용 없는 성장

삼성경제연구소는 2011년 『21세기 한국기업 10년』이라는 제목의 보고서를 발표했다. 이 보고서에 의하면 2000대 기업의 매출액은 지난 10년 동안 815조 원에서 1711조 원으로 늘었다. 두 배 넘게 커진 것이다. 기업의 생산성이 10년 동안 두 배 향상되었다. 종업원 1인당 매출액이 5억 2천만 원에서 10억 6천만 원으로 늘어났다.

그런데 뭐냐? 이 10년 동안 2000대 기업의 일자리는 2.8%밖에 늘지 않았다. 돈은 900조 원가량 더 벌었는데, 고용 인원은 딱 5만 명 증가했다. 156만 명에서 161만 명으로. 이게 머시여? 그것도 정규직과 비정규직을 합친 수치이다. 정규직 숫자는 오히려 줄었고 비정규직만 더 늘었다. 기업이 돈을 벌어도 고용은 늘지 않았다. 고용 없는 성장이다.

낙수효과는 없다.[3] 우리는 늘 국가의 대표적 기업들이 나라를 구할 것이라고 믿었다. 현대자동차와 삼성전자가 수출을 많이 해서 이익을

IMF의 경고

국제통화기금, IMF는 부의 '낙수효과'가 완전히 틀린 논리라고 밝혔다. IMF는 150여 개국의 사례를 분석한 결과, 상위 20% 계층의 소득이 1% 포인트 증가하면 이후 5년 연평균 0.08% 포인트 성장이 감소하는 것으로 분석됐다고 전했다. 저소득층을 쥐어짜는 것이 결국 노동생산성 저하로 이어지고, 결국 소득의 불균형을 더욱 심각하게 만드는 악순환을 초래한다고 강조했다. 보고서는 하위계층의 소득을 늘리고, 중산층을 유지하는 것이 성장에 도움이 된다고 말하면서, 소득 불균형의 확대는 경제 안정에 심각한 충격을 준다고 경고했다.
—YTN, 2015년 6월 16일.

많이 내면 그 이익 중 상당 부분은 좋은 일자리와 건전한 하청 거래 및 구매 계약을 통해서 구직자와 중소기업에게 도움이 될 것이라고 믿었다. 부자에게 가는 혜택은 부자의 지갑을 열게 해 소비가 활성화된다는 트리클 다운 효과는 현실이 아니었다.

1993년 제조업 종사자는 388만 명이었다. 2009년 327만 명으로 오히려 크게 줄었다. 머시냐? 삼성전자, 현대자동차가 떼돈을 챙기고 일자리를 줄인 것이다. 청년들은 일자리를 달라 아우성인데 어른들이 일자리를 주지 않는다.

서비스업 종사자는 1993년 708만 명이었다. 2009년 1188만 명으로 빠르게 늘어났다. 서비스업의 근무 환경은 매우 열악하다.[4] 이마트, 삼성플라자, 익히 잘 알고 있는 현실이다. 2010년 서비스업 종사자 가운데 1/3 이상이 4인 이하 영세 사업체 종사자였다. 오매, 이들의 평균임금은 124만 원에 지나지 않는다.

서비스업 임금은 오르지 않는다. 제조업에서는 2002년 이후 실질임금이 12% 올랐다.[5] 그런데 서비스업의 실질임금은 변하지 않았다. 서비스업은 기본적으로 생산성이 낮다. 식당 주방장에서 일하는 아주머니가 만들 수 있는 음식은 정해져 있다.

돈 잘 버는 제조업에선 되려 일자리가 줄었고 열악한 서비스업에서만 일자리가 늘어났다. 이것이 1990년 이후 이 나라에서 벌어진 일이다.

그러면 대기업에 붙들려 있는 하청업체들의 사정은 어떤가? 삼성그룹 계열사에서 부품 구매 업무를 맡고 있는 모씨를 만나 물었다. 그는 입사 이래 오랫동안 구매 업무를 맡아온 전문가다. 그의 말을 들어 보자.

연간 납품 단가 인하 목표는 최소 20% 이상이다. 회사 경영이 어렵거나 협력사 이익률이 5% 이상이면 추가로 단가 인하에 들어간다. 중소기업들이 망하지 않고 버티는 게 참 신기하다.[6]

삼성왕국

삼성전자가 2009년에 연간 매출액 100조 원과 영업이익 10조 원을 동시에 돌파했다. 2010년엔 연간 매출액 150조 원과 영업이익 15조 원을 달성했다. 무서운 속도다. 삼성전자 무선사업부가 2002년에서 2005년까지 부품업체들을 상대로 단가 인하를 한 규모는 모두 3조 원에 달한다. 징헌 놈들. 같은 기간 중 영업이익 10조 원의 30%를 차지한다.[7] 협력업체들에게 가장 짠 곳이 삼성전자와 현대자동차이다. 협력업체의 마진을 3% 이상 허용하지 않는다. 쥐길 놈들.

중소기업 종사자 수가 1115만 명이다. 전체 종사자 1261만 명의 88%를 차지한다. 중소기업의 2007년 생산액은 481조억 원이다. 전체 생산액 989조 원의 49%를 차지한다. 중소기업의 고용 비중이 88%인데 생산액의 비중은 50%에 미치지 못한다. 이게 머냐? 대기업에 비해 경쟁력이 훨씬 뒤진다는 것이다.

2010년 20대 재벌의 자산은 975조 원으로 GDP의 83%에 해당한다.[8] 2002년에는 GDP의 51%였는데 불과 8년 만에 32%나 높아진 것이다. 특히 삼성의 비중이 현저하게 커졌다. 2010년 삼성의 자산은 230조 원이고 매출액은 209조 원이다. 삼성의 자산은 GDP의 20%이고 매출액은 18%에 해당한다. 8년 전에는 11%와 15%였다.[9] 머당가?

범4대 재벌 중에서도 특히 삼성그룹의 경제력은 놀라울 정도로 팽창했다. 범4대 재벌이란 삼성그룹과 현대자동차와 LG와 SK를 말한다. 1987년 삼성그룹의 자산은 GDP의 5%였으나 2010년에는 무려 20%로 증가했다. 1997년 외환위기 이전 삼성그룹은 '5대 재벌의 하나'였다. 이제는 달라졌다. 아무도 넘볼 수 없는 독보적인 위치에 서 있다. 경쟁 재벌조차도 근접하기 어려운 존재가 되었다. 2010년 우리나라의 총 설비 투자에서 30대 재벌이 2분의 1을 차지했고, 범4대 재벌이 1/3을 차지했는데, 삼성그룹 단독으로 7분의 1일을 차지했다.[10] 한국은 재벌공화국을 넘어 삼성공화국이 되었다.

　재벌들은 자식들의 경영권 승계를 위해 소액 주주의 이익을 침해하고 있다. 단결권이라는 노동자의 기본권마저 부정하고 있는 반헌법집단이 삼성이다. 부실을 숨기는 분식회계로 채권자에게 손실을 전가하고, 수익성 제고를 위해 하도급기업의 납품단가를 후려치며, 소비자에게는 독점가격을 강요한다. 이를 언제까지 방조할 것인가. 재벌들은 지역 주민

들에게 환경 파괴의 고통을 안기면서 눈 하나 까딱하지 않는다. 이것이 주주 자본주의인가? 그것은 천민자본이다. 아니 양아치 자본이다.

한국의 재벌 총수 일가는 직접 보유 지분이 5%도 안 되는 소액 주주라고 한다. 그런데 계열사 간 출자구조를 통해 총주식의 40% 이상에 대한 의결권을 장악하고 있다.[11]

한국 경제는 재벌과 함께 성장했다. 한국의 재벌 체제는 전 세계에서 유일무이하다. 재벌 총수가 대주주로서 경영권을 독점하는 행태는 한국에서만 볼 수 있다. 경영권 승계 문화는 국제 사회 기류와 동떨어져 기업 경쟁력을 퇴보시킨다. 삼성, 현대차, SK, 한화 등 한국 재벌이 이에 해당한다.

그런데 정부는 왜 이런 꼬락서니를 그대로 방조하는가 묻고 싶다. 국민연금으로 1000조 원을 굴리면서, 왜 삼성의 저런 범죄적 작태를 그만 보고 있느냐 말이다. 삼성에버랜드의 주식 20%만 매입하면 이재용을 몰아낼 수 있는 거 아닌가?

양극화

신용불량자가 400만 명을 육박하고 빈곤층이 1000만 명을 돌파하는데도 '아름다운 대한민국'을 찬미하며 '이대로'를 외치며 술잔을 높이

드는 사람들이 있다. 금융자산, 주식, 부동산 임대료로 연간 1억 원 이상의 소득을 올리는 20만 명의 졸부가 그들이다.[12] 가격이 싼 것은 2억 원에서 비싼 것은 5억 원이 된다는 골프 회원권을 두세 개씩 소유하는 그들은 우리와 같은 대한민국 국민인가.

졸부들과 빈민들은 같은 국민이 아니다. 졸부들이 빈민들을 사람으로 보지 않는 것은 오래전의 일이다. 장성들에게 사병이란 병력이지 사람이 아니듯, 재벌들에게 청년들은 갖다 소모하는 인력이지 사람이 아니듯 말이다. 이미 두 쪽으로 갈라진 대한민국의 분열상, 양극화는 어제오늘의 이야기가 아니다.

1970년대만 하더라도 대기업에 취업하나 중소기업에 취업하나 그것이 그것이었다. 기계공고만 나오면 대기업의 생산직으로 진출할 수 있었다. 대학을 나오면 웬만한 대기업의 화이트칼라로 취업이 되었다. 그때엔 고졸자와 대졸자 간의 임금 격차가 문제였지, 대기업과 중소기업의 임금 격차는 눈에 띄지 않았다. 지금은 심각하다. 중소기업체에 취직하는 것은 취업이 아니다. 잠시 지나가는 일자리이지 평생직장이 아니란 말이다. 청년실업의 한 원인이다.

심각한 것은 정규직 노동자와 비정규직 노동자 간의 임금 격차이다. IMF 사태 이후 비정규 노동자와 정규직 노동자 간의 임금이 너무 벌어져버렸다.[13] 대기업 산하 하청기업에서 일하는 비정규직 노동자들이 있다. 같은 공장에서 같은 일을 하고도 비정규직 노동자가 받는 임금은 정규직 노동자의 1/2이 되지 않는다. 똑같은 일을 하고도 정규직 노동자들의 절반도 받지 못한다는 것은 무엇인가?

비정규직 노동자들은 대한민국이 갖다 쓰는 쓰레기요 종이라는 이야기다. 조선시대에도 평민과 노비의 경제적 격차가 이렇게 크지는 않았다. 노비는 없어졌지만, 노비보다 못한 노동자들이 오늘도 사느냐 죽느냐 기로에 서서 고뇌하고 있다.

통계청이 발표한 자료[14]에 따르면 2015년 비정규직 근로자는 601만 명을 기록했다. 비정규직의 근로 여건도 악화되었다. 비정규직의 월 평균임금은 146만 원인 반면 정규직은 271만 원이다. 국민연금과 건강보험의 가입률은 각각 38%, 45%이다.

2015년 300인 이상의 기업 근로자 10명 중 4명가량은 비정규직인 것으로 나타났다. 특히 기업 규모가 클수록 파견과 하도급, 용역 등 간접 고용 비율이 높은 것으로 나타났다. 대기업이 앞장서서 고용 불안을 부추기고 있는 것이다.

고용노동부가 발표한 300인 이상 기업의 고용형태 공시에 따르면 전체 근로자 459만 명 가운데 사업주가 직접 고용한 근로자는 367만

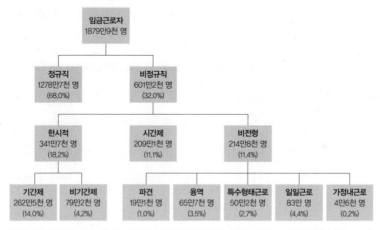

| 근로형태별 근로자 구성(2015년 3월) |

비정규직 근로자의 전체 규모는 비정규직 유형별로 중복되는 경우가 있어 그 합계와 불일치함. ( ) 안은 임금근로자 대비 차지하는 비율.

출처: 통계청, 「2015년 3월 경제활동인구조사 근로형태별 부가조사 결과」, 4쪽.

| 연 매출액 상위 10대 기업 간접 고용 비율 순위(2015년) |

순위	이름	비율(%)	순위	이름	비율(%)
1	삼성물산	64.7	6	에쓰오일	23.8
2	현대중공업	62.4	7	삼성전자	20.7
3	포스코	47.3	8	현대자동차	14.2
4	GS칼텍스	45.6	9	기아자동차	12.5
5	현대모비스	42.1	10	LG전자	7.5

출처: 고용노동부, 「3233개 대기업의 고용형태공시 결과」, 2015년 6월 30일.

명(80%)이었고, 간접 고용한 근로자는 91만 명(20%)인 것으로 조사되었다. 특히 1000명 이상 기업의 간접 고용은 23%로 기업 규모가 클수록 간접 고용 근로자 비율이 높은 것으로 나타났다. 연매출액 기준 상위 10대 대기업 가운데 간접 고용 비율이 20%를 넘는 곳은 삼성전자 등 6곳이나 되었다. 근로자 2만 명 이상 대기업 13곳 가운데 간접고용 비율이 20%를 넘는 기업 역시 6곳으로 절반에 이른다.

직접 고용 근로자 가운데 정규직은 283만 명(77%)이고, 기간제는 84만 명(23%)이었다. 이에 따라 전체 근로자 중 비정규직 근로자(기간제+간접 고용)는 176만 명(38%)인 것으로 집계됐다. 300인 이상 대기업 근로자 10명 중 4명가량이 비정규직인 셈이다.

기업이 어려워 비정규직을 늘리는 것인가? 2015년 현재 30대 기업이 쌓아둔 사내 유보금이 710조 원에 이른다. 그러면서 전경련은 기업이 어렵다며 불안정한 노동을 계속 만들어낸다.[15] 고용부의 한 관계자는 "대기업이 근로자들을 대거 간접 고용하는 것은 기업의 사회적 책무를 저버린 행위"라고 말했다.

최저임금 1만 원

한 달 열심히 일하는데 월 120만 원으로 생계를 꾸려야 하는 노동자가 있다. 도시 4인 가구의 생계비가 400만 원을 넘는 현실에서 말이다. 김밥 집에서 종일 김밥을 싸는 아주머니, 햇볕도 들어오지 않는 컴컴한 주방에서 종일 가스레인지 앞에서 요리하는 아주머니가 그들이다. 대한민국은 자영업자가 많기로 둘째가라 하면 서러운 자영업자의 나라다. 시내에 가면 학원과 병원, 옷가게와 술집, 식당과 빵집이 즐비한데, 우리는 이곳의 노동 현실을 잠시 잊고 산다.

영세한 규모의 사업체이기 때문에 고용주의 벌이도 시원치 않고 따라서 피고용자의 급여도 박할 수밖에 없다. 결혼을 하고, 아이를 낳고, 10여 년 가사노동에 종사한 어머니들이 재취업을 할 때 갈 수 있는 곳이 많지 않다. 식당, 가게 등 영세 규모의 사업장에서 일자리를 얻는다. 이곳이 여성 노동자가 겪는 차별의 현장이다. 이른바 알바라고 불리는 불완전 취업자의 현장이기도 하다.

가장 시급한 문제가 최저임금 보장이다. 청년실업도 최저임금과 연계되어 있는 사회문제다. 한 달 열심히 일하여 월 200만 원을 받을 수만 있다면, 일이 힘들든 전망이 없든 무슨 상관인가? 동일노동·동일임금의 원칙이 준수되어야 하는 것은 당연한 노동자의 요구이지만, 우선 하루빨리 최저임금 시급 1만 원부터 보장하는 대한민국을 만들어야 한다.

2015년 6월 27일 서울역 광장에서 노동자들이 모였다. 최저임금 1만 원을 보장하라는 팻말을 들고 그들은 외쳤다. "최소한의 생계비다. 1만 원 보장하라." GDP가 3만 달러를 향해 나아가고 있는 경제 대국에서 듣기에 민망한 구호였다. 나는 최저임금도 받지 못하는 노동자가 식당에서 일하는, 이른바 서비스직 종사 여성 노동자인 것으로 알고 있었다. 그게 아니었다.

이날 집회를 위해 충북 제천에서 상경했다는 김모 씨는 초등학교에서 돌봄 전담사로 일하고 있었다. 교육계 종사 비정규직 노동자였다. 시급이 5900원이란다. 10년을 일했으나 교장이 바뀔 때마다 고용을 걱정해야 한단다. 레미제라블이 따로 없다. 또 있었다. 지하철 청소노동자 김모 씨다. "청소일로만 삼남매를 키웠다. 생계가 참 어려웠다. 최저임금이 1만 원으로 오르면 월급이 209만 원이 되어 살 만할 것 같다"고 말한다. 눈물 나는 이야기였다. 또 있었다. 서울의 한 초등학교 사서교사 이수아 씨다. "시급이 6170원이다. 이 돈으로는 결혼도 못하고 집도 장만하지 못한다"며 울먹였다. 냉면 한 그릇도 8000원인데 시급 임금이 5580원이라니. 한상균 민주노총 위원장은 영상 연설을 통해 "시급이 1만 원으로 인상되면 980만 노동자의 삶이 달라질 것"이라 밝혔다.

최저임금을 받지 못하는 노동자가 980만 명에 달한다고? 그랬다. 2014년 임금노동자가 1800만 명이다.[16] 사업체 규모별 노동자의 구성비를 보면 1~4인 규모가 16%, 5~29인 규모가 36%를 점한다.[17] 1800만 명 곱하기 52%는 얼마인가? 936만 명이다.

노동운동을 해본 사람이라면, 소규모 사업장에서는 노동조합을 결성할 수가 없다는 것을 잘 안다. 노동자들이 기업주의 인격적 지배를 받기 때문이다. 무엇보다 사업장이 영세하기 때문에 지불능력의 한계를 노동자 스스로 잘 안다. 김밥집 아주머니가 사장을 상대로 파업을 한다? 불가능한 일이다. 영세 기업은 장기간 근무할 직장이 아니다. 스쳐지나갈 뿐이다. 그런데 사실상 단결권을 행사할 수 없는 이들 영세 기업 노동자가 전체 임금노동자의 절반을 차지하고 있는 이 노동 현실을 우리는 망각한다.

영세 기업은 지불능력이 없다. 따라서 영세 기업에 종사하는 저임 노동자의 최저임금에 대해서는 정부가 책임지고 나서야 한다.

인격적 만남

행복의 원천은 인격이다. 사람이란 둘이 만나 사람이 되는 것이다. 인생은 만남의 연속인 것이고. 70 인생이 하루하루의 연속일진대, 내 하루의 삶은 내가 만난 사람들과 맺은 관계의 총합이다. 나는 너에게 투영된 나이고 너는 나의 마음에 새겨진 너이다. 그러므로 나는 너고 너는 나다. 너 없는 나는 고독이요, 사막이요, 교도소이다. 우리의 행복은 우리가 어떤 관계를 맺고 사느냐에 달려 있다.

가정이 화목해야 만사가 이루어진다는 말은 진리이다. 아침 출근하기 전에 부인의 바가지를 얻어들은 남편은 하루 종일 일손이 잡히지 않는다. 학교에서 선생으로부터 뺨을 맞은 학생의 하루는 지옥이다. 동지로부터 근거 없는 비난을 받으면 조직을 버리고 싶어진다. 조직으로부터 집단적인 비난을 당하면 죽고 싶어진다.

40년 동안 교단에서 아이들을 가르친 교사의 집에 제자 한 명 찾아오지 않는다면 그 인생은 실패한 인생이다. 30년 동안 환자를 치료하고 산 의사의 집에 추석날 환자가 보내주는 정성어린 선물 하나 없다면 그 의사는 실패한 인생이다. 20년 동안 법률적 변호의 일을 했는데 진심으로 고마웠다며 인사 올리는 의뢰인 한 명 없는 변호사는 실패한 변호사다.

인격, 인격적 관계야말로 천금을 주고도 살 수 없는 우리의 보배이다. 어머니의 사랑은 죽어도 내 가슴에 의연히 살아 있는 넋이다. 그 자애로운 넋을 무엇으로 살 수 있을 것인가. 언제나 들어도 반가운 벗의 음성을 무엇으로 살 수 있을 것인가. 하늘처럼 믿고 따르는 제자들의 듬직한 눈빛을 무엇으로 살 수 있을 것인가. 바로 이 대목에서 우리는 조선의 선비들이 나눈 우정과 사제지간의 깊은 사랑을 다시 찾아볼 필요가 있다. 퇴계와 고봉이 나눈, 율곡과 성혼이 나눈, 다산과 추사가 나눈, 그 깊고 넓은 인격적 만남이야말로 우리가 전승해야 할 조선의 보배일 것이다.

—2005년 작성, 미발표.

소크라테스의 철학하기

소크라테스의 철학하기가

추구하는 것이 뭔가요?

소크라테스는 몸이 아닌, 영혼을 추구해요. 영혼의 아름다움과 영혼의 올바름을 추구했어요. 소크라테스 철학의 특징이 몸과 혼을 이분하는 것이어요. 소크라테스는 영혼을 인간의 실체라고 보았지요. 그러니까 델피 신전의 기둥에 적힌 '너 자신을 알라'를 소크라테스는 '너의 영혼을 돌보라'로 풀이한 거예요. 죽어서 썩어 없어질 너의 몸뚱아리를 치장할 것이 아니라 너의 영혼을 아름답게 꾸미라는 말이지요. 영혼에 대한 소크라테스의 접근은 지금까지 존재하는 도덕주의적 세계관의 토대가 됩니다. 기독교 역시 소크라테스의 영혼을 수용한 종교이지요.

소크라테스는 죽음 이후에 대해서는 뭐라 그랬어요? 모른다고 했어요. 안 죽어 봤는데 어떻게 알아? 이게 정직한 태도죠. 그런데 플라톤은 스승과 달리 사후세계에 대한 적극적 논변을 펼쳐요. 플라톤은 영혼이 윤회한다고 보았어요. 이승과 저승을 세 바퀴 돌고 나면 맑고 깨끗한 철학자의 영혼은 윤회의 사슬을 벗어나 신 곁에 간다고 보았어요.

그래서 플라톤의 경우 인간이 이승에서 할 일은 딱 하나예요. 영혼을 깨끗이 하는 거죠. 어떻게 영혼을 깨끗이 할까요? 옷을 빨 때 세제로 뭐를 넣죠? 옥시크린을 넣죠. 맞아요. 바로 플라톤은 그 영혼의 옥시크린을 철학으로 보았어요. 더러워진 영혼을 정화하기 위해 사유의 세탁기에 투입하는 세제가 바로 철학이라는 거죠.

플라톤의 사유가 맞는 것인지 틀린 것인지 나는 모르겠어요. 동양으로 건너오면 플라톤의 사유와 아주 유사한 사유가 유학에서 전개됩니다. 플라톤과 공자가 현대에서 어떻게 재해석되어야 할까요? 물질의 소유를 위해 경쟁의 수레바퀴에서 빠져나오지 못하고 삶을 탕진하고 있는 모든 현대인은 소크라테스와 플라톤의 사유를 한번쯤 곱씹어볼 필요가 있다고 봅니다.

—2015년 7월

음식을 실컷 먹고 다니는 사람

—『맹자』, 「이루장구하(離婁章句下)」

제나라에 처와 첩을 한 집에 두고 사는 사람이 있었다. 그 남편은 나가 기만 하면 반드시 술과 고기를 실컷 먹고 돌아왔다. 그 처가 누구랑 먹느냐고 물으면 모두 돈 많고 귀한 사람들이라고 말했다.

처는 첩에게 가서 말했다. 남편은 나가면 반드시 술과 고기를 실컷 먹고 돌아오는데 누구랑 먹느냐고 물으면 모두 돈 많고 귀한 사람들이라고 말한다. 그런데 아직 그런 훌륭한 분들이 집에 온 적이 없다. 내가 몰래 남편이 가는 것을 엿보고자 한다.

일찍 일어나 남편이 가는 곳을 따라갔다. 성안을 두루 다녔으나 아무도 그와 함께 서서 말하는 사람이 없었다. 갑자기 동쪽 성곽 무덤 사이로 갔다. 제사 지내는 사람에게 가 남은 음식을 구걸하는 것이다. 음식이 부족하면 또 살펴보다 다른 곳으로 갔다. 이것이 남편이 음식을 실컷 먹고 다니는 방법이었다.

처는 돌아와 첩에게 알렸다. 남편이란 종신토록 우러러보며 사는 사람인데 지금 이 꼴이라니! 아내는 첩과 함께 남편을 원망하며 뜰에서 서로 붙들고 울었다. 그런데도 남편은 이를 모르고선 으스대며 밖에서 돌아와 그의 아내와 첩에게 자랑하는 것이었다.

내가 아는 모 교수는 학자라고 할 수 없다. 휴일이면 가는 곳이 골프장이다. 일주일이 멀다하고 서울에 가서 기획재정부의 과장을 만난다. 제자들을 키우면서 학문 연구를 주업으로 하는 것이 교수인 줄 알았는데, 알고 보니 그게 아니었다.

'공동묘지를 서성거리며 먹다 남은 음식 찌꺼기를 주워 먹는 남편' 이야기를 읽으면서 나는 왜 모 교수를 떠올리는 것인가?

1300조 원
가계부채[*]

막걸리 한 병 사려고 동네 가게에 간다. 언제나 아저씨가 가게를 지키고 있다. 그 옆에는 고깃집이 있다. 아주머니 한 분이 소고기를 썬다. 또 그 옆엔 빵가게가 있다. 종업원도 없이 아주머니 한 분이 장사를 한다.

아파트 입구의 가게들과 달리 동네 사거리에 나가면 가게의 풍경이 다르다. 사거리 모퉁이엔 파리바게트가 있는데, 주인은 보이지 않고 일하는 아주머니들만 분주하다. 옆엔 나라문고라는 책방이 있는데, 여기엔 주인아저씨와 함께 매장을 지키는 아주머니 두 분이 일한다. 건너편에는 사진 현상소가 있다. 주인아저씨와 아주머니 말고도 젊은 기사 한 분이 일한다. 그 옆에는 김밥나라가 있다. 장사가 잘되는 가게이다. 주방에서 요리하는 아주머니가 세 분, 카운터에서 일하는 분, 음식을 나르는 분 도합 다섯 분이 일한다.

혼자 가게를 지키는 고깃집 아주머니를 우리는 자영업자라 부른다. 종업원을 고용한 이는 고용주이고, 고용주 밑에서 임금을 받고 일하는 이를 임금노동자라 부르는데, 고용주도 아니고 임금노동자도 아닌 사

---

* 2017년 3월 작성.

람이 꽤 많다. 이들이 자영업자이다.

시대의 성찰: 성장의 결과

2002년 기준 경제활동인구는 2287만 명이고, 임금노동자의 수가 1400만 명을 넘어섰다. 전체 경제활동인구 중 임금노동자의 수가 62%를 차지하고 있다. 자영업 종사자의 구성 비율은 35%이다.[1] 자영업주와 무급 가족 종사자, 즉 자영업 종사자의 인구수는 800만 명이다. 그런데 농촌에서 일하는 자영업자, 즉 농민 200만 명을 제외하면 도시의 자영업자는 600만 명이다.

독일에 갔더니 가게를 찾기 힘들었다. 술 파는 가게도 찾기 힘들었거니와 오후 5시가 되면 그나마 식당들이 다 문을 내렸다. 술을 마셔야 하루가 지나가는 우리에게 유일한 구원처는 주유소였다. 주유소가 술을 주었다. 저녁에 불을 밝히는 식당은 대부분이 터키인들이 운영하는 업소였다.

한국은 자영업자가 취업자 중 차지하는 비중이 2008년 현재 31.3%이다. 같은 해 일본의 13%와 OECD 평균 15%보다 훨씬 높다. 미국의 7%, 독일의 11.7%, 프랑스의 9%보다는 물론 높다. 숫자가 많으니 경쟁이 치열하다.

한국의 자영업은 사실상 위장된 실업이나 다름없다. 일한 만큼 소득이 나와서 영업을 하는 것이 아니다. 이 장사라도 하지 않으면 굶어죽기 때문에 문을 여는 것이다. 누구나 가게를 차릴 수 있다. 문턱이 낮으니 경쟁이 심하고, 경쟁이 심하니 소득이 적은 것은 필연이다.

한국의 자영업은 큰 위기이다. 폐업이 속출하고 월 100만 원의 수익도

올리지 못하는 곳도 부지기수다. 그럼에도 노동시장에서 내몰린 40·50대가 들여다볼 탈출구는 자영업밖에 없다.

은행에서 19년 동안 일해온 김모 차장은 희망퇴직 대상자가 되었다. 내후년이면 50대에 접어드는 그는 사실 그동안 이래저래 퇴직 압박을 받아왔다. 그는 여느 직장인처럼 연금이 나올 때까지 15년 이상 새로운 일자리가 필요하다. 그런데 취업할 곳이 마땅치가 않다. 그래서 그는 퇴직금을 종잣돈 삼아 창업을 계획했다.

창업전선에 뛰어든 김 차장은 어떤 모습이었을까? 그는 1억여 만 원을 투자해 할인점 내 음식 코너 사장님이 되었다. 창업 준비 기간은 8개월이었다. 특별한 영업 비법도 없는 김 차장의 가게는 뻔했다. 고전을 면치 못했다. 초반엔 월 212만 원의 순수익을 올렸지만 옆에 우동가게가 생겨나면서 매출은 급감했다. 결국 3년 만에 문을 닫았다. 3년간의 고생에 신물이 나 재취업을 원했으나 마땅한 일자리는 없었다. 결국 업종을 변경해 재창

치열한 경쟁

자영업자 600만

대출 500조

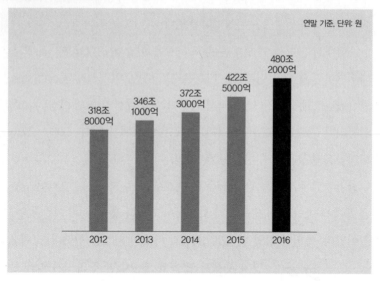

연말 기준. 단위: 원

318조 8000억 (2012)
346조 1000억 (2013)
372조 3000억 (2014)
422조 5000억 (2015)
480조 2000억 (2016)

자료: 한국은행 가계부채 데이터베이스

업에 나섰다. 두 번째 창업으로 고스란히 1억 원의 빚만 졌다.

자영업주 100명 중 46명은 김씨처럼 사업에 실패하면 다시 자영업으로 복귀한다. 나머지 41명은 일용 근로로 전직한다. 자영업자와 비정규직 노동자는 이렇게 돌고 돌면서 저소득–저임금의 늪에 더욱 깊이 빠져든다. 자영업의 업종 분포를 보면 도소매(28%), 음식·숙박업(22%)처럼 부가가치가 낮은 전통 서비스 산업에 집중돼 있다.

가계부채가 1300조 원을 돌파했다. 빚 상환능력은 최악의 수준으로 떨어졌다. 국내총생산(GDP) 대비 가계부채 비율이 95%까지 증가했다. GDP 대비 가계부채 비율이 95%를 넘었다는 것은 한 해 동안 만든 생산물을 팔아 가계 빚을 갚고 나면 남는 게 없다는 얘기다. 위험하다. 치솟는 가계부채는 한국 경제의 파탄 났음을 증거하고 있는 것이 아닌가?

빛더미에 오르는 자영업자

오래전부터 빨간불이 켜졌던 자영업자 대출 규모가 공식적인 발표보다 훨씬 많은 것으로 나타났습니다. 처음으로 500조 원을 넘어섰는데, 경기 침체와 함께 대출 정책까지 강화되면서 빚에 허덕이는 자영업자들은 점점 설 곳이 없어지고 있습니다.

…자영업자 대부분은 퇴직금은 물론 대출금까지 날리면서 오히려 더 많은 빚을 떠안게 됩니다. 일부가 기업대출로 분류되어 있지만 실질적으로는 가계부채로 봐야 하는 자영업자 대출이 처음으로 500조 원을 넘어섰습니다. 지난 2014년 400조 원을 넘어선 뒤 지난해 520조 원을 돌파해 가계부채 1344조 원 가운데 1/3가량입니다.

여기에는 자영업자가 받은 순수 가계대출이 빠져 있어 총 대출 규모는 더욱 늘어날 수밖에 없습니다. 더 큰 문제는 557만 명에 이르는 자영업자 대출의 질도 크게 떨어진다는 점입니다. 우선 연소득을 보면, 3천만 원 미만인 자영업자가 5명 가운데 1명꼴입니다. 앞으로 경기 침체가 계속되면서 소득이 줄면 그만큼 빚을 갚을 능력도 떨어집니다. 더구나 정부가 계속 대출 규모를 바짝 조이면서 돈이 필요한 자영업자들은 위험한 대부업체의 문을 두드릴 수밖에 없습니다.…[2]

나의 고백

태초에 '노동하는 인간'이 있었다

5만 년 전의 지구에는 들소의 뒤를 쫓아 사냥하는 한 떼의 사냥꾼들이 살고 있었고, 5천 년 전의 지구에는 마을을 이루어 구슬땀 흘리며 농사 짓는 농부들이 살고 있었다. 짝을 지어 아이를 낳으면 이 아이를 키우기 위하여 우리들은 천근이 넘는 노동을 힘들다 아니하고 기쁜 마음으로 일을 한다. 먹을거리를 위하여 수고하며 사는 인간이야말로 가장 정직한 인간이다. 노동이야말로 가장 인간적인 속성이며, 노동을 통하여 인간은 오늘의 인간으로 진화하여 나온 것이다.

그런데 언제부턴가 인간은 자신의 노동을 비하하는 허위의식을 만들어내기 시작했다. 바이블은 아담과 이브를 등장시켜 여성에게는 아이를 낳는 출산의 고통을, 남성에게는 땅을 가는 노동의 고통을 원죄에 대한 형벌로 각인시켜놓았다. 아마도 이 신화의 제작자는 자신이 흘린 땀으로 자신의 생존을 정직하게 해결하는 사람이 아니었을 것이다. 그는 분명 말이나 글로 사람들을 기만하면서 타인의 노동에 기생하며 살아간 사람이었을 것이다. '노동은 형벌'이라는 이 자기 비하야말로 21세기 이 개명된 세상에까지 답습되고 있는 가장 오래된, 가장 불행한, 가장 어리석은 인간의 허위의식이다.

추운 겨울 산에서 떨어본 사람은 알 것이다. 따뜻한 집이 얼마나 그립던가. 하지만 일상의 삶에서 우리는 집의 고마움을 잊고 산다. 문제는, 인간 존재에게 이렇게 소중한 집 짓는 일에 대하여 우리들은 아무래도 눈 아래로 멸시하는 시선을 보내고 있다는 것이다. 노가다라고 말이다. 며칠 굶어본 사람은 알 것이다. 하얀 쌀밥이 얼마나 소중하던가. 하지만 일상의 삶에서 우리는 쌀을 만들어주는 분들의 고마움을 잊고 산다. 무지렁이 농사꾼이라고 말이다.

인간 존재에게 이렇게 소중한 일을 거꾸로 천하게 여기는 이 허위의식을 어떻게 하면 버릴 것인가. 가장 존중받아야 할 이 노동을 거꾸로 천시하고 비하하며 부끄러운 일로 간주하는 이 괘씸한 허위의식의 대량 제작소의 하나가 오늘의 대학이 아닐까? 오늘의 대학은 더 이상 지식인을 육성하는 상아탑이 아니다. 오늘의 대학은 지식인이 아니면서 지식인이라는 허위의식으로 살아가는 정신적 장애자들의 양성소일 것이다.

대학 4년 동안 누구나 사회적으로 존경받는 화려한 인생을 꿈꾼다. 그러나 대학에서 밀려 나와 사회로 들어오면, 사회가 예비해놓은 자리는 자신의 노동을 팔아 임금을 받고 살아가는 임금노동자, 바로 그것이다. 나의 이러한 주장을 지나치게 편향된 논리라 안타까이 여길 분들을 위하여 엄연한 현실을 그대로 펼쳐 보겠다.

대한민국의 경제활동인구는 2300만 명이다. 취업인구 2200만 명에서 가장 큰 무리를 형성하고 있는 것은 역시 임금노동자이다. 자그마치 1300만 명. 경제활동인구의 6할이다. 농민이 200만 명 안팎이고, 도시 자영업자가 600만 명을 웃돈다. 미안한 이야기지만 대학생들의 머릿속에 오르내리는 전문직 종사자, 의사며 판사며 교수며 경영자는 100

만 명이 될까 말까. 전체 취업 인구 중 전문직은 5%가 되지 않는다는 것이다. 그러니까 대학생 100명 중 5명은 그들이 희망하는 직종을 찾아가지만 나머지 95명에게는 그들이 희망하는 직종이 보장되어 있지 않다는 것이다. 대학을 나와 위대한 농사꾼이 되기로 결단을 내려 농촌으로 들어가는 이 없다. 그렇다면 대다수의 대학생이 원서를 내고 면접을 거쳐 얻게 되는 직장이란 다름 아닌 임금노동자의 그것인 셈이다.

따라서 이제 대학생은 '예비 임금노동자'라고 불러야 한다. 노동을 천시하는 것이 역사가 우리에게 물려준 불행한 허위의식이라면, 임금노동자로 살아가게 되어 있는 자신의 미래를 화려한 그 어떤 존재로 착각하며 살아가고 있는 것 또한 우리의 현실이 학생들에게 주입하고 있는 또 다른 허위의식일 것이다. 20년 전 나는 보장된 화려한 길을 버리고 공장으로 들어갔다. 신문에서는 우리처럼 멍청한 길을 선택한 이들을 '위장취업자'라 불렀다. 당시엔 노동조합 하나 만들어도 경찰서 대공과 형사들이 노동자들을 잡아가 회유·협박에 고문·투옥까지 일삼는 험악한 시절이었다. 공장에 들어가 별 이룬 일은 없지만, 기득권을 포기하고 가장 낮은 곳으로 들어갈 수 있었던 내 젊은 날의 순수가 마냥 자랑스럽다.

1987년 6월 항쟁이 일어나고 독재자가 물러나자, 노동자들은 7월과 8월 그 뜨겁던 여름 날 전국의 공단에서 스위치를 끄고 마침내 자신의 권리를 주장하고 나섰다. 지금은 그렇게 성장한 노동자들이 민주노총으로 조직되어 우리 사회를 '주 5일 노동 사회'로 바꾸었다.

나의 꿈은 모든 노동자가 '주 3일 노동제'를 누리는 것'이다. 인간이면 누구나 생존하기 위하여 땀을 흘려야 한다. 나는 이 노동을 필요노동이라 부르고 싶다. 3일간 자신의 생존을 위하여 정직하게 땀 흘리고, 나머지 3일은 자신이 하고 싶은 일, 자신이 누리고 싶은 여가를 즐기며 사는 세상이야말로 인간이 꿈꿀 수 있으면서 동시에 실현 가능한 유토피아의 기본 조건이 아닐까 나는 공상한다.

우리가 일신의 이익에만 눈이 어두워 입신출세의 길을 탐욕할 때 우리는 '허위의식의 포로'가 된다. 하지만 모든 인간이 행복하게 살 수 있는 큰 꿈을 꾸며 오늘의 현실을 바꾸어나가는 일에 헌신하고자 하면, 노동처럼 소중한 것이 없으며, 노동을 통하여 세상을 바꾸는 길이 환히 보일 것이다.

—2005년 작성, 미발표.

대화

소크라테스는 왜 소피스트와 싸웠나요

소크라테스가 살았던 시대에 철학이

사회에 어떤 영향을 미쳤는지 궁금합니다.

또 소크라테스는 산파의 역할을 자처해 상대방으로 하여금

스스로 논리의 모순점을 자각하도록 했는데요,

논리적으로 자유롭게 생각을 조직하고 말하려면

어떻게 해야 할까요?

소크라테스가 살았을 때 아테네를 이끌었던 사람이 페리클레스입니

다. 이 페리클레스가 아테네 시민들의 사유를 합리적으로 과학적으로 바꾸기 위해서, 그러니까 아테네인들의 사고를 계몽시키기 위해 소피스트들을 초청한 것입니다. 과학적·철학적 사고가 발달한 곳이 터키 쪽 해변 가의 이오니아 지역이었어요. 에게 해의 섬들과 바다 건너 이오니아 지역에 그리스인의 식민지가 있었어요. 식민지를 개척하러 해외로 나간 사람들은 본토의 전통으로부터 비교적 자유로웠어요. 신은 위대한 거야. 안 믿으면 큰일 나. 그냥 죽여. 본토의 아테네와 스파르타는 전통이 강해요. 따라서 새로운 사유체계가 나오기 힘들지요.

근데 바다 건너가면 터키가 있는데, 터키 해변의 섬과 해변에 식민지 개척을 하는 그리스인들은 생각이 자유로운 거예요. 이 사람들은 발달하는 상공업과 함께 현실적·과학적 사유를 하는 거죠. 과학적 사고가 발달하는 거죠. 이 이오니아 지역에 철학과 과학이 발달해요. 이것을 페리클레스가 본토로 수입하는데, 그 사람들이 누구냐? 소피스트이지요.

우리는 교과서에서 소피스트를 나쁜 사람들이라고 배우는데 이것도 잘못 배운 거예요. 소피스트는 말 그대로 '지혜의 교사' 아닙니까? 소피스트는 근대의 계몽주의자입니다. 아테네 본토 사람들이 미신주의라 한다면 이 사람들은 과학주의예요. 본토가 종교적 사고라면 이오니아는 과학적 사유인 거요.

그 소피스트의 괴수가 누구야? 프로타고라스요, 고르기아스죠. 이들 소피스트들은 위대한 철학자들이었다우. 후대로 가서 좀 타락한 소피스트들이 나오긴 하는데, 기본적으로 소피스트는 계몽주의자이고 합리주의자예요. 바로 이들과 함께 소크라테스가 놀았습니다. 그러니까 아테네 사람들이 볼 때는 소크라테스 역시 소피스트고 소피스트는 무신론자인 까닭에 소크라테스를 불경죄로 엮어 죽인 겁니다.

자, 그런데 소크라테스가 소피스트와 다른 점이 뭐냐! 아까 이야기했죠. 아낙사고라스는 물질로 이 세계를 설명했는데, 소크라테스는 영혼으로 이 세계를 설명했고, 프로타고라스는 상대론적 사유를 가르쳤다면 소크라테스는 절대론적 사유를 가르쳤어요. 자, 좀 명명하죠?

상대론과 절대론을 이렇게 설명해 볼게요. 초등학생들은 신호등이 빨간불일 때 멈추고 파란불일 때 건너라고 배워요. 이 규칙은 초등학생들에게는 절대적 규칙이죠.

근데 나는 신호등을 무시하고 다닙니다. 차가 안 오는데 왜 멈춰 있는 거요? 도로의 주인은 차가 아니라 인간입니다. 그리하여 나는 나의 자율적 판단에 따라 빨간불이 켜져 있더라도 차가 오지 않으면 걸어갑니다. 이게 합리적 행동 아닌가요? 영국의 런던에 갔더니 사람들이 신호등을 조작하면서 길을 건너더라구요. 이게 신호등에 관한 상대론적 사고인 겁니다.

그런데 내가 이걸 초등학생에게 가서 "학생들, 신호등은 하나의 상징일 뿐이에요. 너와 나의 약속일 뿐이라고. 그 약속 때문에 왜 인간의 자유가 침해되는 거야? 그냥 건너. 도로의 주인은 인간이란다. 길의 주권을 되찾자"라고 선동해?

석가모니도 결국은 인간의 자유로운 삶에 대해서 이야기하는 거예요. 걸림이 없는 경지, 그 마지막 지점이 열반이에요. 마찬가지야. 신호등, 나에겐 걸림이에요. '걸림은 없어야 해'라고 내가 초등학생들한테 가르치면 어떻게 되나요? 개판 나죠. 당장 학부모들이 항의하고 난리 나지. 애들 학교 보내놨더니, 신호등을 위반하라고 가르쳐?

이제 타협할 필요가 생기죠. 상대론적 사고는 현실과 타협을 해야 해요. 판단능력이 약한 어린아이들에게는 절대론이 필요함을 수용하는 거죠. 규칙이 필요함을 인정합니다라구요. 내 삶을 자유롭고 자율적으로 꾸릴 수 있는 성숙한 인간에게는 상대론적 사유가 맞아요. 하지만 아직 사고가 성숙하지 않은 유아의 단계에는 규칙이 필요해요. 일련의 룰이 필요함을 인정하자는 거지요.

그럼 이제 절대론과 상대론이 좀 감 잡혔을 거예요. 절대론의 장단점과 상대론의 장단점을 살펴보게요. 자 절대론의 강점은 뭐였어요? 안정성이죠. 절대론을 따라가면 삶이 안정돼요. 고민할 필요가 없어요. 차가 오나 안 오나 고민할 필요가 없어요. 빨간불이면 서고 파란불이면 가는 거예요. 안정되어 있고 안전하죠. 근데 절대론의 약점이 뭐야? 유연성이 없어요. 얽매이고 구속되죠. 변화가 없고 발전성이 없어요.

상대론의 강점은 뭐야? 상대론은 나를 자유롭게 해요. 나의 자율적 판단을 존중해주지요. 그러면 상대론의 약점은 뭘까? 규칙이 있어 없어? 없잖아요. 이게 중요해요. 진리가 없는 거예요. 그때그때 달라요. 상대론이라는 게 진리란 조건에 따라 달라진다 이거거든.

효도를 해야 해 말아야 해? 절대론에 의하면 죽을 때까지 효도를 해야 해요. 근데 나는 상대론자야. 부모님이 헛소리 하면 "아빠 왜 그래" 눈 까고 대드는 거야. 부모와 자식을 규정하는 보편적·절대적 규칙은 없다는 거예요. 이게 바로 소크라테스가 직면했던 아테네 청년들의 윤리 부재 상황이었어요. 소피스트의 상대론을 젊은이들이 배워서 어른들에게 시비를 거는 거야.

상대론의 약점은 바로 진리를 회의하게 만드는 거지요. 진리가 조건에 따라 달라진다면 유일한 진리는 없다는 거고, 유일한 진리가 없다고 한다면 진리가 없는 셈이지요. 그렇다면 인간이 초지일관 붙들고 가야 할 삶의 목적도 없어지는 거고요. 도덕적 삶을 살아야 할 이유도 없어지는 거지요. 상대주의는 회의주의로 빠지고, 회의주의는 염세주의로 빠지고, 쾌락주의로 빠져요. 이런 부정적인 결과가 상대론에 내재되어 있는 거예요.

니체가 바로 이 경우입니다. 상대론적 사고의 위험성 속으로 걸어 들어간 사람이죠. '만물의 척도는 신이다'라는 명제는 절대론이죠. 소크라테스, 플라톤, 기독교 사상이 모두 절대론입니다.

'신은 죽었다'고 니체가 선언했을 때 상대론으로 들어가는 거예요. 인간이 운영하는 모든 가치와 법칙은 다 인간이 만든 거다. 니체는 소크라테스주의와 기독교가 유럽 문명을 병들게 했다고 질타했어요. 소크라테스의 과도한 합리주의, 지성주의, 기독교의 노예성이 유럽 사람들을 병들게 했다는 거예요.

자, 그러면 나는 상대론자예요. 누가 나에게 "당신의 행위를 이끌어주는 보편적 가치가 있소"라고 묻는다면 나는 무어라고 답할까요? 여기에서 상대론과 절대론의 관념적 다툼을 접고 우리는 현실의 삶 속으로 내려와야 합니다. 삶과 실천에 주목해야 한다는 거죠. 삶과 실천을 이끌어주는 보편적 가치는 나의 삶을 둘러싼 시대적 조건에서 나오는 거죠.

아랍 사람들은 지금도 여자들에게 히잡을 둘러쓰게 하죠. 문화상대론적 관점에서 보면, 그들은 그들의 문화가 있고 우리는 우리들의 문화가 있어요. 그들은 그들의 전통이 있고 우리는 우리의 전통이 있어요. 서로 존중해줘야 해요. 어떻게 생각해요? 히잡 뒤집어쓰고 있으면 그거 인정해야 할까요?

질문자 네. 벗겨야 합니다.

나 그들의 문화를 왜 무시해요?

질문자 얽매여 있는 것 같습니다.

나 여성의 자유가 더 중요하다는 거지요? 이 여성의 자유가 당신에게는 보
    편적 가치예요. 아랍, 유럽, 한국 어느 민족이든 민족문화의 상대성을 떠
    나서 여성의 자유는 우리 시대가 옹호하는 보편적 가치라고 보는 거죠.
    그리고 이 보편적 가치를 아랍 사람들은 위배하고 있다고 말하는 거죠.

나는 상대론자예요. 그러나 여성의 자유, 나아가 인간의 존엄, 생명의
신성함 등은 내가 양보할 수 없는 보편적 가치죠. 나는 상대론자인데,
그럼에도 불구하고 나의 삶을 이끌어주는 준칙은 어디서 오냐? 우리
시대의 보편적 가치에서 와요.

―2015년 5월

함께 읽는 고전

가장 풍요로운 사람
―크세노폰, 『회상』

"여러분 중 저만큼 육체적 욕구에 얽매이지 않는 사람이 있나요? 저는
지금까지 그 누구로부터 어떤 대가도 받지 않고 살아왔습니다. 이 점에
서 저보다 더 자유로운 사람은 없을 겁니다. 어떤 열악한 환경에서도
저만큼 강직한 사람이 있을까요? 저는 사람의 말을 이해하기 시작한

이래 끊임없이 좋은 것을 탐구하고 배우고자 노력했습니다. 그래서 에 언녀는 저를 지혜로운 사람이라고 표현했을 겁니다. 저 힘들었던 봉쇄의 시절 사람들은 실의에 젖었으나 저는 우리가 번영을 구가하던 때와 똑같이 자족하는 삶을 살았습니다. 사람들은 상점에서 비싼 사치품을 사지만 저는 간소한 삶을 즐기며 살았지요."[3]

'저 힘들었던 봉쇄의 시절'이란 기원진 404년, 스파르타가 아테네를 포위해 항복을 압박하던 시기를 말한다. 스파르타와 아테네는 그리스의 패권을 놓고 기원전 431년부터 404년까지 27년 동안 전쟁을 치렀다. 펠로폰네소스 전쟁이다. 아테네인들의 제국주의적 야욕 때문에 일어난 전쟁이었다. 소크라테스는 제자들에게 욕망의 절제를 요구했다. 스스로 검소한 삶의 모범을 보였다. 필요로 하는 것이 적은 사람이 가장 풍요한 사람이라는 그의 역설은 오늘 한국인들이 꼭 귀담아 들어야 할 명언이 아닐까?

6

눈물 흘리는
젊은이[*]

눈물 흘리는 젊은이

전남대 윤○○

2017년 3월 21일,

알바를 하다가 뚝뚝 몇 방울이 떨어졌다.

아, 오늘도 눈물이구나.

계속되는 이 눈물로 보아하니

나의 26살은 호우주의보이다.

나에게 비가 계속되는 건 왜일까?

세상에 이렇게 많은 슬픔이 있다는 것을 깨닫는 과정인가?

오늘도 나는 나의 눈물에 이유를 묻는다.

---

* 2017년 3월 작성.

시대의 성찰: 비정규직과 차별 속에서

대학생 윤○○

올해 26살 윤○○, 그녀는 휴학과 복학을 반복한 대학생이다. 하지만 그녀의 다이어리에 학교 수업 시간이 없다. 언제 아르바이트를 하는지 적혀 있을 뿐이다. 아직까지 아르바이트를 하는 이유는 학자금 빚 때문이다.

그녀는 고등학교 졸업과 동시에 아르바이트를 해왔다. 지금까지 했던 아르바이트를 나열하면 이렇다. 뚜레쥬르, 베스킨 라빈스, 세븐 일레븐, 본 죽, 올리브영, 영어·수학 과외.

들어오는 월급은 항상 자취방 월세, 휴대전화 요금 등으로 빠져나갔다. 고등학교 졸업 이후 아르바이트를 꾸준히 해왔지만, 그녀의 생활은 전혀 나아지지 않았다. 친구들과 술 한잔을 하고는 카드 잔액을 보며 아낄 걸 그랬나, 생각이 드는 건 어쩔 수 없다. 책을 사서 읽을까 싶다가도 도서관에서 책을 빌린다.

취업 준비는 하지도 못했는데 졸업이 눈앞에 닥쳐온다. 졸업을 해도 되지만 학자금 갚을 자신이 없어 유예를 택했다. 한 학기에 약 500만 원씩 늘어난 학자금은 지금 4000만 원이다.[1] 한 달에 50만 원씩 갚는다고 생각해도 7년이 걸린다. 애초 한 달에 50만 원씩 갚을 수 있기는 할까?

첫 사회생활[*]

밤은 깊은데 잠이 오질 않는다. 팔베개를 하고 천장을 쳐다본다. 반지하방 눅눅한 공기 때문인지 곰팡이가 구석에 피어 있다. 향기 나는 초를 밤새 밝혀놓으면 조금 냄새가 가시는 것 같기도 하다. 창문을 열고 환기라도 해보고 싶지만 사람 지나가는 발자국 소리와 혹시 누군가 방 안을 들여다볼까 겁이 나 한 번도 열어보지 못했다. 나는 지금 서울, 그것도 강남의 청담동에서 원룸을 얻어 직장을 다니고 있다. 여기까지 온 지난 2년 반 남짓을 생각하니 주마등처럼 나의 모습이 스친다.

내가 요리전문학교로 들어간 것은 다니던 일반대학 2학년을 휴학한 2013년이었다. 철학을 전공하고 있던 나는 요리를 배워 기술을 갖추고 싶었다. 전주에 있는 한식전문요리학교에 입학했다.

이곳에서 어렵사리 2년 과정을 마치자 학교 교수의 추천을 받아 서울에 있는 CJ그룹 한식체인점으로 나가게 되었다. 수습사원이지만 나의 첫 사회생활이 시작된 것이다. 설렘과 두려움이 교차되었다. 그곳은 강남의 청담동에 있는 고급 한식전문 레스토랑이며 하루 고객만 200명이 넘었다. 얼핏 보니 기업의 회장 사모들과 연예인들이 즐겨 찾는 곳이기도 했다.

아침 7시 30분에 시작하여 집으로 돌아오면 11시에 가까웠다. 물론 중간에 쉬는 타임이 두세 시간은 있었다. 새벽에 일어나 지하철을 타고 허겁지겁 일터로 가면 아직 일을 시작하기도 전에 힘이 빠지는 것이다.

---

* 김OO의 글이다.

사람들은 정신없이 걸어 다니고 모두 무표정하게 자기 일이 아니면 뭐 하나 물어오지도 않았다. 내가 받은 서울의 첫인상이었다. 일을 한 지 얼마 안 되어 매일 팀장에게 받는 잔소리에 밤에 잠이 안 올 정도였다.

일주일 정도는 인수인계를 받고, 주방의 여러 잡일과 심부름, 설거지를 했다. 주방에서의 하루는 빠르게 지나갔다. 주방에서 일한다는 것이 얼마나 힘들고 어려운 일인지 알았다. 그건 마치 우아한 백조가 아름다운 자태를 뽐내려면 물 아래에서 얼마만한 발짓을 해야 하는 것과 비슷했다. 맛있고 깔끔하게 나온 음식들은 바로 그 과정과 같은 노동이 들어간 것이었다. 일을 해보니 여자로선 남자의 체력에 못 미쳐 더욱 힘들다는 것도 알았다. 주로 남자들이 요리업에 종사하는 이유이기도 했다. 실제 주방의 세계는 생각했던 것 그 이상이었다. 그동안 학교에서 배우고 현장에서 실습했던 경험들이 모두 무색해질 만큼 프로와 아마추어의 세계는 분명하게 달랐다. 각자 맡은 역할이 정해져 있었고 새롭게 모든 걸 다시 배워야 했다. 날마다 최대한 정해진 시간 안에 작업을 끝내야 했다.

일을 하며 아침·점심으로 식사를 준비하는 아주머니가 계셨지만 차라리 컵라면이 나을 정도로 식사가 형편없던 날이 대부분이었다. 일이 너무 많은 날엔 아침을 생략하기도 했다. 점심은 파트별로 돌아가며 준비했기 때문에 그날 점심 담당인 파트는 장사와 점심 준비를 같이해 두 배로 정신없게 일했다.

저녁 주문 식사를 준비하기 전에 정해진 시간 동안 쉬면 되지만 직급이 파트장 이상이나 되면 모를까 제대로 쉬는 직원은 거의 없었다. 말단 직원들은 눈치껏 서둘러 일을 했다. 예약 손님이 보통 100명 이상이기 때문에 작업량이 항상 많았다. 하루 열 시간 넘게 서 있고 뛰어다니니 몸에 무리가 왔다. 무거운 식재료를 옮기거나 냉동박스를 내리고 무거운 기계를 들어 올리고 몇 십 킬로나 되는 음식물 쓰레기통과 쓰레기를 밖으로 실어 옮겼다.

모든 일은 직접 해야 했다. 조심하지 않으면 뜨거운 솥에서 올라오는 김이나 불에 데거나 칼에 베이는 건 심상이었다. 하루 종일 칼을 잡고 반복된 작업을 하니 손과 팔이 항상 저리고 부어 있었다. 일한 지 한 달도 채 되지 않아 조리사들이 겪는 일종의 직업병인 손목터널증후군에 걸렸다. 초반엔 모든 것이 서툴렀다. 2년제 전문대를 나오고 그전에 요리를 배워본 적이 없다는 이유로 은근히 무시당하기도 했다. 눈치껏 설거지를 하고 있던 내게 이 직종은 여자가 버티기엔 어려운 일이라며 그동안 이곳에 들어오고 나간 인원이 백 명은 넘는다며 "언제 그만둘 거냐" 태연하게 묻는 직원도 있었다.

3개월을 넘기고 수습 딱지를 떼려면 교육 연수를 받고 시험을 봐야 했다. 나는 심하게 우울했다. 우선 당장 일이 고되었다. 이 일을 이렇게 언제까지 할 수 있을까 회의가 든 것이다. 계약서를 쓸 때는 근로시간과 4대 보험을 확인했는데 일하는 시간이 터무니없이 길었다. 학교에서 추천을 받을 때는 1년 단위로 직급과 월급이 올라 안정적이라 말했는데 그렇지 않았다. 아침은 7시 30분에 도착하지만 이건 준비 시간으로 들어갔다. 9시부터 시작하여 저녁 퇴근은 9시이지만 요리업 특성상 뒷마무리하면 10시가 다 되었다. 중간에 오전 오후 2시간씩 휴식이 주어졌지만 하루가 어떻게 시작하고 끝나는지 생각할 틈이 없이 지나가는 것이었다.

한 가지 고역은 심한 피부 알러지가 생긴 것이었다. 하루 종일 불 가까이 있으니 얼굴에 홍조와 두드러기가 생겨 거울을 볼 때마다 속이 상했다. 손목에 이어 병원 치료를 하려 보니 비용이 장난이 아닌 것이다. 엄마가 병원비를 보내주었다. 나는 요리를 시작할 때 이런 부분은 깊게 생각해보지 못했다. 이 일을 하며 내 힘으로 학업을 병행해보려 계획했었는데 그게 얼마나 비현실적인가를 알았다. 시간을 내려야 낼 수가 없고 시간이 있어도 의식주에 드는 비용을 감당하기 어려운 것이다. 여태 한 번도 생각해보지 못한 문제였다. 퇴근길에 혼자서 길을 걸어오다 내가 왜 이 일을 쉽게 결정하고 시작했는지 비로소 자신이 없어지곤 했다. 그렇게 생각지도 못한 눈물의 첫 월급, 114만 원을 받았다.

3개월 뒤, 인턴으로 승진하기 위한 시험을 치르기 위해 일주일간 청담동이 아닌 가산동 아카데미센터로 출근했다. 오랜만에 조리복이 아닌 정장을 입고 구두를 신고 교육을 받았다. 엄마가 열심히 하라며 옷과 신발을 사주었다. 여러 수업과 실습을 거쳐 시험을 보았다. 며칠 뒤 시험에 합격해 스태프가 아닌 정식 인턴이 되었다. 수습사원과 정식 인턴은 차이라 해보았자 시급제에서 월급제로 바뀐다는 점과 회사의 복지 및 혜택을 받을 수 있고 월차와 반차를 사용할 수 있다는 점이었다. 음식 하나를 만들기 위해 많은 직원들이 정해진 레시피 그대로 작업하기 때문에 각자 맡은 일이 조금씩 달라질 뿐, 하는 일은 매일매일 똑같았다. 그렇게 3개월이 지나니 조금씩 일이 손에 잡혀갔다. 일하는 속도도 빨라지고 작업 순서를 적어뒀던 수첩을 보지 않아도 일을 할 수 있었다. 좀 더 수월하게 일할 수 있게 되니 자신감도 붙고 재미도 있었다.

일한 지 5개월쯤 됐을 때 직장 근처로 집을 구하게 되었다. 직장까지 걸어서 15분 거리였기에 출퇴근이 편리했다. 그동안 한 시간이 넘는 거리를 출퇴근하려니 너무 힘들기도 하고 더 이상 친척언니에게 신세를 질 수 없었다. 청담동에 위치한 보증금 500에 월세 60만 원인 9평짜리

반지하 원룸이었는데 혼자 살기에 넓었지만 처음 설명과는 달리 난방이 잘 안 되고 창문으로 벌레도 많이 들어오고, 습하여 불편한 점도 한둘이 아니었다. 나는 그때 월급으로 130만 원 조금 넘게 받고 있었다. 공과금을 포함해 약 58만 원을 월세로 내고 나머지는 핸드폰 요금이나 장을 보는 등 생활비로 썼는데 청담동은 다른 동네보다 물가가 비싸서 다른 동네의 시장이나 마트로 가서 장을 보기도 했다. 적금은 그렇게 해서 남은 돈으로 들었다.

하지만 일을 하며 점점 지쳐가기 시작했다. 온몸이 힘드니 퇴근하고 집에 돌아가는 길엔 빨리 자고 싶은 생각뿐이었다. 힘들어 하는 나에게 격려와 응원을 해주는 사람들이 있었지만 그때뿐이었다. 일한 지 일 년도 못 되어 더욱더 외롭고 우울했다. 나는 내가 아니었다. 오직 일만 하다 보니 나는 나를 돌아볼 수 없었다. 이게 진짜 내가 원했던 일이었을까? 원래 조리사라는 직업이 이런 것인가? 조리사뿐만 아니라 모든 기술직이라는 게 이렇게 바닥부터 시작한다고 들었다. 그래서 주방 하수구에 꿇어앉아 음식물 쓰레기나마 두 손으로 정리하고 있었던 것이다.

지금 생각하니 이런 고민과 어려움을 함께할 사람이 없었던 것도 큰 난관이었던 것 같다. 직장 내에서 고충을 이야기하고 계약서에 쓰인 사항을 대조하며 부당하게 시간 초과라든지 업무를 요구했을 때 반박할 수 있는 조직이 있었다면 큰 힘이 되었을 것이다. 대기업의 일방적인 요구에 이곳에서도 계열사이기 때문에 쩔쩔매는 모습을 여러 번 볼 수 있었다. 그러한 고된 노동은 주로 수습사원이나 인턴을 하는 젊은 우리들의 몫이었다. 비정규직의 젊은이들이 열정 페이에 모두 속고 있는 형국이었다. 사다리를 타듯 여기에서 조금 더 하면 뭔가 있다고 사탕발림하고 장시간 노동을 받아들이게 했다. 결국 조리장과 몇 번의 면담 끝에 나는 퇴사를 했다. 한동안 남들처럼 버티지 못하고 결국 포기한 것에 죄책감과 패배감이 들었다. 그곳을 나와 쉬고 싶었지만 계약된 방이 나를 놔두지 않았다.

알바를 구했다. 홍대에 있는 아이스크림 가게에 직원으로 입사해 150만 원을 받으며 일했다. 오히려 직장보다 더 나은 것 같았다. 직장보다 알바가 더 나은 현실, 생각하니 억울한 마음이 들었다. 주방에서 직접 아이스크림을 만들고 매장 관리를 하며 업무일지를 작성하는 일을 했다. 하지만 매출이 오르지 않아 회사 사정이 안 좋아져 그만두게 되었다.

몇 달 뒤엔 백화점 식품센터에 있는 디저트가게에서 일했다. 따로 서비스 교육도 받았다. 일주일 중 이틀은 강남으로 사흘은 판교에 있는 백화점으로 출근했다. 판매할 음식을 만들고 포장한 뒤 손님들을 상대하는 일이었다. 백화점 일이라 하루 종일 서 있어야 했다. 100만 원을 받았다. 월세 내고 남은 돈으로 살아가려니 쓸 돈이 없었다. 서울에서 월세 60만 원을 내며 계속해서 아르바이트만 하며 지낼 순 없었다. 돈을 모을 수 있는 것도 아니었고 내가 꿈꾸던 어떤 일도 할 수가 없었다.

첫 직장에서부터 조리사라는 직업에 대한 회의감이 많이 들었다. 열심히 일하여 경력을 쌓고 학력을 높여도 근무시간이나 근무환경이 열악하다는 것을 알았다. 나는 내가 노동하는 것이 아까웠다. 차라리 일을 하지 않는 것이 나의 몸을 위해서 더 이득이겠다는 생각까지 했다.

짧고도 긴 서울 생활을 정리하고 광주로 내려왔다. 요리를 쉽게 생각하고 도전해본 것은 나에게 큰 어려움을 주었고 그동안 들어간 부대비용을 생각하면 가슴이 저릴 정도로 부모님께 죄송했다. 타지에서 처음 겪는 사회생활과 고된 노동에 겁을 먹고 도망치듯 고향으로 내려온 것이 사실이지만 이 경험이 앞으로 내가 살아가는 과정에 분명 큰 깨달음을 줄 것 같다.

사실상의 청년실업

"지난해 청년(15~29세) 실업률이 9.2%로 사상 최고치를 경신했다"라고 2015년 통계청은 발표했다. 좀 멍멍하다. 이를 어떻게 해석해야 하나?

보자. 준수는 대학을 중퇴하고 놀고 있다. 아무것도 하기 싫다. 공부도 싫고 취업도 싫고 장사하는 것도 다 싫다. 아침이면 일어나 산에 오른다. 산에 가면 아무도 그에게 듣기 싫은 말을 하지 않아 편하다. 하루를 위로해주며 잠을 곤히 자게 해주는 것은 소주 '처음처럼'이다. 그런데 통계청은 준수를 실업자로 보지 않는다. 취업을 포기했기 때문이다. 준수 부모님은 준수만 보면 억장이 무너진다. 그런데 정부는 준수를 실업자로 보지 않는다.

그래서 나온 것이 '체감 실업률'이다. 준수처럼 일자리 얻길 포기한 구직단념자, 이른바 니트족이 146만 명이다. 실업자에 구직단념자를 포함하면, 체감실업률은 23.0%로 나타났다. 통계청이 발표한 청년실업률 10.2%의 2배가 넘는 수치다. 고용절벽 사태가 위험 수위를 넘어섰다.

그런데 '체감 실업률'도 현실을 제대로 반영하는 것은 아니다. 대학 졸업예정자 10명 중 3명이 졸업을 유예하고 있고, 대학 졸업자의 절반이 백수이다.

보자. 철수는 대학원생이다. 10년 동안 박사과정을 밟고 있다. 어떤 비전이 있어 박사과정에 있는 게 아니다. 그냥 박사과정에 있을 뿐이다. 아무 벌이도 없다. 사실상 실업자. 박사를 마쳐도 실업자인 것은 마찬가지다.

영희는 공무원 시험을 준비하고 있다. 벌써 3년차 공부 중이다. 낮에는 고시학원과 독서실을 오고가는 시험준비생이다. 공무원 시험에 합격할 확률은 매우 낮다. 하지만 해보는 거다. 내년까지 공부해 보고 가망이 없으면 진로를 바꿀 심산이다. 영희는 사실상 실업자다. 그런데 통계청은 영희와 철수를 실업자로 보지 않는다.

또 있다. 지혜는 알바생이다. 낮에는 대기업 취업 준비를 하고, 밤엔 편의점에 간다. 밤 12시부터 새벽 6시까지 일한다. 하룻밤 일하면 주인으로부터 4만 원을 받는다. 주 30시간을 일하고 있으니, 어엿한 취업자임에 분명하다. 그러나 지혜가 편의점 알바를 직장으로 생각한 적은 단한 번도 없다. 그런데 정부는 지혜를 '불완전 취업자'로 분류한다. '불완전 취업자'도 취업자다.

그렇다면 철수와 영희와 지혜의 경우를 모두 포괄하는 '사실상의 실업자'는 얼마나 될까? 2015 통계청에 따르면 15~29세 청년층 인구는 949만 명이다. 그중 학생이 412만 명이고, 공식 청년실업자는 44만 명이다. 그런데 구직 단념자가 146만 명이다. 여기에 취업준비생과 주당 18시간 미만 취업자 등을 모두 합친 '사실상 실업자'는 2015년 453만 명이었다.

자유인의 공동체

내가 간직하는 소중한 꿈을 밝혀보라면 일하는 사람들이 소외된 노동에서 벗어나 자유로운 활동을 하며 살아가는 자유인의 공동체이다. 자유인의 공동체가 이 땅에 하나의 큰 흐름으로 등장하려면 무엇보다 먼저 교육과 의료 문제가 사회적으로 해결되어야 한다. 지금 40~50대들이 이를 악물고 돈을 버는 이유는 두 가지다. 하나는 자식들 교육비 때문이고, 다른 하나는 노후 대비 문제이다. 따라서 교육비와 의료 문제가 해결되지 않고선 우리나라 사람들은 죽을 때까지 시장의 노예로 살아야 한다는 결론이 나온다. 10년 후 혹은 20년 후 우리의 소망대로 교육과 의료의 공적 체계가 정착한다면 세상 사람들의 사고방식은 많이 달라질 것이며 삶의 양식 역시 크게 변화할 것이다.

자식들 키우고 노후의 안녕을 보장받기 위하여 악으로 깡으로 돈을 벌어야만 하는 사회가 아닐 경우, 한 푼의 돈을 더 벌기 위해 투자하는 시간과 열정에 대한 새로운 자각이 일어날 것이다. 돈을 벌기 위해 하는 노동은 본질적으로 소외된 노동이며 소외된 노동은 자유의 상실이자 생명의 버림이라는 자각이 일어날 때, 사람들은 이제 두 가지의 가치 앞에서 양자택일의 선택을 할 것이다. 하루를 더 일하여 10만 원을 더 벌 것인가, 10만 원을 벌지 않고 하루를 자유롭게 보낼 것인가. 나이를 먹을수록 직장 생활에 염증을 느끼는 것인데, 이 소중한 삶을 돈벌이에 버리지 말고 다른 자유로운 삶을 찾아보려 할 것이다. 또 누구에게 얽매이기 싫어하는 사람, 예술가적 기질을 타고난 사람일수록 도시에서 직장에서 스트레스 받지 않고 시골로 들어가 채소밭 기르며 살고 싶어 할 것이다.

적게 벌고 적게 쓰면서 자유로운 삶의 양식을 찾는 자각과 의지가 강화되면 도시의 직장인들은 슬슬 새로운 삶의 터를 찾아 시골 땅을 찾으러 다닐 것이다. 그러다 기가 막히게 경치가 좋은 곳이라도 만나게 되면 가슴이 설레기 시작한다. 하루하루의 도시 생활이 더욱 숨 막히게 느껴지고 시골로 들어갈 계획을 세우게 된다. 도시에 갖고 있는 조그만 아파트를 팔아버리면 사실 시골로 들어가는 재원 마련이 어렵지 않다. 사람들은 자유 활동이 주는 보람과 소득의 부재로 겪는 불편을 저울질할 것이지만, 앞에서 꿈을 꾸었듯이 귀농의 용사들에게 1가구당 연간 1000만 원만 지원된다면, 살아가는 데 아무런 불편을 느끼지 않을 것이다. 도시에서 300만 원으로도 빠듯하게 살았지만 시골에 오면 150만 원이면 넉넉하다. 이렇게 하여 확보된 자유 속에서 고추며 가지며 토마토를 심고 거두어들인 농산물을 도시의 지인들에게 보내주기도 하면서 나눔의 즐거움을 맛보면, 더 이상 부러울 게 있으리.

우리는 시장을 무시하지도 과신하지도 말자고 했다. 도시에서 시장 의존적 삶을 살아가는 분들의 노고를 우리는 무시할 일이 아니요, 또 그렇게만 인생을 살아야 한다고 추종할 것도 아니다. 이리하여 시장 의존적 삶과 시장 독립적 삶이 나는 우리나라에서 공존하길 바랄 뿐이다. 공존하면서 서로 돕고 서로 나누며 살자는 것이다. 시장 의존적 삶은 편리를 줄 것이다. 시장 독립적 삶은 편안을 줄 것이다. 불편하지만 편안한 삶을 살고 싶은 사람은 시장 독립적 삶을 선택하면 되는 것이고, 죽어도 불편한 생활은 할 수 없어 도시의 아파트에서만 살아야 한다고 고집하는 분은 시장 의존적 삶을 살면 되는 것이다.

나는 우리들의 노동자들이 돈벌이의 노예에서 하루빨리 벗어나길 희망한다. 그런데 돈 버는 노동을 때려치우고 시장 독립적 노동을 선택하기가 쉽지 않은 일이다. 하지만 생각을 조금만 유연하게 한다면, 시장 의존적 노동을 통해 생계수단을 획득하면서도 시장 독립적 노동을 병행할 수도 있다. 나는 우리나라 대기업 노동조합 간부들이 이런 고민을 해보았으면 한다. 뭐냐, 지금 주5일 노동제가 시행되고 있는데, 이것을 주4일 노동제로 밀어붙여버리라는 것이다. 만일 주5일 노동으로 연봉 4000만 원을 받고 있다면, 주4일로 바꾸면서 연봉 3200만 원을 받을 각오만 하자는 것이다. 그리고 주2일의 파트타임 노동의 도입을 공인하자는 것이다. 단 '동일노동·동일임금'의 원칙을 준수하는 것은 우리가 맺는 사회계약의 기본 원칙이다. 그러면 기업 측에서는 주2일의 파트타임 노동자를 고용하면 되는 것이다.

나는 이러한 선택이 우리의 대기업 노동자들이 여생을 의미 있게 보내는 멋있는 선택이라 본다. 나는 이러한 선택이 청년실업을 해결하는 또 하나의 좋은 선택이라 본다. 나는 이러한 선택이 지금 오고 있는 고령화 사회에 대비하는 슬기로운 선택이라고 본다. 만일 이러한 노동계약이 성립한다면, 노동자들은 60살이 넘어도 주2일의 파트타임 직장을 계속 확보할 수 있는 것이다. 정년의 나이가 되어 어느 날 갑자기 직장을 놓게 될 때 인간은 망가진다. 아침에 일어났는데 가서 일할 곳이 없다. 아침에 일어났는데 만날 사람이 없다. 이게 뭐냐? 그러지 말고 주

4일 노동제를 제안하시라. 미리 주 2일의 파트타임 일자리를 만들어놓
으라는 것이다. 20대 젊은이들이 공장에 들어와 주 2일 노동을 할 때
60대 늙은 노동자들이 함께 주 2일 노동을 하면, 젊은이들의 씩씩한 힘
과 노인들의 경험과 지혜와 어우러져 공장은 아주 유연하게 잘 돌아갈
것이다. 주 2일 일하고 연봉 1600만 원 받으면서 소일도 하고 가까운
시골로 들어가 소 키우고 돼지 키우면서 행복한 노후를 맞이하자는 것
이다.

—2005년 작성, 미발표.

대화

긍지에 대해

이 시대에 우리가 지키고 살아가야 할

긍지가 어떤 것인가?

역시 나의 이야기를 할 수밖에 없군요. 나는 지금까지 나의 사익을 편
취하기 위해 남에게 해를 끼친 적이 없습니다. 나는 지금까지 많은 주
장과 제안을 했습니다만, 공언한 약속을 이행하고자 했습니다. 늘 공공
의 이익을 먼저 생각했고 내가 뱉은 말을 실천에 옮겼습니다. 이 두 가
지로 나의 영혼은 무척 평안합니다.

　나는 한국의 민주주의를 위해 땀을 흘렸습니다. 1980년 5월 21일 밤,

전두환의 개들을 몰아낸 것은 광주 시민들이었습니다. 동서고금 어디에서도 찾아볼 수 없는 위대한 항쟁이었습니다. 나는 광주 시민의 일원으로 살아가는 것이 무척 자랑스럽습니다.

1987년 1월 14일 박종철 군이 죽었습니다. 이후 500만 명의 시민이 독재정권을 타도하는 싸움에 동참했습니다. 이 항쟁은 세계사에서 찾을 수 없는 항쟁이었습니다. 나는 한국의 민주시민으로 살아온 것이 무척 자랑스럽습니다.

함께 읽는 고전

항산(恒産)
— 『맹자』, 「등문공장구상(滕文公章句上)」

백성이 살아가는 데는 도가 있습니다. 일정하게 먹고 살아갈 방도가 있어야 떳떳한 마음이 있습니다. 일정하게 먹고 살아갈 방도가 없으면 떳떳한 마음이 없습니다. 정녕 떳떳한 마음이 없으면 방자하고 편벽되고 사악하고 사치합니다. 이런 일을 무시로 저지릅니다. 마침내 죄를 저지르게 되면 이제 형벌을 가합니다. 이는 백성을 그물질하는 것입니다. 어찌 어진 사람이 자리에 있으면서 백성을 그물질할 수 있습니까?

맹자의 여민동락(與民同樂)은 인상적이다. 양혜왕이 물었다. "왕이 연못가에 서서 기러기와 사슴을 돌아보며 즐겨도 됩니까?" 맹자는 답했다. "백성과 함께 즐기면 됩니다." 오늘 한국의 지도자들이 꼭 새겨들어야 할 문구이다.

실업과 시험 사이에서 청년들이 방황하고 있다. 맹자의 항산(恒產)은 오늘 우리에게 '좋은 일자리'일 것이다. 항산이 없으면 죄를 저지르게 된다고 하였다. 백성의 범죄는 왕의 탓이라고 본 맹자의 민본사상이 '모든 권력은 국민에게서 나오는 국민주권의 시대'에서조차 울림을 주는 것은 왜일까?

7

또 700조 원을
빼앗다니!*

시대의 성찰: 부동산 투기

김지하 시인의 오적(五敵) 이야기를 비밀스럽게 건네받은 것은 1975년 봄이었다. 열일곱 소년은 시인이 지어낸 허구의 세계와 현실의 세계를 분간할 판단력이 없었다. 그때까지 나에게 서울은 교과서 속에 나오는 한국의 수도였다. 태어나 한 번도 가보지 않은 서울, 그곳에 장충동이 있고 약수동이 있는지조차도 몰랐던 순진한 소년에게 시인이 지어낸 허구의 세계, '오적의 세계'가 따로 있는 줄 알았다.

언젠가 시인 김지하는 자신의 작품 『오적』이 하룻밤 그적거린 상상의 산물이었다고 밝힌 적이 있었다. 그런데 시인의 상상이 결코 허구가 아니었음을 증언한 이가 나타났다. 역시 김용철 변호사다. 김용철 변호사는 7년간 삼성 구조본에서 생활을 하면서 가까운 거리에서 이건희의 사생활을 목격할 수 있었다.

---

* 2017년 3월 작성.

2003년 1월 9일 저녁 6시 호텔신라 다이너스티홀, 이건희의 회갑잔치가 시작됐다. 이금희 아나운서가 이날 잔치의 사회를 맡았다. 지휘자 금난새, 유명 국악인, 성악가, 가수 등이 대거 출연한 자리였다. 손님들에게는 식전 와인, 식간 와인, 식후 와인이 제공되고, 애피타이저로는 거위간 요리 푸아그라, 일본에서 키운 소로 요리한 와규 등심에 버섯 소스가 나온다. 이건희 가족의 테이블에는 천만 원짜리 페트뤼스 와인이 있었다. 초청받은 가수들은 보통 2~3곡 부르고 3000만 원씩 받아갔다.[1]

김용철은 이건희의 생일잔치 비용이 10억 원쯤 들어갔을 것이라 추산하면서, 검사 출신답게 그 거액의 파티비용이 이건희 개인의 호주머니에서 나온 돈으로 치러지지 않고 삼성그룹의 회사 돈으로 치러졌음을 고발한다. 공금 유용 죄 아닌가? 재미있는 것은 가수 나훈아 씨에 대한 회고다. 나훈아는 이건희의 파티 초대를 거절했다. "나의 노래를 들으려면 공연장에 와서 들어라."

이제 오적의 별세계, 승지원에 들어가 보자. 승지원은 영화 〈내부자〉의 모델이었던 것 같다.

2003년 승지원에서 파티가 열렸다. 일본풍으로 꾸며진 승지원 정원에는 폭 2m, 길이 10m 정도의 연못이 있는데, 이곳에서 황금잉어를 기른다. 당시 파티에도 여자 재즈 가수가 노래를 불렀다. 이건희는 개인적인 파티에 회사 돈을 쓰고도 아무런 거리낌이 없었다. 승지원의 정문은 대형 철문인데, 큰 트럭도 출입할 수 있는 정도다. 집 안의 바닥은 유명 목수가 직접 짰다는 원목 마루였다. 방의 벽면은 원목 유리장으로 되어 있는데, 그 안에는 세계 각국의 유명 골프채로 가득했다.[2]

이건희의 집이 있는 이태원동, 한남동 일대에는 리움 미술관을 포함해 승지원, 이재용의 집, 딸들인 이부진·이서현의 집 등이 몰려 있다.[3] '그들만의 마을'이 형성돼 있는 셈이다. 리움 미술관을 세운 목적은 이건희 일가의 집들을 보호하는 요새 역할을 하도록 한 것이다. 고가의 미술품이 있는 미술관에 도둑이 드는 것을 막는다는 핑계로 경비원을 대거 배치했다.[4]

이재용이 입은 골프복이나 신고 다니는 골프화는 일반 백화점에서 구경할 수 있는 물건들이 아니었다.…이건희 부인 홍라희는 일본 디자이너 '이세이 미야케'의 옷을 좋아했다.…섬유의 보석이라는 '캐시미어'보다 값이 비싼 희귀한 원단으로 '비큐냐'가 있다. '비큐냐'로 만든 코트는 5000만 원대다. 이건희는 '비큐냐' 양복을 무척 좋아했다.[5]

그때 나는 분개했다. 없는 서민들은 입에 풀칠하기 위해 공장에 들어가 종일 노동하고 월급으로 1만 원 받던 시절이었다. 요즘엔 생각이 다르다. 재벌들의 별세계가 천국이었을까? 몸을 금덩어리로 치장한들 인격 없는 재벌의 몸에서 무슨 향

기가 날 것인가? 돈을 주고 수천만 원짜리 여자를 살 순 있어도 졸부들이 단 하룻밤 애틋한 사랑을 나눌 수 있으랴? 산해진미 온갖 요리를 혀에다 갖다댄들 배고픔의 설움을 모르는 이들이 무슨 음식의 의미를 알리오?

나의 어리석음

어려서부터 나는 소유하지 않는 삶을 지향했다. 간디의 『진실을 찾아서』를 읽고 무소유는 내 삶의 준칙이 되었다. 마지막 이승을 떠날 때, 간디처럼 지팡이 하나와 안경 하나와 책 한 권을 남기고 간다면 이 얼마나 깨끗한 삶이냐?

결혼을 하면서 나는 어리석은 짓을 했다. 처갓집에서 혼수로 해주겠다는 자개농과 로렉스시계를 나는 거절했다. 텔레비전도 거절했고, 냉장고는 소형으로 타협을 보았다. 이상한 젊은이였다. 지금 생각하면 혼수 대신 아파트를 사달라고 했을 텐데 말이다.

이후에도 나의 무소유주의적 성향으로 인해 또 어리석은 짓을 저질렀다. 1992년 나는 오랜 수배 생활을 정리하기 위해 고향 광주에 내려와 민중당 후보로 제14대 총선에 출마했다.

1980년 5월 17일 전두환의 계엄령에 의해 수배가 되었고, 이후 광주민중항쟁 관련 유인물을 뿌리고 다니면서 다시 수배가 되었으며, 1984년 거름출판사에서 붉은 책의 왕초, 『볼세비키 당사』를 출간한 범죄로 또 수배가 되었다. 1986년 4월 부평역 앞 고공시위를 주도하면서 잡으러 온 형사들을 몽둥이로 두들겨 패 특수공무집행방해죄를 범했고, 같은 해 5월 3일 인천소요사태의 주범으로 찍혀 수배가 되었으며, 1989년엔 소속한 조직, 인천지역민주노동자연맹이 국가보안법을 어긴 불법단체로 조사받으면서 또 수배를 받게 되었다. 만일 1990년 그 어느 시점에 재수 없이 체포 구속되었다면 나의 형량은 무기징역을 받고도 남았을 것이다.

내가 국회의원 선거에 출마한 것은 금배지를 달고 싶은 욕심 때문이 아니라는 것쯤은 주변에서도 다 아는 사실이었다. 그런데 사람들은 지금도 모른다. 내가 중앙초등학교에서 선거 유세를 하고 있던 순간 한 떼의 형사들이 치안본부에 명령을 기다리고 있었다. "황광우를 잡지 말라"가 치안본부의 명령이었다.

그런데 형 황지우가 나의 선거운동을 도우면서 당선되지도 않을 선거에 지나치게 화려한 고품격의 홍보 유인물을 제작하는 바람에, 나는 뜻하지 않은 빚쟁이가 되어버렸다. 그때 나의 아내와 아들은 전주의 처갓집에서 몸을 의탁하던 시절이었다. 정치인들이 선거를 좋아하여 가산을 탕진한다는 이야기를 들었지만 내가 딱 그 꼴이 될 줄 나는 몰랐다. 나의 큰형님인 혜당 스님은 광주에 집도 있고 담양에 절도 있었으나, 나는 집도 절도 없는 알거지가 되었다.

와신상담(臥薪嘗膽)이라는 고사성어가 있다. 장작나무에 누워 곰쓸개를 빨며 재기를 각오하는 월나라 구천의 이야기다. 나는 이를 악물고 현실에 뛰어들었다. 월 200만 원만 갖다 주면 소원이 없겠다는 아내의 바람을 들어주기 위해서였다. '세상을 바꾸는 일'을 중도에 접고 '돈 버는 일'에 몰두했다. 나의 영혼은 하루도 편하지 않았다. 1998년 광주의 변두리에 아파트 한 채를 장만하고 그 길로 돈 버는 일을 그만두었다.

2006년 어느 날이다. 전남대학교에 봉직하던 모 교수가 서울대학교로 옮겨갔다. 광주 산수동에 있는 아파트를 팔아 서울에 가니 전세도 얻지 못하겠다면서 '광주에서 교수 생활한 이유' 하나로 최소 5억 원의 재산 손실을 입었다는 것이다. 죽어서도 서울에 가 살 일이 없는 나에게 모 교수의 발언은 뱃속 편한 신세 한탄으로 들렸다. 그때 무섭게 서울의 아파트 가격이 상승하고 있었음을 나는 몰랐다.[6]

제주에서 대학을 나온 아들이 제주 처녀에게 장가를 간 것이 2016년 5월이었다. 아들은 집을 마련할 자금이 없어 투룸에 신혼살림을 차렸다. 아들은 매월 월세로 80만 원을 집주인에게 바친다. 기뻐해야 할 아들의 결혼식이었으나, 나는 씁쓸했다. 이미 제주의 아파트 시세가 5억 원을 넘어서버렸다.

서울 아파트 시세가 5억 원을 넘고 강남 아파트 시세가 10억 원을 넘어도 나는 눈 하나 까딱하지 않았다. 죽으면 빈손으로 돌아간다는 나의 무소유 철학 때문만은 아니었을 것이다. 서울로 이사하여 아파트를 구입해야 할 이유가 없기 때문이었다.

그런데 그 '부동산'이 이제 나의 일이 되었다. 한 채 있는 이 아파트를 쪼개 아들과 딸에게 물려주면 좋으련만, 그것은 아내와 내가 이승을 하직한 이후에 가능한 일이다.

대한민국을 저주하는 젊은이들의 심정이 조금씩 이해가 갔다. 청년 실업도 문제이지만 집값 상승이야말로 절망의 원천이 아닌가? 대한민국에 태어났다는 이유 하나로 5억 원을 주고서야 집 한 채 살 수 있다면, 집을 장만하지 못한 모든 청년들은 사실상의 노예요 노비이다. 매년 2000만 원, 25년 동안 모은 집값 5억 원을 주고서야 마침내 노예해방문서를 받는 노예 말이다.

졸부들의 부동산 투기

한반도는 참으로 아름다운 강토이다. 굽이굽이 산이요 계곡이요 강이요 들판이 이렇게 아름답게 이어지는 강토는 전 세계에서도 보기 힘들다. 강토만 좋은가? 기후도 끝내준다. 봄이면 양자강 바람, 여름이면 태평양 바람, 가을이면 동해안 바람, 겨울이면 살을 에는 시베리아 바람이 불어와 사철의 구별이 아주 뚜렷한, 그리하여 씩씩한 식물들만 자라나는, 그리하여 맛있는 음식들로 가득 찬 땅이다. 그리하여 인구밀도가 세계 1·2위를 기록한다. 그런데 그 많은 인구가 서울과 경기도로 다 몰려와 산다. 그런데 참으로 영리한 족속들이어서 땅에다 묻어둔 돈은 사라지지 않는다는 심오한 경제이론을 공부 안 하고 터득해버린 종족이다. 이 모든 조건이 부동산 투기의 서막이다.

1970년대는 농업 사회가 공업 사회로 바뀐 변화의 시대였다. 청계천 종합상가 2층 10평 남짓한 공간에서 재봉틀 20대 갖다놓고 이제 막 농촌에서 올라온 순박한 처녀들을 꼬드겨 하루 12시간씩 드르륵 드르륵 재봉질을 시켜 잠바며 바지며 만들어 동대문시장에 내다판, 우리의 전태일을 고용한 모모 사장들이 한밑천 잡은 10년이었다. 의류와 인형과 신발과 합판이 수출 주력 종목이었던 시절이었다.

내가 대학에 들어간 해가 1977년. 신림동 B지구 근처 어느 허름한 집에서 학교를 다녔는데, 400만 원 주고 산 그 집이 1981년 4000만 원으로 뛰었던 것을 나는 뚜렷이 기억한다. 1970년대 10년 동안 노동자들을 착취하여 번 돈들이 부동산 투기로 쏠린 것이고 그렇게 하여 땅값과 집값이 폭등하게 된 것을 나는 몰랐다.[7]

1985년과 1986년은 전두환 군사독재의 압제가 시퍼렇게 살아 민중을 고통의 바다에 집어넣던 시절이었다. 하루 12시간 일하여 받는 돈이

10여만 원. 노동자들에게 장시간 중노동을 강제했던 경제적 조건은 전두환의 압제에 의해 가능했던 것이다. 1985년과 1986년과 1987년 세해, 한국 경제는 연 12%라고 하는 무지막지한 성장률을 기록한다.

그리고 1988년 서울 올림픽을 치르게 된다. 거의 한 달 동안 치러지는 올림픽 경기를 텔레비전으로 보느라 국민들은 밤을 설쳤다. 노태우 정부가 재벌들과 함께 "손에 손 잡고 담을 넘어서" 우리들의 살림살이를 훔쳐가는 도둑놈들이었는지 우리는 상상할 수 없었다. 1989년부터였던가. 땅값이 뛰고 아파트값이 치솟기 시작하는데 우리 서민들 이사 다니느라 정신없었다. 고생 참 많았다.

땅값이 하늘 무서운 줄 모르고 오른다. 덩달아 집값이 폭등하고 전셋값도 사글세 값도 오른다. 땅값은 이렇게 오르기만 해야 하는 것인가?[8]

1990년 경제정의실천시민연합(약칭 경실련)이 펴낸 글 중의 일부이다.

우리나라에서는 매년 전 가구 수의 24%가량이 이사를 하는 것으로 집계되고 있다. 이것은 몽고족의 피를 가지고 있어서 유랑민 기질이 발로된 때문은 물론 아니다. 도시의 주택 보급률이 60% 미만으로 무주택자가 많고, 임대차 기간은 1년밖에 되지 않아서 해마다 보금자리를 옮겨야 하기 때문이다.[9]

1989년 그 시절의 이야기다. 서울을 포함한 6대 도시의 지가 총액은 전국 땅값의 52%. 이들 대도시 지역의 땅 면적은 2.4%에 불과한데 땅값은 전국 지가의 절반을 웃돌았다.

당시 국토개발연구원의 조사 결과에 의하면 54만 명이 전국 민유지의 65%를 차지하고 있어 경제활동인구를 기준으로 3%의 부자가 65%의 땅을 독차지하고 있었다. 인구의 7할은 땅 한 평도 소유하고 있지 못하고 있는 현실에서 54만 명이 땅의 2/3를 사유하고 있음을 우리는 넋을 놓고 바라다만 보았다.[10]

졸부들은 부인 명의, 아들 명의, 심지어는 손자 명의로 부동산을 소유하고 있으므로 가구별로 합산을 하면 소유의 편중도는 훨씬 심각하다. 토지조사업이다 뭐다 하는 명목으로 36년간 일본인에게 땅을 빼앗겼던 저 일제 식민지 지배하에서도 사태는 1989년만큼 심각하지는 않았다고, 일제시대에도 상위 5%가 차지한 토지 면적의 비중이 42%였다고 경실련은 아우성을 쳤다.

1988년 서울 올림픽 체조경기장에서 벌어지는 꼬마 아가씨들의 요염한 자태에 국민들이 넋을 잃고 있는 사이 땅값이 211조 원 뛴 것이다. 1988년 당시 GNP가 123조 원이었으니 국민총생산의 1.7배의 불로소득을 노태우와 재벌들과 휘하 졸부들이 챙긴 것. 가만히 앉아서 200조 원이라.

1980년대 부잣집들만 털어 일약 스타가 된 대도 조세형이나 1990년대 강남만 털고 다니다 마침내 순천에서 체포된 대도 신창원은 이들 도둑놈들의 세계에 들어서면 뺑발이 중의 뺑발이였다.

진정한 도둑질은 발과 손으로 하는 것이 아니었다. 당시 월급쟁이들의 총 보수가 50조 원. 치솟은 211조 원의 10%만 전월세와 임대료로 거두어도 졸부들은 앉아서 봉급생활자들로부터 21조 원을 추가 수탈하게 된 것이다. 살래 나갈래? 봉급쟁이들은 치솟은 전셋값 마련하느라, 불어난 월세 막느라 똥줄이 탔다.

다시 10여 년의 세월이 흘렀다. 1995년이면 국민 일인당 GDP가 1만 달러를 기록하고, 1997년이면 외환위기를 당했던 것이고, 다시 2000년이 되었다. 1980년 대비 한국의 노동생산성은 정확히 7배가 뛰었다. 마찬가지로 1인당 GDP는 7배가 뛰었다. 그러면 국민의 살림살이가 7배는 아니어도 3배는 나아져야 할 판에 이게 무엇이냐. 또다시 투기의 마녀들이 활보하기 시작한 것이다. 불과 3년 사이에 마녀들은 500조 원을 해먹었다.

1991년부터 입주가 시작된 분당 서현동 시범단지 우성아파트의 32평형의 분양가는 5166만 원이었다. 1991년 전국 2인 이상 도시 가구의 가처분소득은 월 98만 원가량이었다. 52개월 모으면 분당에 32평형 아파트를 분양받아 입주할 수 있었다. 2015년 우성아파트 32평형의 실거래 가격은 5억 8천여만 원이었다.[11]

2004년 한국은행 금융통화위원 김태동은 "최근 3년간 부동산 가격이 급등하면서 최소 500조 원의 불로소득이 생겼고 그러한 불로소득의 대부분이 50만 명 정도의 건물, 땅, 소유자에게 집중됐다"고 말했다. 1인당 평균 10억 원을 앉아서 가져간 것. 지방 도시의 40평 아파트가 1억 원인데, 서울 강남의 아파트 25평짜리가 10억 원으로 치솟는 참으로 보기 좋은 경제 현상이 발생한 것이다. 노동자의 가족이 매월 100만 원의 적금을 부어 아버지 아들 손자까지 3대를 거쳐 모아야 할 액수를 그들 졸부들은 한 큐에 쓸어버린 것이다. 2014년 토지 보유 1~10위 법인이 소유한 토지 면적은 18년 사이에 15배 증가했다. 땅 부자 상위 10개 법인이 보유한 땅의 공시가격 총액도 15배 늘었다.

국부의 원천은 노동이지만 졸부의 원천은 투기이므로 '대한민국은 민주공화국'이라는 헌법 제1조 1항은 수정되어야 한다. '대한민국은 졸부공화국이다.' 마찬가지로 '대한민국의 영토는 한반도와 그 부속 도서

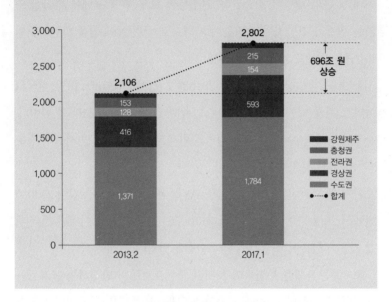

박근혜 정부 4년간 아파트값 700조 원 올라

박근혜 정부 4년 동안 집값 시가총액이 781조 원 상승했다. 집이 없는 사람들로부터 781조 원의 부가 집 소유자에게 이전되었다. 아파트값은 696조 원(89%) 상승했다. 아파트가 없는 젊은이들로부터 696조 원이 아파트 소유자에게 이전되었다.

로 한다'는 헌법 제3조에는 단서 조항이 첨부되어야 한다. '단, 이 영토는 토지 등기 소유자에게 국한한다.'

서울에서 집을 지을 수 있는 '대지'를 사기 위해서는 3.3㎡(1평)당 2150여만 원이 필요한 것으로 나타났다. 건축비(3.3㎡당 597만 9000원)까지 포함하면 3.3㎡당 2600여만 원이 들어가는 셈이다.[12]

이른바 부자들이 사는 서울 집값 상위 20% 평균 가격이 12억 원을 넘었다. 같은 기준의 전국 평균 주택가격의 2배 수준이다. 양극화로 지역별 집값 격차도 더 벌어졌다. 전국의 평균 주택가격은 6억 원이다.

꼬박꼬박 들어오는 월급통장이 있어도 내 집을 마련하는 시간은 예전보다 길어졌다. 서울에서 중간 정도의 집값인 5억 원을 준비하는 데 최대 30년의 세월이 소요된다. 연소득을 모두 주택 구매에 투입할 수 없는 현실을 감안하면 서민들이 자력으로 상위 20% 집을 마련하려면 100년을 모아도 불가능한 셈이다.

한편 KB국민은행에 따르면 2016년 2월 기준 3.3m²(1평)당 전국의 아파트 평균 매매가격은 약 1244만 원이었다. 서울은 2286만 원이다. 2~3인 가구가 살 만한 전용 30평의 아파트를 장만하려면 서울의 경우 6억 8580만 원을 마련해야 한다.[13]

이게 무슨 일이냐? 박근혜 정부 4년 동안 전국의 아파트값이 2100조 원에서 2800조 원으로 치솟았다. 700조 원의 부가 또 이전된 것이다. 집 없는 청년들이 또 700조 원의 수탈을 당한 것이다.[14]

종합부동산세를 부활하여 토지와 주택으로부터 발생하는 불로소득을 환수해야 한다. 동시에 공동임대주택을 지어 청년들에게 우선적으로 제공해야 한다.

철학,
광장에 가다

나의 고백

물신숭배

고교생들은 불안하다. 『데미안』의 작가 헤르만 헤세는 "청춘은 아름다
워라"며 독일의 사춘을 찬미했지만 우리나라의 청춘들은 졸업식에서
교복을 벗는 그날까지 출렁이는 불안 속에서 떨어야 한다. 고교생의 불
안은 성적(性的) 불안에 있지 않다. 모든 고민의 본령은 성적(成績) 불안
에서 온다. 이제는 등급제까지 실시되어 '영희, 너 7등급', '철수, 너 5등
급' 이마에 굵은 도장을 찍힌 채 등급이 찍힌 돼지가 되어 사회로 나갈
판이다. 이게 뭐냐?

인간은 생명이다. 모든 생명은 고유하다. 고유한 생명이기에 존엄하
고 평등하다. 그 무엇으로도 대체할 수 없는 유일 절대의 실존이기에 '나
는 존엄하다.' 석가가 자신의 존엄을 강조하기 위하여 '천상천하(天上天
下) 유아독존(唯我獨尊)'이라 말한 것이 아니라 모든 생명의 존엄을 강조
하기 위해서 '하늘 위 하늘 아래 오직 나 홀로 존엄하다'고 선포한 것
이다.

1억 마리의 정자들 중 난자를 만나 생명을 이루는 정자는 단 한 마리
이다. 모든 인간은 대략 10억분의 1이라는 아주 희소한 가능성을 뚫고
맺어진 희한한 생명이다. 이런 엄청난 존재를 누가 심판한다는 말인

가? 누가 나의 인격을 계량할 수 있다는 말인가? 누가 나의 가능성을 수치로 측정할 수 있다는 말인가? 누가 나의 실력을 점수화하고 나의 능력을 비교할 수 있다는 말인가?

고교 2학년 봄, 한창 사춘의 열병을 앓을 무렵 나는 밤새워 이 분명한 진리를 붙들고 번뇌했다. 그렇다. 시험을 거부하자. 매달 우리들에게 시험을 강제하는 학교를 거부하자. 월례고사에서 나온 성적대로 1등부터 50등까지 이름을 줄 세워 복도 한복판에다 게시하는 학교, 너는 사악한 악마다. 하여 나는 다음 날 가방을 들고 학교를 가지 않고 독서실로 갔다. 담임선생이 집을 방문했고 나는 다시 학교에 끌려갔다.

헤겔은 이렇게 말했다. "인간의 산물이 인간의 손을 떠나 독자적인 세력이 되어 거꾸로 인간을 지배하는 현상, 이것을 소외(alienation)라 한다." 시험은 인간의 산물이다. 시험은 학생을 위하여 존재하는 제도이다. 그런데 시험 제도가 학생의 손을 떠나 독자적인 세력이 된다. 거대한 권력이 된다. 수능시험은 대한민국 60만 학생들의 학습능력을 평가하는 시험이 아니라 학생의 가능성과 인격까지 아니 학생의 미래마저 심판한다.

대한민국의 입시제도처럼 명확한 소외를 찾기 힘들다. 일상의 생활에서 '나, 소외당했어'라고 말할 때 소외는 왕따의 의미로 쓰이지만 본디 철학적 개념으로서 소외란 '내가 타자화되는 것' 혹은 '타자에 의해 지배되는 것'을 의미한다. 다시 한 번 헤겔의 정의를 외워 보자. 소외란 무엇이라구요?

인간의 산물이
인간의 손을 떠나

독자적인 세력이 되어

거꾸로

인간을 지배하는 현상.

　그러므로 봉준호 감독이 만든 영화 〈괴물〉은 바로 현대 문명의 소외를 형상화한 것에 다름 아니다. 영화 첫 장면은 용산 미군 부대에서 방출하는 독극물로 시작한다. 독극물을 한강에 집어넣은 것은 분명 인간의 손이다. 인간의 손을 떠난 독극물은 강으로 흘러 들어가 괴물을 출현시킨다. 괴물은 인간의 손을 떠나 독자적인 세력이 된다. 어린 여중생을 잡아먹는다.

　현대 과학기술 문명의 이기, 자동차는 괴물이다. 우리는 친구가 뀌는 방귀에 대해선 아주 심각한 표정으로 거부 반응을 보이면서 자동차가 뀌는 방귀에 대해선 아주 자애롭다. 자동차의 방귀, 이산화탄소와 아황산가스가 하늘로 올라가 지구를 감싸고 있는 대기권을 갈기갈기 망쳐놓고 있음에도 불구하고 우리는 자동차의 방귀에 대해 아주 자비롭다. 사람의 방귀에 대해서는 아주 격렬한 거부 반응을 보이는 우리들의 의식이 자동차의 방귀에 대해서는 무감각한 반응을 보이는 것, 소외된 현실을 자연스런 현실로 받아들이는 이 의식의 멍청이화를 의식의 물화(物化)라 부르자.

　건강한 남성이 분출하는 정액에는 1억 4천만 마리의 정충이 살아 있어야 한다. 그런데 요즈음 청소년들의 정액 속에 살아 있는 정충의 수는 8천만 마리밖에 되지 않는다 한다. 생명이 죽어가고 있는 명백한 표징이다. 누가 청소년들의 생명력을 사멸시키고 있는가? 괴물은 어디에 있는가?

괴물은 화학비료와 살충제였다. 지난 1970년대 박정희 정권은 근대화의 위업을 달성하기 위해 재래종 벼를 버리고 개량 품종의 벼 통일벼를 심도록 했다. 재래종 벼는 두엄과 거름을 먹고 컸는데 품종 개량 벼 통일벼는 화학비료를 먹고 컸다. 화학비료를 먹고 크는 통일벼는 병충해에 허약했다. 살충제를 뿌리지 않으면 수확을 기대할 수 없게 되었다. 화학비료와 살충제가 살포되는 논에서는 흙 속의 미생물이 살 수 없다. 미생물이 사라지니, 지렁이가 사라지고, 거미·메뚜기·장수벌레·풍뎅이가 사라지고 마침내 제비·참새·두루미가 보이지 않게 되었다.

화학비료와 살충제는 농부의 손을 떠나 이제는 한국 농업을 지배하는 거대한 괴물이 되었다. 그럼에도 불구하고 농민들은 화학비료를 뿌리지 않고 어떻게 농사를 짓느냐, 살충제를 뿌리지 않고 어떻게 수확할 수 있느냐, 소외된 현실을 자연스런 현실이라 옹호한다. 화학비료와 살충제는 흙 속의 미생물을 사멸시킨 괴물이다. 그런데 이 괴물의 실존을 한국 농민들은 당연한 현실로 의식한다. 이것이 바로 의식의 물화이다.

현대 과학기술 문명이 자랑하는 괴물 중의 괴물은 바로 원자폭탄과 원자력발전소이다. 1945년 8월 10일 일본 히로시마 상공에 폭탄 하나가 투하되었다. 폭탄이 투하된 공간의 순간 온도가 섭씨 10만 도로 끓었다. 존재하는 모든 것이 녹아버리는 온도이다. 뜨거워진 대기는 상승하고 순간 진공 상태가 출현한다. 자연이 만들어내는 그 어떤 강력한 바람도 흉내 낼 수 없는 광풍이 몰아닥쳤다. 광풍은 히로시마의 모든 건물을 한순간에 파괴하기에 넉넉했다. 10만 명의 목숨이 사라졌다. 우리는 미국의 원폭투하를 정당방위로 배웠다. 그렇게 대한민국의 교과서는 이 명백한 대량학살 행위를 정당한 행동으로 우리들의 의식을 물화한다.

원자력발전소는 2만 5천 년 동안 방사성 물질을 내뿜는 핵 쓰레기를 남긴다. 나는 핵 쓰레기를 핵 똥이라 부른다. 사람의 똥에는 아주 풍부한 영양분이 있어 이것을 밭에 뿌리게 되면 흙 속의 미생물이 사람의 똥을 너무 좋아하여 똥을 생명의 원천으로 분해해준다. 그런데 핵 똥은 분해되지 않는다. 2만 5천 년 동안 도깨비 팬츠보다 짱짱하게 살아남아 방사성 물질을 내뿜는데, 이 방사성 물질은 생명의 비밀코드인 유전자 지도를 부셔버린다. 부서진 유전자 지도는 한강의 괴물을 출현시킬 것이다.

원자력발전소의 수명은 30년이다. 한 세대의 물질적 풍요를 위하여 천 세대의 후대에게 치명적인 위험물질을 지구에 남기고 간다는 것은 매우 이기적인 행위이다. 핵 똥이 악마라면 이 악마들을 생산하는 원자력발전소는 악마의 근원지요, 원자력발전소를 계속 신축하는 우리 세대는 악마의 세대임에 틀림없다. 이러고도 우리는 웃는다. 소외된 현실 속에 천연덕스럽게 살도록 우리들의 의식을 마비시키는 장치, 이것이 물화이다.

소외된 현실과 의식의 물화를 재생산하는 장치는 자본주의라고 하는 아주 독특한 사회적 관계 속에 내장되어 있다. 조선시대의 지배계급인 양반들은 종들을 시켜 농사도 짓고 종들을 시켜 가마도 타고 종들을 시켜 장작도 패고 종들을 시켜 밥을 먹었다. 양반들은 종의 노동력을 직접 지배했다.

오늘 자본주의 사회에서는 인간의 노동력을 부려먹는 대신 임금을 지불한다. 자본가와 노동자는 평등하다. 자본가는 노동자의 노동력을 하나의 상품으로 구입하고 노동자는 자신의 노동력을 자본가에 판매하는 대가로 임금을 받는다. 자본가와 노동자는 아주 평등한 계약 관계이다. 싫으면 떠나!

그런데 노동자의 노동력은 그의 인격과 구분되지 않는다. 값비싼 노동력은 값비싼 인격을 의미한다. 택시 운전사의 값싼 월급은 택시 운전사의 값싼 인격을 대표한다. 삼성 CEO의 연봉 100억 원은 삼성 CEO의 인격을 대표한다. 위대한 나라 대한민국 서울특별시에는 보이지 않는 인간 시장이 존재한다. 신랑신부의 몸값이 결정되는 결혼시장 말이다. 제일 몸값이 비싼 인간들은 판·검사이다. A+. 다음 의사는 A^0, 다음 교수는 A−, 다음 대기업 사원은 B+, 다음 교사는 B^0···. 이런 식으로 대한민국의 모든 총각·처녀들은 이 결혼시장에서 자신의 몸값을 결정받는다.

그런데 이 시장이 서울 어디에 있는지는 몰라도 모든 몸값의 판결 기준이 화폐라는 것은 유치원생들도 다 아는 상식이다. 사람의 인격과 능력이 화폐로 계산되는 순간 사람보다 화폐가 우위에 서게 된다. 가수 안치환은 "사람이 꽃보다 아름다워"라고 노래했지만 현실에서 사람보다 돈이 아름다운 것으로 통용되고 있다. 의사 아들을 둔 시어머니가 약조한 지참금을 가져오지 않았다 하여 며느리를 구박하는 것은 시어머니가 며느리의 인격보다 돈을 중시하기 때문이다. 4000만 대한민국 사람들은 모두 돈을 숭배한다. 인격이 돈으로 계산되는 순간, 우리의 의식이 아무리 도덕적이고 종교적이어도 우리는 돈을 나의 신으로 숭배한다. 물신숭배(物神崇拜)는 완성된다.

—2005년 작성, 미발표.

대화

노자의 '아유삼보(我有三寶)'에 대해
의문이 들어요

『도덕경』 64장에선 나에게 애지중지하는 보물 세 가지가 있으니,

하나는 자애요, 둘은 검소요, 셋은 감히 세상에 이름을 드러내지 않는 것이다라고

하는데요. 저는 청소년 시기엔 '최고가 되자!'라는 말을

아주 좋은 말로 생각합니다. 명예욕도 크고 물질욕도 강합니다.

그래서 지금 대학교에 와서도 끊이지 않는 경쟁,

잘해야 한다는 강박관념에 시달리고 있습니다.

모든 사람들이 바쁘게, 열심히 사는 이유는 최고가 되고자 하는

욕심 때문이라고 생각합니다. 진정 사회가 요구하는 '성공'에 매달리지 않고

스스로 즐거운 일을 하며 소박한 삶을 영위하는 것이 행복의 길일까요?

21세기 치열한 이 세계에서 노자의 사상이 맞을까요?

이 물음은 개인적 관점에서 접근할 수도 있고 사회적 관점에서도 접근
할 수 있습니다.

먼저 개인적 관점에서 이야기해 보지요. 최고가 되고자 노력하는 것,
무조건 좋은 일입니다. 특히 젊은이는 최고가 되고자 하는 열정이 필요
해요. 20대 초반의 젊은이가 이 세상 그 누구도 이루지 못한 위대한 일
을 성취하고야 말겠다는 야무진 생각을 가진다면, 그것은 훌륭한 포부

입니다. 꿈이 없으면 젊은이가 아니지요.

그런데 사회적 관점에서 고찰해 보자구요. 왜 최고가 되고 싶은가요? 일신의 출세와 안위를 보장받기 위해 최고가 되고자 하는 것은 문제가 있는 거 아닌가요? 인류의 행복한 삶을 위해 나의 열정과 능력을 기여하는 삶을 살아야 하는 거 아닌가? 나의 발명으로 인류의 삶을 편리하게 만들겠다, 나의 음악으로 인류의 영혼을 들뜨게 하겠다, 나의 작품으로 청소년들의 영혼을 휘어잡겠다, 이렇게 생각해 보자는 거지요.

—2015년 8월

함께 읽는 고전

아테네엔 단 한 사람의 훌륭한 정치가가 없다
—플라톤, 『고르기아스』

아테네 시민들은 자부심이 강한 시민들이었다. 페르시아의 침공을 막아낸 테미스토클레스, 아테네의 파르테논 신전을 지은 페리클레스는 아테네인들에게 불세출의 영웅이었다. 그런데 소크라테스는 묻는다. "아테네인들은 페리클레스의 덕분에 훌륭한 인간이 되었는가, 아니면 타락했는가?" 이어 소크라테스는 아테네의 정치 지도자들을 거침없이 씹었다. "세상 사람들은 그러한 인물이 나라를 부강하게 만들었다고 말하네만, 절제나 정의에는 염두를 두지 않고, 항만이나 성벽, 조공과 같

은 어리석은 것으로 나라의 배만 잔뜩 불린 인물들이지." 그는 단언한
다. "아테네에는 훌륭한 정치가가 단 한 사람도 없었네."

3부

다가오는 새 세상

다른 세상은
있었다

시대의 성찰: '모래시계' 세대를 넘어

순희에게 쓰는 편지*

순희야! 한국전쟁의 폐허 위에서 우리는 태어났다. 1950~1960년대에
태어나 1970~1980년대에 청소년 시절을 보낸 우리 세대의 이름을 딱
히 뭐라 지을 수 없어, 그냥 '모래시계' 세대라 부르겠다.

나는 박정희를 좋아하지 않는다. 일본 사관학교 출신으로 만주의 독
립군을 때려잡은 그의 전력을 안 이후, 어쩌면 우리는 이다지도 불행한
국민일까, 왜 우리에겐 존경할 만한 정치가 한 명 없는가, 통탄했다.

1970년대 삼선 개헌을 밀어붙인 박정희는 장기독재의 길을 걸으면
서, 비는 오고 심사가 울적한 날이면 젊은 시절 입던 일본군 군복을 갈
아입고 허리에는 일본 칼을 차고 일왕에게 경례를 했다더구나. 박정희
를 한 인간의 개인사적 측면에서 볼 때 그 역시 시대적 제한 속에서 살
았던 것이고 이해할 수 없는 일들이 전혀 없는 것은 아니나, 추상같이

---

* 독일을 방문했던 2003년, 대학에 다니던 제자에게 쓴 독일 방문기이다. 미발표.

민족의 정기를 바로잡아 가야 할 해방 이후의 역사에서 일왕의 앞잡이가 한 나라의 대통령을 자임했다는 것은 우리 모두의 불행이었다.

박정희는 우리 어린것들에게 국민교육헌장을 외울 것을 강제했다. 당시 초등학교 선생님들은 정부의 지침에 따라 국민교육헌장을 외우지 못하는 아이들을 집에 보내주지 않았다.

국민교육헌장은 이렇게 시작했지. "우리는 민족중흥의 역사적 사명을 띠고 이 땅에 태어났다." 어찌된 일인지, 박정희는 민족주의적인 언사들을 매우 좋아했다. 그런데 알고 보니 '민족중흥의 역사적 사명'은 '한 떼의 재벌을 양성'하기 위한 정치적 술어였더구나.

"조상의 빛난 얼을 오늘에 되살려, 안으로 자주 독립의 자세를 확립하고, 밖으로 인류 공영에 이바지할 때다"라고 가르쳤지. 우리는 베트남 파병 군인들을 위하여 "가시는 곳 월남 땅 하늘은 멀더라도"라는 노래를 부르면서, "뜨거운 열대의 정글에서 고생하시는 국군 장병 아저씨" 뭐 이런 식으로 위문편지를 보내곤 했다.

알고 보니 베트남전은 광기에 찬 미국인들의 침략전쟁이었고, 박정희는 달러 몇 푼을 받으면서 우리의 젊은이들을 미국의 침략전쟁에 총알받이로 팔아먹은 짓이었더구나. 그것이 자주 독립의 자세이고, 인류 공영에 이바지였던 것이다. 그렇게 우리 '모래시계' 세대들은 기만적인 교육을 받으며 자랐다. 강자에게는 굽실대고 약자에게는 으르렁거리는 노예근성을 베트남 땅에서 유감없이 발휘했다. 그 죗값을 어떻게 치러야 할 것이냐?

"공익과 질서를 앞세우며 능률과 실질을 숭상하고, 경애와 신의에 뿌리박은 상부상조의 전통을 이어받아, 명랑하고 따뜻한 협동정신을 북돋운다"라고 국민교육헌장은 우리를 가르쳤다. 우리는 그렇게 믿었다.

적어도 한민족은 서로 돕고 서로 의지하는 상부상조의 한 핏줄인 것으로 알았다.

전두환은 박정희가 키운 정치적 양자였다. 그는 1979년 12월 12일 휴전선을 지켜야 할 군부대를 빼내 쿠데타를 일으켰고, 1980년 5월 '서울의 봄'을 총칼과 몽둥이 그리고 탱크로 짓밟았다. 재야인사들과 대학생들을 잡아다 투옥하고 고문하는 것으로도 모자라 광주에 공수부대를 파견하여 맹수처럼 광주 시민을 살육했다.

순희야. 우리들은 도서관에서 공부하는 것까지 죄의식을 느끼며 살아야 했다. 선배가 형사에게 잡혀가면 함께 싸우지 못한 자책감으로 밤새워 술을 마시며 오열했다. 나의 벗, 김태훈은 서울대 도서관 5층에서 몸을 던져 머리를 시멘트 바닥에 박고 죽었다. 얼마나 가슴이 아팠던 것이냐. 황정하라는 나의 후배는 밧줄 하나에 몸을 맡기고 "전두환을 처단하라"는 구호를 외치다 그만 밧줄에서 떨어져 죽었다. 몸에 신나를 끼얹고 분신자살한 이들의 이름은 그 수가 너무 많아 다 기억조차 할 수 없다. "어두운 죽음의 시대, 내 친구는 굵은 눈물 붉은 피 흘리며 역사가 부른다"며 먼저 간 동료들의 얼굴을 떠올리며 자취방에서 흐느껴야 했던 것이 우리 '모래시계' 세대들이었다.

'식민지' 세대가 조국의 독립을 놓고 몸부림을 쳤다면, 우리 '모래시계' 세대는 민주주의를 위하여 군사독재정권과 싸워야 했다. 싸워 이기는 것은 꿈에도 꿀 수 없는 일이었다. 하지만 독재정권과 싸우지 않고서는 하루라도 양심의 편안을 누릴 수 없는 시대였다.

1987년 1월 박종철 군을 고문으로 죽인 사건이 터져 나왔다. 1987년 6월 500만 명의 시민들이 "호헌철폐, 독재타도"를 함께 외치며 길거리로 쏟아져 나왔다. 우리는 외롭지 않았다. 마침내 독재의 시대가 막을 내렸다.

'식민지' 세대의 선배들이 조국 독립을 위하여 목숨을 바쳐 싸웠고, 그 피와 땀의 대가로 해방과 독립을 쟁취했다. 하지만 이후 대한민국은 독립투사들이 주도한 정부가 아니라 친일파들이 주도한 정부였다는 점에서 한국 현대사의 비극이 제기된다.

'모래시계' 세대가 학교에서 제적되고 감옥에 가고 거리에서 최루탄을 마시면서 마침내 독재정권을 몰아냈다. 하지만 이후 들어선 노태우 대통령의 '보통 사람의 정부'든, 김영삼 대통령의 '문민정부'든, 김대중 대통령의 '국민의 정부'든 우리들의 이상과는 전혀 다른 정부가 되고 말았다.

빈부 격차는 유례없이 격심해졌고, 물질주의와 이기주의는 더욱 창궐했으며, 권력자와 재벌의 정경유착과 부정축재는 날이 갈수록 대형화되었다. 바로 이러한 현실을 놓고 이 나라가 어디로 가야 할 것인지, 역사 창조의 주역인 우리의 젊은이들과 머리를 맞대고 대화를 나누고 싶은 것이다.

순희야. 지난 봄 난생 처음 독일이란 나라를 방문했다. 고작 1주일 여행하고 나서 그 나라에 대해 뭐라고 떠든다는 것이 얼마나 우스운 일이냐. 역시 여행의 의미는, 여행을 통해 새로운 문물을 접촉한다는 데 있다기보다, 새로운 문물을 접촉함으로써 내가 살아온 일상을 새로운 눈으로 볼 수 있는 기회를 제공한다는 데 있는 것 같다. 이런 것을 타산지석(他山之石) 혹은 반면교사(反面敎師)라고 하던가.

독일은 맥주의 나라였다. 맥주의 종류만 해도 250가지가 넘고, 맥주의 값도 아주 저렴했다. 술이 없는 인생은 무슨 의미가 있을 것인가? 나와 같은 애주가에게 독일은 부러운 나라였다.

그런데 섭섭하게도 독일의 술집에서는 안주를 주지 않았다. 그저 한 잔의 맥주를 놓고 대화하는 것이 독일의 술 문화였다. 안주 없는 술도 술인가? 가만히 보니 독일에는 음식 문화가 없는 것 같았다. 밥상은 무슨 얼어 죽을 밥상? 아침에 일어나면 커피 한 잔에 빵 한 조각이 아침식사였다. 세상에 아침식사를 빵 한 조각으로 때우다니. 이게 무슨 인생이야?

음식점에 들러 혹시 맛있는 음식이 없나 둘러보았으나, 순대 모양의 소시지에 감자튀김이 전부였다. 금강산도 식후경이라고, 우리들에게 독일은 살 곳이 아니었다. 한번은 유학생들의 모임에 초대를 받아 갔다. 유학생의 부인께서 정성껏 음식상을 차려놓았다. 김치찌개와 콩나물무침, 돼지고기볶음 이외 특별히 기억나는 별미의 음식이 나온 것은 아니었다. 그런데 우리의 유학생들은 이 음식에 환장했다.

"이런 음식은 일 년에 한 번 먹어볼까 말까 하지요" 하며, 된장국 끓이다가 기숙사에서 눈총을 받던 이야기, 김치 냄새난다며 따돌림 받던 이야기들을 들려주었다. 밥을 세 그릇씩이나 비우는 독일의 유학생들을 보면서 그제야 나는 고국을 떠난 유학생들이 참 힘들고 어려운 생활을 하면서 공부를 하고 있구나, 말이 유학생활이지 거지생활 10년 끝에 박사학위를 따오는 것이구나 하는 사실을 알았다.

신기했던 것은 바람개비였다. 어렸을 때 가지고 놀던 바람개비 모양의 풍력발전기가 서독의 들판에는 심심찮게 서 있었고, 동독으로 들어서니 들판 도처에 수십여 기의 바람개비가 돌아가고 있었다. 그 바람개비 하나면 500여 가구가 전기를 자급자족할 수 있다는 이야기를 들었다. 나는 평소 원자력발전소를 없앨 수 있는 대체에너지에 대해 풀지 못하는 의문을 지니고 있었는데 '아, 바로 저것이다' 하는 생각을 하게

되었다. 화석에너지와 원자력에너지의 문제를 극복할 수 있는 대안의
에너지는 무엇이냐 하는 물음에 대해 물음만 갖고 있지 답을 제시할 수
없는 답답함을 독일 여행은 풀어준 셈이다.

놀라웠던 것은 날씨였다. 독일인들에게 '따사로운 봄날'은 그리움이
었다. 1년 내내 우중충한 날씨란다. 날씨가 음울하여 성격이 침잠되고
그리하여 독일은 철학의 나라가 되었다는 이야기는 귀동냥하여 들었
지만, 따사로운 봄날 앞에 그렇게 어린아이들처럼 좋아하는 독일인의
모습이 나에게는 몹시 놀라웠다.

햇볕이 쨍쨍 내리 쬐는 봄날이 오면 유학생들은 검은 선글라스를 쓰
고 다녀야 한단다. 교정 이곳저곳에서 벌렁 드러누워 일광욕을 즐기는
여인들의 몸매를 구경하자면 시선을 좀 감출 수 있는 도구, 검은 선글
라스가 필수란다. 그저 평범한 봄 날씨를 가지고 환호성을 터뜨리고 감
격해 하는 독일인들을 보면서, 그들이 이곳 한국의 청명한 가을 날씨를
맛보게 되면 어떻게 될까, 나는 상상했다. 천고마비(天高馬肥)라 했던가?
끝없이 높은 하늘에 사춘의 가슴을 더욱 서늘하게 하는 가을바람, 우리
들이 누려온 날씨가 얼마나 고마운 날씨였는지, 독일에서는 나는 그것
을 터득한 것이다.

물론 독일은 평야가 넓었다. 그래서 독일인들의 가옥은 서울의 부잣
집 저택들처럼 모두들 크고 넓었다. 나는 한반도의 7할이 산야로 덮여
있다는 사실을 지리적 콤플렉스로 배워왔다. 하지만 사방을 둘러보아
산이 없는 곳을 달려가다 보니, 가는 곳마다 굽이굽이 산으로 연이어져
있는 우리의 지리적 조건이 오히려 큰 축복이라는 생각을 갖게 되었다.

순희야.

독일은 역시 훌륭한 나라였다. 의사라고 해서 특별히 높은 소득을 올

리는 것이 아니었다. 의사나 교사나 국가공무원이었고, 비슷한 수준의 연봉을 받는단다. 소득이 높은 전문직들도 세금을 납부하고 나면 평균적 소득을 처분하게 되는데, 독일의 전문직들은 세금을 많이 낸다는 점에서 자신의 직업을 자랑스럽게 생각했다.

나를 독일에 초대한 분은 1970년대 독일로 간 광부였다. 최정규 씨는 젊은 시절 독일로 가서 그곳에서 파독 간호사를 만나 두 자녀를 두고 살고 있었다. 최정규 씨는 평생 동안 5백만 원 이상의 큰돈을 쓴 적이 없다고 했다. 독일은 외국에서 온 노동자들에게도 자국인과 등등하게 모든 교육의 기회를 무상으로 제공하고 있었다. 의사의 자녀나 사실상 거지나 다름없는 유학생의 자녀나 같은 유치원을 다니고 있었다.

최정규 씨의 아들은 베를린 대학 철학과에서 공부하고 있었다. 물론 수능시험 같은 것은 아예 없다. 아들이 배우고 싶은 교수를 찾아가 면담한 것이 전부였다. 물론 학비는 전액 공짜였다.

최정규 씨의 초청으로 독일 대학생들에게 강연을 하게 되었다. 한국어로 쓴 연설문을 영어로 옮겼고, 다시 영문 원고를 독일어로 옮겼다. 나는 연설을 영문을 읽는 방식으로 했고, 옆에서 교포 2세가 독일어로 통역했다. 독일 대학생들은 강사의 연설을 들으면서도 남녀가 포옹하고 심지어는 키스까지 했다. 좀 보기가 민망했다.

그때 강당 밖에서 구호가 울렸다. 대학생들의 데모임이 분명했다. 나중에 확인했는데, 학교 당국의 등록금 인상을 반대하는 데모였다. 학교측이 노후화되는 교실의 수리비로 10만 원을 학생들에게 부담시키는 것에 대해 학생들은 용인하지 못했다.

최정규 씨의 증언에 의하면 독일 노동자들은 몸이 아프면 최대 6개월 동안 유급 휴가를 누린다. "오매, 한국 사람들 같으면 모두 입원실에 누워 월급을 탈 것인디요"라고 말했더니, 최정규 씨는 고개를 살래살래 흔들었다. 독일 사람들은 혼자 뒹구는 것보다 직장에 나가 일하는 것을 선호하더라는 것이다.

순희야. 좀 일찍 올 걸 그랬다. 최정규 씨는 나에게 독일 녹색당의 토론 문화에 관해 들려주었다. 특정 사안에 대한 정책 대안이 여덟 가지 올라올 경우, 녹색당원들은 전 당원의 참여를 통해 여덟 가지를 네 개로 줄이고, 네 개를 두 개로 줄인 다음 하나의 최종 견해를 만들어낸다는 것이다. 그 녹색당이 5%의 지지를 받고 사민당과 연대하여 집권 정당이 되었다는 이야기를 들으면서, 나는 몽둥이로 뒤통수를 얻어맞는 기분이었다.

독일식 정당명부 비례대표제의 긍정성에 대해 나는 최정규 씨로부터 이야기를 들었다. 나는 1992년 국회의원 선거에 나가 낙방한 경험이 있다. 우리나라와 같은 소선구제하에서 젊은이가 국회에 진출하는 것은 거의 불가능하다. 문제는 40%의 지지도 얻지 못한 후보가 1등만 되면 국회의원이 되는 소선거구제의 불합리한 현실에 있었다. 정책만 좋으면 국민의 지지를 얻어 국회에 진출할 수 있는, 독일의 합리적인 정치 현실이 마냥 부러웠다.

순희야. 고등학교만 나와도 성실하게 일하면 인간답게 살 수 있는 사회, 어느 대학 어느 학과를 나와도 이후 취업하여 받는 보수가 큰 차이가 없는 사회, 능력이 있어 고소득을 올리는 사람은 그만큼 세금을 많이 내고, 자신의 의지와는 무관하게 일을 할 수 없는 분들에겐 사회가 따뜻한 도움의 손길을 내밀어 주는 사회, 자식 교육은 걱정하지 않아도 되는 그런 사회, 우리 손으로 만들 수 없을까?

다음은 『나는 빠리의 택시 운전사』로 유명한 홍세화 선배의 이야기다. 이분이 프랑스로 망명한 것은 1979년이었다. 박정희의 유신독재가 서슬 퍼런 칼날을 휘두르던 당시 잡히면 물고문에 통닭구이 고문을 거쳐 칠성판 전기고문을 당해야 하기 때문에 이 끔찍한 고문을 모면하기 위하여 머나먼 땅 낯선 곳 프랑스로 망명을 했던 것이다.

세월은 흘러 김영삼 씨가 대통령이 되었다. 이제는 고국의 품속으로 돌아올 수 있는 상황이 되었다. 성질 급한 내가 "왜 빨리 귀국하지 않는 겁니까"라 물었다. 홍 선배의 대답이 가관이다. "애들 교육 문제 때문에 당분간은 프랑스에 있어야 한다"는 것이다.

홍 선배에게는 당시 두 자녀가 프랑스에서 대학을 다니고 있었다. 물론 '서울의 택시 운전사' 수입으로는 두 자녀를 대학에 보내는 것은 불가능한 일이다. 그러면 '파리의 택시 운전사'는 두 자녀를 대학에 보낼 만큼 소득이 높은 것일까? 이런 생각을 품었던 것이 2000년 어느 가을의 일이었다.

"프랑스에서는 아이들 학비가 공짜예요." 말수가 느려 더욱 점잖게 뵈는 홍 선배의 대답이 이것이었다. 초등학교에서 대학교까지 학비를 국가가 책임지는 것은 기본이고, 책값 공책값 일체의 교육비를 국가가 책임진다는 희한한 정보를 전해 듣고 나는 얼척이 없었다.

나는 지금 초등학교 다니는 딸아이 사교육비만으로도 한 달에 30만 원 이상 들어가고 있다. 아내는 딸아이 대학 학비가 걱정되어 벌써 교육보험으로 매달 6만 원을 불입하고 있다. 세상에 아이들의 일체의 교육비를 책임지는 나라가 있었다니! 술만 먹으면 "세상을 바꾸자!"고 떠들고 다녔던 나의 무지가 부끄러운 순간이었다.

그게 정말인가 확인하고 싶었다. 프랑스에서 박사학위를 따고 돌아온 후배에게 물어보았다. 그것도 물음인가, 나를 이상하게 보는 것이다.

황당해하는 나를 더욱 황당하게 만들었던 것은, 프랑스에서는 아이를 낳으면 국가가 보조금을 준다는 말이었다. 아이를 많이 낳으면 아이를 많이 낳으라고 보조금을 더 준다는 것이다.

나는 궁금했다. 왜 프랑스에서는 국민들의 교육 문제를 국가가 전적으로 책임지는 것일까? 우리 한국에서는 자식의 교육 문제가 전적으로 부모에게 맡겨져 있는데, 왜 프랑스는 국가가 나서서 국민의 교육 문제를 책임지느냐는 말이다.

나는 생각하여 보았다. 아마도 그것은 프랑스 국민의 의식 수준의 반영 아니겠는가. 이곳 한국에서는 내가 낳은 자식은 나의 자식일 뿐이지만, 프랑스에서는 내가 낳은 자식은 나의 자식일 뿐만 아니라 동시에 프랑스의 자식이라는 의식이 보편화되어 있기 때문일 것이다. 따라서 당신 자식의 교육 문제는 당신의 책임일 뿐만 아니라 프랑스의 책임이 되는 법이다.

순희야. 시울 깅님에는 핸드백에 4000만 원싸리 현금 통상을 20~30개씩 넣고 다니며 돈을 넣고 빼는 졸부들이 즐비하다고 한다. 은행 예금으로 10억 원을 갖고 다니는 이런 졸부들의 총자산은 어느 정도일까? 보나 안 보나 5억 원짜리 아파트 몇 채를 끼고 있을 것이고, 목 좋은 곳에 몇 십억 원짜리 빌딩도 가지고 있겠지. 한국의 부자들은 고래로 자산을 땅에다 보유한다. 제주도를 비롯하여 전국 도처에 전답과 임야 수십 목을 소유하고 있을 것이니, 이들의 실재 자산 규모는 줄잡아 100억 원대가 넘을 것이다.

이들 졸부의 수가 20만 명이라 치면, 전체 경제활동인구 2000만 명의 딱 1%다. 깨놓고 말하여 지난 40년의 고도성장 과정은 이들 1%의 졸부들을 만들어주기 위한 경제성장이었다. 그렇게 1%의 졸부들이 온갖 부정한 수단으로 100억 원대의 자산을 축재하고 있는데, 지금 700만 명 비정규직 노동자들은 한 달 50만~60만 원 하는 박봉에 시달리고 있다. 가장 적은 월급을 받으며 온갖 힘든 일을 다 하는데도, 일거리가 없으면 가장 먼저 해고되어도 아무 소리 못하는 현대판 노예, 비정규직 노동자들이 지금 대한민국 하늘 아래 100억 원대의 졸부들과 함께 살고 있는 것이다.

순희야. 따지고 보면 너희들이 입시 지옥에서 벗어 나오지 못하는 것도 그 기저에는 불평등한 사회구조가 자리하고 있는 것이다. 기득권층이 짜놓은 경쟁 시스템에서 사다리의 좀 더 높은 쪽으로 올라가기 위한 눈물겨운 몸부림, 그것이 입시 경쟁 아니겠느냐? 입시전쟁을 치르고 나면 또다시 취업전쟁을 치러야 하는 이 경쟁구조 속에서, 그래, 전문직종의 라이센스 하나 정도 따두면 좀 편한 삶을 누릴 수 있겠지만, 그렇게 혼자 편한 길을 찾아 나서기 전, 우리들이 살고 있는 사회가 어떤 부조리를 안고 있는지, 너희들이 해결해 내야 할 역사적 과제들이 무엇인지에 대해서만큼은 '의식'을 갖고 살아야 한다.

철학,
광장에 가다

나는 개치는 소년

요즘 나는 소원을 이루었다. 한 10년 전부터 그렇게도 시골로 들어가고 싶어 했던 염원을 이렇게 어엿하게 이룬 것이다. 지금 글을 쓰고 있는 곳은 지리산 하고도 남원의 조용한 시골 마을, 뱀사골의 계곡물이 흘러 흘러 모이는 섬진강 한켠 두동마을, 복숭아꽃·살구꽃·아기진달래가 만발하고 왼종일 뻐꾸기 울음소리가 끊이지 않는 자리이다. 멍청한 정부기 비려버린 초등학교 선불을 수어다 지난 몇 개월 내내 뚜닥뚜닥 수리하여 제법 쓸 만한 안식처로 바꾸어놓았다. 밤이면 칠흑의 어둠이 사위를 덮는다. 마치 바다가 흙탕물을 감싸 안듯, 밤의 고요는 사람들의 소란 대는 소리들마저 포근하게 감싸 안아준다.

이곳에서 매일 노동을 한다. 조그만 아파트 서재에서 담배나 뻐끔뻐끔 피우며 몸 놀리기를 싫어하던 내가, 하는 수 없이 1만 평에 달하는 이 넓은 공간의 이곳저곳을 어슬렁거리며 노동을 하고 있다. 아침엔 개 밥을 퍼주고, 낮에는 복도 청소를 하고, 저녁엔 요리를 한다. 특별하게 힘든 일을 하는 것은 아니나, 워낙 육체노동을 멀리하면서 보낸 탓이라 저녁 8시만 되만 시골 사람들의 풍습대로 그냥 곯아떨어진다.

함께 사는 벗 홍기표는 출신이 용접공이어서 그런지, 제법 철 구조물을 잘 만진다. 이틀 전에는 장터에 가서 6m짜리 쇠파이프를 사왔다. 우리는 이 쇠파이프를 자르고 붙이고, 땅속 깊이 구덩이를 파고, 모래와 시멘트를 섞어 붓고 하여 마침내 축구 골대를 세우는 일에 성공했다. 나는 이 일을 하면서, 운동장마다 자연발생적으로 기립하여 있는 축구 골대 하나하나에 인간의 노고가 깊이 박혀 있음을 알게 되었다. 공업 노동의 재미를 체감하는 사건이었다.

어제는 고추 모종을 심었다. 삽으로 흙을 파고, 모종을 심고, 물을 주는데, 고작 50모종 심으니 허리에 아팠다. 일은 천천히 하는 것이어(!), 하는 어른들의 말씀을 떠올리며, 담배 한 대 꼬나물고, 들바람 쏘이면서 게으름을 피웠다. 이어 토마토 모종을 심었다. 이번에는 30모종 심고 나니, 허리가 아프기 시작했다. '이 엉터리야, 겨우 두 시간 일하고서 일을 그만두려고 하는 것이야?' 온몸에 땀이 적시니, 한편으론 뿌듯하기도 하고 한편으론 이 부실한 몸에 대한 자괴감이 들기도 했다.

그러던 차에 교문 앞으로 차 한 대가 들어오더니만 나를 찾는 것이다. "먼 데서 친구가 찾아오니, 이 또한 즐겁지 아니한가(有朋自遠方來 不亦樂乎)"를 읊조리며 일손을 놓았다. 농업 노동의 고역스러움을 체감한 하루였다.

아무래도 이곳에 와서 내가 제일 좋아하는 일은 목축 노동인가 보다. 진돗개 두 마리에 일본 토종견인 아끼다 두 마리를 키우고 있다. 하루만 보지 않아도 개들이 걱정되고 보고 싶어진다. 순돌이라고 이름 지어준 이제 석 달배기 새끼 진돗개가 유달리 사랑스럽다. 밥을 줄 때도 먼저 순돌이를 부르고 물을 줄 때도 순돌이를 먼저 부른다.

초등학교 5학년 때 헤어진 삽살개에 대한 애절한 추억이 나의 무의식 속에 잠재되어 있는 것인가, 순돌이는 지금 나의 마음을 설레게 한다. 나는 개치는 소년, 그래도 한 가지 즐거워하는 노동이 있어 이 몸이 자랑스럽다.

내가 꿈꾸는 '행복 찾기 대경연.'

대한민국에서 자식을 기르며 살아가는 사람들의 99%는 돈의 노예가 되어 있다. 노동자만이 그런 것이 아니라, 장사하는 분들도, 농사짓는 사람도 모두 하루아침을 돈에서 시작하여 돈으로 끝난다. 못사는 사람들만 돈의 노예로 살아가는 것이 아니다. 제법 안정된 삶을 영위하는 전문직종의 사람들, 예컨대 의사들이나 법조인들이나 교수들도 겉으로 점잔을 뺄 뿐, 돈의 노예인 것은 매한가지다. 좋은 대학 들어가려고 아등바등 대는 것은 법조인, 의사, 교수 따위의 전문직을 얻기 위한 것이지 않는가?

그런데 내가 만나본 판·검사들이 법에 대한 사명감 같은 것을 갖고 있는 경우는 보지 못했다. 판사들 스스로가 '법은 없는 사람들을 두드려 잡는 법'임을 내 앞에서 실토한다. 문제는 '법조 활동 속에서 당신은 행복을 누리고 있는가'라는 질문을 던졌을 때 그 대답은 '아니오'라는 것이다. 변호사라는 직업이 돈을 많이 벌 때는 좋았다고들 한다. 요즘엔 사무실 유지조차 힘들다며 너스레를 떠는 변호사들을 볼 때, 결국 당신도 그 좋은 머리를 돈에다 팔 수밖에 없는 삶을 살고 있구나, 나는 속으로 생각한다. 고등학교 동창의 절반이 모두 의사들이다. 술 마시면 돈을 내는 쪽이 으레 의사들이기 때문에 의사들이 동창회 술좌석의 분위기를 주도한다. 나는 주로 듣는 쪽인데, 대화의 8할이 음담패설이다. 내가 만나본 의사들 중 인술을 시행하면서 삶의 진지한 행복을 누리고 있는 녀석은 단 한 명도 없었다.

따라서 『꽃들에게 희망을』이라는 책 속에 나오는 애벌레들처럼, 대한민국의 청소년들은 자신이 어디를 향해 가고 있는지조차 모르면서 이웃의 등을 짓밟고 더 높이 오르려는 경쟁의 틈바구니에 갇혀 살고 있는 것이다. 그중 성공한 1등들이 누리는 인생이 고작 돈의 노예라면 이런 사회의 체계는 확실히 어리석은 것이며, 그런 체계 속에서 소수의 1등들을 만들어내는 데 복무하고 있는 보수적 교육체계는 기만적인 것임에 분명하다.

그러면 어떻게 할 것인가? 대다수의 생활인들이 돈을 벌기 위해 아등바등 대는 것은 아무도 개인의 운명을 돌보아주지 않기 때문이다. 한국 사회에서는 돈을 벌어놓지 않으면 미래가 불안하기 때문에 돈에 집착한다. 돈을 모아놓지 않으면 자식들 대학에 보낼 수 없고 노인이 되어 쓰레기 취급 받기 때문이다.

따라서 프랑스처럼 사회가 개인의 교육·의료·주택 문제를 책임져주고 노인 복지를 책임져준다면, 40대의 가장들이 돈 때문에 아등바등 댈 이유가 현저히 줄어들 것이다. 나는 프랑스의 사회제도 모두에 동의하지 않는다. 그들의 철저한 개인주의를 나는 싫어한다. 그럼에도 불구하고 내가 프랑스의 사회보장제도를 자주 거론하는 이유는, 프랑스의 사회보장의 절반만이라도 우리 사회가 수용한다면 이 지긋지긋한 '돈에 얽매인 삶'을 버리고 '자유로운 삶'을 추구할 수 있지 않을까 하는 생각에서이다.

실제로 노동운동을 하다가 30대 중반의 나이에 접어들면 노동운동을 접어야 하는 객관적 상황에 직면하게 된다. 20대와 30대 초반만 하더라도 한 달에 30만~40만 원의 수입만 보장되면 운동가로서 그럭저럭 살 수 있다. 하지만 결혼하고 아이를 낳고 아이가 학교에 들어가면서부터 돈이 사람을 잡아먹는 상황이 전개되는데, 매에 장사 없다고 빚을 이겨나가는 운동가를 나는 보지 못했다.

평생 노동운동에 목숨을 바칠 것으로 기약했던 젊은 날의 맹서를 저버릴 때 갖는 좌절감은, 겪지 않은 사람은 모른다. 나는 이런 비극적 궁핍이 꼭 노동운동권에만 적용되는 것이 아니라고 알고 있다. 단돈 10만 원도 나오지 않는 연극인 생활을 비참하게 인내하는 경우도 보았고, 돈 한 푼 벌지 못하면서 지금도 농촌을 지키는 운동가도 보았다. 한 달 40만 원의 상근자 급여를 지급받지 못하면서도 사회단체에서 열심히 뛰는 분들도 부지기수다.

나는 돈에 얽매이지 않고도 행복하게 살 수 있는 사회적 조건을 창출하고 싶다. 지금 남한의 GNP가 500조 원이고 세금이 100조 원이다. 이 정도의 경제력이면 서민들의 교육·의료 문제는 무조건 해결 가능하다. 유치원에서부터 대학교까지 무상으로 학교 다닐 수 있고, 아플 때 언제든지 무상으로 치료받을 수 있다. 그렇게 되면, 나는 대한민국의 사회적 분위기가 상당히 달라지리라 본다. 지금처럼 돈 벌려고 아등바등 댈 필요가 없어지는 것이다. 교육과 의료 문제가 사회적으로 해결된다면 한 달에 60만 원만 벌어도 인격적인 생활을 영위할 수 있을 것이다. 남편은 환경단체의 간사로 일하면서 60만 원을 벌고 부인은 민주노총의 간사로 일하면서 60만 원을 벌어 아무 부족함 없이 살아가는 후배들을 나는 보고 있다.

최소한의 인간적 삶을 영위할 수 있는 사회적 조건의 창출이 내가 꾸는 황당한 꿈의 하나라면 주 4일 노동제는 내가 꾸는 또 하나의 황당한 꿈이다. 노동시간이 단축되는 것은 세계사적 필연이다. 150년 전만 해도 노동자들의 노동시간은 하루 14시간을 웃돌았다. 그러던 것이 20세기에 들어와 하루 8시간으로 줄어들었고, 지금 선진국의 노동자들은

주 35시간제를 누리고 있다. 우리 역시 지난 1980년대만 하더라도 강요된 잔업 특근을 때우며 공장에서 하루 12시간을 보내야 했다. 지금 대공장 노동자들은 격주로 토요일을 쉬고 있는 것으로 안다. 민주노총이 주장하고 있는 주 5일 노동제는 조만간 실현될 것으로 나는 전망한다.

주 4일 노동제를 실행하면 나라 경제 전반을 합리적으로 운용할 수 있을 것이다. 내가 생각하는 주 4일 노동제는 모든 노동자에게 획일적으로 적용되는 노동시간이 아니다. 돈을 많이 벌고자 하는 사람은 주 4일 근무할 수 있다. 반대로 "돈보다 사람이 아름다워"를 노래 부르며, '자유의 시간'을 소중하게 여기는 사람들은 '주 3일 근무'를 선택하는 것이다.

교육·의료 문제에 대한 사회보장이 확실하게 정착되고 주 4일 근무제가 보편적으로 시행된다면, 그다음 내가 하고 싶은 일이 고개를 내민다. 나는 인간은 창조적 활동과 사회적 봉사 속에서 진정한 행복을 누린다는 신념을 갖고 있다. 팔아먹기 위한 생산활동이 아니라, 자신의 사상과 감정, 의지와 열정을 드러내는 창조적 활동, 그러면서 그 활동의 성과가 많은 사람들에게 기여하는 사회적 봉사로 이어지는 활동 속에서 인간은 지고의 행복을 누리는 것으로 아이들에게 가르쳐왔다.

창조적 활동은 꼭 지적·예술적 분야에만 적용되는 것이 아니다. 농업활동·공업활동·목축활동에도 적용되는 것이며, 가장 중요한 분야의 하나로서 사람을 키우는 교육활동에도 적용되는 것이다. 그리하여 한 달에 300만 원을 벌기 위해 아침부터 밤늦도록 돈에 매여 사는 사람들의 거대한 집단과 한 달에 60만 원만 벌어도 창조적 활동과 사회적 봉사를 하면서 늘 해맑은 웃음을 지으며 사는 또 다른 사람들의 거대한 집단이, 누가 진정한 행복을 누리며 살고 있는지 선의의 경쟁을 해보자는 것이다.

설날이나 추석날에 모여 돈에 환장한 친척이 우리를 향해 "양복 한 벌 없냐"고 핀잔을 주면, "개량한복이 얼마나 편하고 값싸고 실용적인지 모르지요"라고 대꾸하면서 "공기 나쁜 데서 고생하네요. 사업은 잘되나요"라고 농담을 던져보자는 것이다. 그리하여 남한의 보수세력을 추종하는 '돈의 노예들', 다른 말로는 '소외된 삶을 살아가는 불쌍한 사람들'과 진보세력을 따르는 '자유로운 사람들', 다른 말로는 '창조적 활동과 사회봉사를 하며 살아가는 당당한 사람들'이 전 사회적으로 행복 찾기 대경연을 벌여보자는 것이다.

—2001년 5월 작성, 《교육비평》에 발표.

대화

거인의 어깨 위에 올라서자

공자와 예수 모두 비천한 신분에

제대로 교육조차 받지 못했을 텐데 어떻게 성인이 될 수 있었을까요?

공자의 아버지가 은나라 핏줄입니다. 고대 중국의 세 왕조 하·은·주에서 은나라는 동이족이 세운 나라죠. 공자는 죽기 며칠 전 자공을 불러서 "나는 은의 후예이다"라고 말해요.

공자 아버지 숙량흘은 아들이 없었어. 안징재와 노인이 야합을 해서 낳은 아이가 공자야. 공식적인 결혼을 하지 않았지. 공자가 세 살 때 아버지가 죽어. 공자는 아버지 없이 홀어머니 밑에서 큰 거지. 그래서 공자의 신분은 가난했고 비천한 거예요. 공자는 끊임없이 배움을 통해서 자신의 뜻과 지위를 높여간 사람이에요. 공자는 나이 15살 때 학문에 뜻을 세웠다고 하잖아요. 나보다 더 배우길 좋아하는 사람을 보지 못했다고 할 정도로 공자는 선현들의 학식을 두루 섭렵했던 것 같아요.

공자보다 더 불우한 사람이 있어요. 뉴턴이야. 1642년에 갈릴레이가 죽고 뉴턴이 태어나요. 뉴턴은 유복자야. 7달 만에 태어나요. 네 살 때 엄마는 뉴턴을 할머니에게 맡겨요. 재가한 거지요. 뉴턴 12살 때 엄마가 또 돌아와요. 재혼한 남자가 또 죽은 거야. 친정에 돌아와서는 뉴턴을 보고 일을 시켜요. 학교를 중퇴시키고 농사일을 시켜요.

천만다행으로 삼촌의 권유로 대학교에 들어가지요. 근데 돈이 없어요. 근로 장학생으로 대학을 다니지요. 식당 접시 닦고 실험실 청소하고 학교를 다녀요. 말이 근로 장학생이지 거지예요. 내가 봤을 때 가장 불우한 사람이 뉴턴이었어요.

뉴턴이 뉴턴이 될 수 있었던 비결은 그의 스승 배로(Issac Barrow)에 있어요. 진취적인 교수였지요. "뉴턴 이놈이 나보다 낫다. 내가 물러설 테니 내 교수 자리에 앉아라" 한 거예요. 대단한 스승이었어요. 그렇게 해서 뉴턴이 스물여섯에 교수가 돼요. 나는 배로처럼 멋진 교수가 대한민국에 한 명만이라도 있으면 좋겠어요. 교수가 되니까 경제적 안정을 얻고 연구에 집중할 수 있었지요.

뉴턴은 굉장히 성실했어요. 배로의 가르침을 그야말로 흡입했어요. 엄청 노트했지요. 그냥 만유인력이 나온 게 아니에요. 배로가 그 당시 지성계를 이끈 데카르트와 갈릴레이와 케플러의 과학적 성과를 뉴턴에게 그대로 전해준 거지요. 이 세 사람의 연구의 필연적 귀결이 만유인력의 법칙으로 돼요.

그 당시 많은 사람들이 궁금해 했지요. 하늘의 계시를 받았나? 에디슨은 1%의 영감과 99%의 노력이라고 이야기했는데 뉴턴은 뭐라고 한 줄 알아요?

"내가 다른 사람들보다 좀 더 멀리 내다볼 수 있었던 것은 거인의 어깨 위에 올라섰기 때문이다."

이게 엄청난 말이거든요. 얼마나 겸손한 말이에요? 데카르트와 갈릴레이와 케플러, 이 세 거인의 어깨 위에 올라간 것뿐이다, 이거예요.

뉴턴은 갈릴레이라는 거인의 어깨 위에 올라섰고, 갈릴레이는 코페르니쿠스라는 거인 위에 올라섰으며, 코페르니쿠스는 프톨레마이오스의 어깨 위에 올라섰어요. 프톨레마이오스는 누구의 어깨 위에 올라섰을까요? 바로 아리스토텔레스예요. 아리스토텔레스는 당연 플라톤의 어깨 위에 올라선 거고, 플라톤은 소크라테스, 소크라테스는 아낙사고라스와 프로타고라스의 어깨 위에 올라선 거예요.

모든 위대한 사람은 자신의 노력만으로 위인이 된 것이 아니고 거인의 어깨 위에 올라섰기 때문이었다는 것을 강조하고 싶어요. 여러분도 한 명의 거인을 선택하세요.

—2015년 2월

동굴의 우화

— 플라톤, 『국가』

소크라테스 여기 지하 동굴이 있고 그 안에 사람이 살고 있네. 동굴 속의 사람은 어릴 때부터 다리와 목이 쇠사슬에 묶여 있다네. 쇠사슬 때문에 고개를 돌릴 수 없어 앞쪽만을 바라보네.

글라우콘 선생님께서는 이상한 죄수들의 이상한 그림을 보여주시는군요.

소크라테스 우리와 같은 사람들이네.[1]

동굴은 지하 감옥이고 동굴 속의 사람은 죄수다. 죄수는 어릴 적부터 동굴 속에 결박당해 사지와 목이 쇠사슬에 묶여 있다. 앞만 보도록 되어 있는 인간이다. 우리 역시 동굴 속의 죄수, 결박당한 인간이 아닐까?

죄수의 눈은 동굴의 어둠에 길들여져 있다. 이것은 무엇인가? 또 다른 세상이 있음을, 태양 아래 밝은 세상이 있음을 모른다는 것일 게다. 죄수는 손발을 묶인 채 고개를 좌우로 돌릴 수도 없고 앞만 보도록 되어 있다. 이것은 무엇인가? 하나의 습관, 하나의 가치, 하나의 관념에 붙들려 다른 세계관이 있음을 모르며 사는 것 아닌가?

동굴의 상상화에 대한 제자 글라우콘의 답변 또한 흥미롭다. "이상한 비유와 이상한 죄수들을 말씀하시는군요."

지금 글라우콘은 자신이 동굴의 죄수임을 인정하지 않고 있는 것이다. 이에 대한 소크라테스의 답변 또한 의미심장하다. "우리와 같은 사람들일세." 글라우콘, 너도 죄수와 다름없는 인간이야.

마찬가지다. 우리 역시 동굴 속의 죄수일지 모른다. 이곳이 동굴인지조차 자각하지 못하는 죄수 말이다. 우리는 살면서 자신의 삶에 회의하는 순간들을 경험한다. 하지만 그 순간의 회의를 일관되게 밀고 나가지 못하고 일상의 삶으로 되돌아오고 만다. '동굴의 비유'는 결코 철인의 공상 만화가 아니다. '동굴의 비유'는 강력한 현실이다.

소크라테스 동굴 속의 죄수가 쇠사슬에서 풀려나 갑자기 일어서서 고개를 돌리고 몸을 움직이며 불빛을 쳐다보도록 강요받는다면 그는 고통을 받을 것이야. 광채에 눈이 부셔 여태까지 보아온 그림자의 실물을 바라볼 수 없을 걸세.[2]

철학한다는 것은 이곳이 부조리의 동굴임을 인정하는 데에서부터 출발한다.

2
절망을
딛고

시대의 성찰: 잃어버린 10년

봉하의 비극[*]

2009년 5월 23일 오전 10시, 그날 난 망월동으로 가는 택시를 타고 있었다. 〈님을 위한 행진곡〉, 그 영혼 결혼식의 주인공 박기순 누이와 윤상원 열사를 기리는 그날 오전, 온 국민이 그러했듯, 들려오는 전파의 음성을 의심하지 않을 수 없었다. 문득 도봉산 산행 길에서 의문의 주검으로 발견된 고 장준하 선생의 얼굴이 떠올랐다. '절벽에서 떨어져, 양산의 병원으로 실려 가다니… 왜?'

　고 노무현 전 대통령의 유해가 안치된 봉하의 정토원을 찾은 것은 6월 10일이었다. 고속도로 곁, 남도의 산하엔 밤꽃이 지천으로 피어 있었다. 흐느적거리는 밤꽃의 내음이 코끝을 건드릴 때 노무현 대통령은 우리 곁을 떠났다. 왜 떠났을까? 풀리지 않는 물음의 답을 찾기 위해 봉하를 찾았다. 들어가는 입구엔 헤아릴 수 없이 많은 노란 띠들이 인간 노

---

[*] 2009년 작성, 미발표.

무현을 향한 깊은 애정을 표현하고 있었다. 정토원의 입구엔 대형 플래카드가 붙어 있었다. "제대로 모시지 못하여 죄송합니다"는 이광재 씨의 글이었다. '지장보살' 염불소리가 청명하게 들리는 정토원에서 마지막 하직의 예를 올리고 나왔다.

"21년 전 오월 이맘 때 만났지요. 42살과 23살, 좋은 시절에 만났습니다. 부족한 게 많지만 같이 살자고 했지요. 사람 사는 세상을 만들자는 꿈만 가지고 불꽃처럼 살았습니다." 이광재 씨가 고인을 추모했다. 두 사람이 처음 인연을 맺었던 1988년, 우리 노동자들도 젊은 시절의 노무현과 그렇게 인연을 맺었다.

제가 생각하는 이상적인 사회는 더불어 사는 세상, 모두가 먹는 것 입는 것 이런 걱정 좀 안 하고, 더럽고 아니꼬운 꼬라지 좀 안 보고, 그래서 하루하루가 좀 신명나게 이어지는 그런 세상입니다. 만일 이런 세상이 좀 지나친 욕심이라면, 적어도 살기가 힘이 들어서 아니면 분하고 서러워서 스스로 목숨을 끊는 그런 일은 좀 없는 세상, 이런 것입니다(1988년 7월 8일, 노무현 의원의 국회 대정부 질의).

들리지 않는가? 치켜뜬 눈매에 약간은 체념하듯 불의의 현실을 비아냥거리는 독특한 노무현의 음성. 그때 우리는 노무현에 매료되었다. 1988년 국회 연단에 올라서서 정부 각료들을 호령하던 노무현은 진정한 민중의 호민관이었다. 천하의 정주영을 냉철한 논리와 분노로 쩔쩔매게 한 젊은 시절의 노무현은 그야말로 멋진 한 폭의 그림이었다.

말뿐이 아니었다. 그는 온몸을 던져 노동자와 함께 투쟁했다. 노무현은 전경 버스의 밑으로 몸을 던진 사나이였다. 경찰의 불법 연행을 그렇게 온몸으로 막았다. "상의가 찢기고 넥타이는 다 풀어지고. 바짓가랑이는 흙투성이고. 그런 모습으로 노무현은 씩씩대며 우리 시야를 벗어났습니다." 노동자의 가슴에 노무현은 그렇게 기록되어 있었다.

서둘러 봉하의 부엉이 바위를 찾았다. 나직한 바위였다. 솔숲 사이로 봉긋 솟은 저 바위, 부엉이 바위에서 무슨 한이 깊어 몸을 던져야 했나? 오후의 태양은 빛나고 있었고, 텃밭의 고추는 탐스럽게 자라고 있었다.

안쓰러웠다. 봉하의 부엉이 바위를 보기 전 나에게 노무현은 청와대의 지체 높은 분이었다. 봉하에 와 보니 노무현은 외로운 사람이었다. 노무현을 사랑하는 사람들은 많았지만, 노무현을 '제대로 모시는' 사람은 없었음을 직감했다. 참, 의아했다.

사람들은 노무현 후보가 대통령 선거전에서 7%의 경제성장을 약속했던 과거를 다 잊어버렸을 것이다. 까마득히 잊었을 것이다. 그때 노무현 후보와 이회창 후보의 선거는 유독 치열했다. 어느 날 아침 일어

나 한겨레신문을 보니 7%의 경제성장을 이룩하겠다며 노무현 후보 측이 신문의 1면 하단에 광고를 실었다. 당시 이회창 후보는 6%의 경제성장을 공약했다. 내가 노무현 대통령으로부터 존경의 마음을 거두어들이기 시작한 것은 이것 때문이었다.

경제를 성장시키겠다는 것은 민중을 버리겠다는 것이다. 경제를 성장시키겠다는 것은 가난한 노동자의 살림을 더욱 힘들게 하겠다는 것이다. 적어도 한국의 현실에서 정부가 경제를 성장시키겠다는 것은 재벌들의 뒤를 체계적으로 밀어주겠다는 것을 의미한다. 삼성의 저 오만한 불법 행위에 작두로 단죄를 가해도 부족할 판에 정부가 경제를 성장시키겠다는 것은 앞장서서 삼성의 보호자가 되겠음을 공약하는 것이었다. 경제를 성장시키겠다는 것은 국민의 혈세를 가지고 토건세력들의 배를 불려주겠다는 것 외에 아무것도 아니었다. 한마디로 경제성장 7%의 공약은 이회창보다 더 확고히 민중을 압살하겠음을 공약하는 것이었다. 그렇게 노무현은 자신의 신조를 배반하고 있었다. 안타까운 일이었다.

아니나 다를까, 제16대 대통령의 취임사에서 노무현 신임 대통령은 대한민국이 동북아 물류와 금융의 중심지로 거듭나게 하겠다고 선언했다. 박정희가 내건 성장주의의 기치를 완성하겠다고 선포한 것이다. 봉하의 비극은 여기에 있었다. 이 취임사는 노무현의 것이 아니고 삼성의 것이었다. 대통령 취임사는 산천초목도 기억하는 역사적 문건이다.

성장주의 노선을 이어받는 한 삼성과 현대에게 손을 안 내밀 수 없다. 재벌들이 투자를 해줘야 경기가 돌아가지 않겠는가? 헌데, 생산된 물건은 어디에 팔아 먹어? 성장주의 노선을 따라가는 한 미국의 시장에 의존할 수밖에 없다. 아니나 다를까, 그 거센 반대를 무릅쓰고 참여

정부는 '이라크 파병'을 강행했다. 심하게 밀어붙였다. '사진 찍기 위해 미국 가는 일은 없을 것이다'고 했던 노무현의 배포가 무너지고, 미국을 향해 '아니오!'라고 말할 수 있는 정치 지도자 한 명 원했던 민중의 기대는 물거품이 되었다.

성장주의 노선을 따라가는 한 돈의 시녀가 될 수밖에 없다. 자본에는 인간의 심장이 없다. 모든 것을 돈벌이의 대상으로만 보는 자본의 마수에 사로잡히면 보이는 게 없어진다. 하여 대한민국의 토건세력들은 금수강산을 요 모양 요 꼴로 파괴하고 있는 것이다. 그들은 삼천리 금수강산을 가꾸고 지키는 '보수(保守)'세력이 아니라 삼천리 금수강산을 요절내는 '파괴'세력이다. 아니나 다를까, 참여정부는 새만금 간척사업을 통과시켜버렸다.

봉하에 가보니 부엉이 바위는 높지 않았다. 봉하에 가보니 노무현의 이론은 높지 않았고 측근들 역시 부실했음을 피부로 느낄 수 있었다. "대통령 못해 먹겠다"는 발언은 엄살이 아니라 몸부림이었다. "권력은 시장으로 넘어갔다"는 발언 그대로, 청와대의 주인은 대통령이 아니라 삼성이었다.

지리산에서 서울까지 300km를 자벌레처럼 기어온 수경 스님, 문규현 신부, 전종훈 신부의 외침에 귀 기울이자.

도반 여러분.

제가 보건대 지금 우리 사회는 분노가 부족해서 민주주의가 역행하는 것이 아닙니다. 이승만 정권과 4·19, 장면 정부와 5·16, 박정희와 부마항쟁 그리고 10·26, 전두환과 5·18, 6·10···. 이렇게 우리는 수많은 사람의 피와 눈물로, 소위 '절차적 민주주의'를 이루어냈습니다. 하지만 우리는 국민이 주인인 나라를 만들지 못했습니다. 오로지 돈, 돈, 돈을 외치면서 우리 스스로 사람다운 삶을 내팽개쳤습니다. 그것이 오늘 우리의 자화상입니다.[1]

죽음으로써 삶은 완결되지만, 또 무덤 위에 자라는 풀처럼 생은 계속된다. 노무현 전 대통령은 자신의 삶을 완결했지만, 우리의 삶은 또 이어지고 있고 역사는 또 흘러간다. 노무현 전 대통령은 퇴임 후 봉하에 내려가 나라의 미래를 궁리했다고 한다. 측근들에 의하면 리프킨의 『유러피언 드림』을 읽고 주위 지인들에게 일독하길 적극 권유했다고 한다. 고 노무현 대통령이 꿈꾼 '유러피언 드림'을 코리언 드림으로, 코리언 드림을 한국의 현실로 바꾸어나가는 것이 고인의 뜻을 따르는 것이 아닐까?

노동자, 크레인 위에서 자결하다[*]

"전생에 나가 용맹을 떨치려면 밥을 든든히 먹어야 한다. 경은 내 뜻을 생각하여 소찬(素餐) 먹는 것을 치우고 밥을 든든히 먹으라." 『난중일기』를 보면, 이순신 장군이 이런 명령을 받는다. 이에 이순신 장군은 "고기반찬을 하사하였다. 감개무량했다"고 적고 있다. 우리가 아직도 배달의 자손이라는 자부심을 갖고 사는 까닭은, 사욕을 버리고 나라와 민족을 위해 한생 바친 선조들이 많았기 때문일 것이다.

그런데 지금 나라와 민족을 책임지고자 고뇌하는 지도자가 보이지 않는다. 그래도 민주화를 위하여 젊음을 바친 것으로 우리는 두 김씨를 지도자로 모셨다. 알고 보니 두 김씨가 육성한 집단 역시 '인가받은 도

---

[*] 2003년 《한겨레》 칼럼.

적폐'에 지나지 않았다.

씨가 마른 것일까? 국민들은 마지막 한 사람을 더 믿어 보았다. 그 사람만큼은 불의 앞에 용맹하고 부패 앞에 깨끗한 정치인일 것으로 믿고 신화 같은 바람을 만들어 그를 지도자로 모셨다. 그런데 최근 한나라당 대표 최병렬의 증언에 의하면, 불법 대선 자금으로부터 자유로운 정치인이 단 한 명도 없다고 한다. 이것이 정녕 사실이라면, 이제 자인해야 한다. 이제 대한민국의 지도층에는 더 이상 민족의 지도자로 자처할 종자가 없음을, 씨가 말랐음을, 지도층은 파산했음을 자인해야 한다.

권노갑 씨가 한 끼 식대로 30만 원을 썼다고 한다. 억장이 무너지는 현실이다. 권씨가 신라호텔에서 먹은 식사의 메뉴는 '상어지느러미 찜에 매달 바뀌는 이벤트 요리와 고급 포도주'였다. 이어지는 증언에 의하면 "이런 식사비용은 1인당 30만 원 선으로 4명이 식사하면 부가세 등을 포함해 120만~130만 원가량 될 것"이라고 한다. 자기 호주머니로 식사하는데 곰발바닥을 먹든 호랑이간을 먹든 무슨 대수냐고, 권씨의 화려한 식단을 옹호하는 눈 먼 지도층 인사들이 아직도 있을 것이다.

당신들이 신라호텔에서 상어지느러미에 포도주를 기울이고 있을 때, '교도소 짬밥보다 못한 냄새나는 깡보리밥을 그냥 물 말아 먹고 일하던' 노동자들이 있었다. 조·중·동과 노무현, 당신들이 나라 말아먹는다고 아우성을 쳤던 그 대기업 노동자가 말이다. 언제 터질지 모르는 화약고 같은 철판 속에 들어가 목숨을 담보로 일한 대가가 기본급 105만 원에 이것저것 떼고 80만 원이었다. 한진중공업 노동자들의 이야기다.

그마저도 독한 기업주에게 잘못 걸려 월급을 가압류 당해 12만 원을 받고 살아가야 하는 한 노동자가 있었다. 노조위원장 김주익이었다. 그가 35미터 상공 크레인에 올라갔던 것은 무슨 거창한 요구 때문이 아니었다. 당신들이 호텔에서 점심 한 끼 30만 원짜리 먹고 있을 때 김주익은 "임금 7만 원을 올려 달라"고 요구했다. 뜻이 관철되지 않으면 살아 내려오지 않겠다는 약속 그대로, 그는 주검이 되어 크레인을 내려왔다.

"이럴 줄 알았으면, 민주노조 하지 말 걸 그랬습니다. 노예가 품었던 인간의 꿈. 그 꿈을 포기해서 김주익 동지가 돌아만 올 수 있다면, 그 천금 같은 사람이 되돌아올 수 있다면, 그 억센 어깨를, 그 순박하던 웃음을 단 한 번이라도 좋으니 다시 볼 수만 있다면, 그렇게라도 하고 싶습니다."

김진숙의 추도사가 읊어지고 있을 때 대한민국의 모든 노동자는 함께 굵은 눈물을 흘렸다. 한 노동자가 129일을 크레인에 매달려 절규를 하는데, 청와대, 노동부, 국회의원 이른바 대한민국 지도층 인사 누구 하나 코빼기도 내밀지 않았다.

일제가 이 나라를 강점한 뒤 조선족의 지도층 인사들은 모조리 일본 놈들에게 빌붙었다. 그들을 우리는 친일파라 부르기도 하고 부역자라 부르기도 한다. 지금 대한민국의 지도층 인사들이 꼭 그 꼴이다. 이제 이 민족을 이끌어갈 지도자는 다른 곳에서 나와야 한다.

금방 사고가 날 것만 같다[*]

지금 남한의 한 여성 노동자는 바람만 불어도 휘청이는, 잠도 잘 수 없는, 창공 위의 크레인에서 181일간 사투하고 있다. 그곳 35호 크레인은 8년 전 김주익 노동자가 똑같은 싸움을 하다 죽은 곳이다. 2003년 9월 9일 그 크레인에서 김주익은 이런 유서를 남겼다. "노동조합 활동을 하

---

[*] 2011년 7월, 《한겨레》 칼럼.

면서 아이들에게 무엇 하나 해준 것 없는데, 뭐라 할 말이 없다. 아이들에게 휠리스를 사주겠다고 약속했는데… ○○야. 부디 건강하게 살기 바란다."

김진숙은 그때 많은 노동자들로 하여금 굵은 눈물을 뿌리게 했다. "이 럴 줄 알았으면, 이렇게 될 줄 알았다면, 민주노조 하지 말 걸 그랬습니다. 노예가 품었던 인간의 꿈. 그 꿈을 포기해서 김주익 동지가, 그 천금 같은 사람이 되돌아올 수 있다면, 그 억센 어깨를, 그 순박하던 웃음을 단 한 번이라도 좋으니 다시 볼 수만 있다면, 그렇게라도 하고 싶습니다." 8년이 지난 오늘 김진숙은 바로 그 크레인 위에서 더 이상 노예로 살 수 없다며, 정리해고를 철회하라며 건곤일척의 싸움을 벌이고 있다.

민주주의가 무엇이냐고 묻는다면 나는 주저 없이 '인간의 존엄'이라고 답한다. 독재자의 총칼을 향해 겁 없이 대들었던 지난날을 돌아보면, "무릎 꿇고 사느니 서서 죽길 원한단다"라고 우리는 외쳤는데, 인간에게 가장 소중한 가치는 자존이다. 과연 대한민국에 민주주의는 살아 있는가? 정녕 대한민국에 인간의 존엄이 있는 것인가? 대한민국의 민주주의는 지금 부산의 바닷가 한 조선소의 크레인 위에서 언제 침공할지 모르는 폭력 앞에 떨고 있다.

오늘, 내일, 금방 사고가 날 것만 같다. 곧 특공대라도 투입하여 김진숙의 외로운 투쟁을 박살 낼 태세였다. 7월 5일 오전 11명의 노동자가 불법 연행되어 실려 갔고, 전에 없던 철조망이 공장의 온 벽을 휘어 감고 있었으며, 회사 근처엔 전투경찰들이 삼엄한 경비를 하고 있었다. 무엇이 유혈 사태를 부르는가? 사람들마다 견해는 다르겠으나, 나는 지난 한진중공업 회장 조남호 청문회에 한나라당 의원들이 조직적으로 불참한 데 사태의 일단이 있다고 본다. 나는 한나라당에게 정중하게 묻는다.

국회의원은 법을 만드는 사람이기 이전에 민중의 호민관이 아닌가? 만일 당신이, 국민의 정당한 요구를 특유의 몽니로 묵살해온 엠비와 조금이라도 다르다면, 저 크레인 위에서 181일 동안 떨고 있는 여성 노동자 김진숙에게 진정 어린 손을 내밀어야 하는 것 아닌가? 만일 특수 경찰이 크레인 위의 노동자들을 폭력으로 진압한다면, 만일 그런 비극이 우리의 눈앞에서 전개된다면, 더 이상 알을 낳지 못하여 폐닭이 되는 양계장의 닭과 남한의 노동자가 다른 것이 무엇인가? 그러고도 북한의 인권을 운위할 자격이 한나라당에 있는가?

국민을 상대로 독극물을 난사해도 되는가[*]

2011년 7월 10일 새벽 2시 46분, 김진숙을 만나러 간 1만여 시민들에게 경찰이 쏜 것은 물대포가 아니라 푸른색 화학물질이었다. 2008년 촛불시위 당시 물대포를 쏜 경찰들의 몰지각한 행위도 역사에 길이 남겨놓아야 할 엠비 정권의 비행이었지만, 이번 화학물질 발포는 심각한 인권 유린이다. 경찰은 최루액을 살포한 것이라며 별것 아니라고 몸에 해롭지 않은 것이라 하지만….

그것은 단순한 최루액이 아니었다. 그것은 테러리스트를 진압할 때나 사용해야 할 맹독성 특수 화학물질이었다. 경험한 사람들은 알겠지만 최루탄은 시위자들의 눈물을 강제하나, 이성을 잃게 하지는 않는다. 대개의 경우 최루탄은 하늘을 향해 발포하기 때문에 시위자들은 여전히 자신의 의지에 따라 행동한다. 하지만 이 푸른색의 화학물질은 순간 의식을 잃게 하는 물질이었다. 눈을 뜰 수 없게 할 뿐만 아니라 구토를 유발하며, 데굴데굴 구르는 것 이외엔 아무런 행동을 할 수 없게 하는 독극물이었다.

남성들에게만 발포한 것이 아니라 여성들에게까지 발포했다. 그 독극물은 가스가 아니라 액체였다. 하여 시간이 지나면서 점점 더 몸 깊숙한 곳을 파고들며, 화상을 입은 경우처럼 온몸을 뜨겁게 후끈거리게 하는 액체였다. 한 참가자의 전언에 의하면 주머니 속의 세종대왕이 검게 타버렸다고 한다. 남자들은 웃옷을 벗어버리고 물을 뒤집어쓸 수 있으나, 여성들은 어찌 하란 말인가? 한 여성은 여고생인 딸을 데리고 갔는데, 이 독극물을 뒤집어쓰고 발광을 하는 딸에게 "참아라, 조그만 참

---

[*] 2011년 7월,《한겨레》칼럼.

으면 괜찮아진다. 참아라"고 주문했다 한다.

이것이 참을 일인가? 제2차 세계대전 당시 중국을 침략한 일본 군인들이 중국 남자들을 잡아 머리에서부터 발끝까지 사람의 가죽을 벗겨 죽였다. 하여 오늘날도 중국인들은 일본인을 사람이라고 부르지 않는다. 요괴(妖怪). 더 이상 찾을 단어가 없어 선택한 최후의 언어일 것이다. 하지만 일본인들을 요괴로 내몬 그 악독한 일본 천황도 자기 국민을 상대로 전쟁놀이를 하지는 않았다. 지금 엠비 정권이 희망버스를 향해 독극물을 발포한 것은 국민을 상대로 전쟁놀이를 하자는 것 이외 달리 해석할 길이 없다.

대한민국은 민주공화국이며, 민주공화국의 국민들은 국가로부터 생명의 안전을 보호받을 권리가 있다. 마찬가지로 대한민국 국민은 자신의 소유를 보호받을 권리가 있다. 소유권이란 무엇인가? 이건희와 정몽준과 조남호에게 소유권은 그들의 재산권이겠지만, 가진 것이라곤 몸뚱아리밖에 없는 노동자에겐 몸이 재산이고 노동이 소유이다. 따라서 대한민국 경제활동인구의 압도적 다수를 구성하는 임금노동자의 '노동할 권리'를 부정하는 재벌이 있다면, 재벌의 정리해고를 묵인하는 정부가

굴뚝 위의 절망

'408일 굴뚝 농성' 차광호. 경찰이 408일의 고공 농성을 마치고 지상으로 내려온 해고자 차광호 씨에 대해 끝내 구속영장을 신청했다. 경찰은 굴뚝에서 내려온 차 씨를 의료진의 협심증 소견에도 불구하고 곧바로 유치장에 입감했다. 상식적으로 생각해 보자. 408일을 45미터 높이, 그 좁은 공간에서 지내왔는데 건강할 것이라고 믿을 수 있겠는가? 이 상식이 '거룩한' 법 앞에서는 무너졌다.
—《미디어오늘》, 2015년 7월 9일.

있다면, 우리는 존 로크의 가르침 그대로 자유와 안전과 소유를 보장하지 못하는 정부를 전복하는 길밖에 없다.

다시 한 번 묻는다. 정녕 한나라당은 재벌의 불법을 묵인·비호하는 '한나라 분열' 정당인가? 건듯하면 시장에 달려가 떡볶이를 먹으며 친서민 퍼포먼스를 하다가도, 위험한 소를 수입하지 말라, 강을 파지 말라는 촛불시위 앞에선 특유의 고집과 몽니로 일관한 엠비와 그대들이 조금이라도 다를 것 같아 묻는다. 여름철의 크레인은 달걀을 반숙케 한다고 들었다. 200일이 넘도록 목욕은커녕 땅조차 밟지 못하고 있는 한 여성 노동자의 눈물을 당신이 닦아줄 수 없는가? 테러리스트에게나 투입해야 할 독극물을 여고생에게까지 난사한다면, 그 정부가 정부 맞는 것인가?

나는 죄인이었다[*]

그날까지 나는 죄인이었다. 피고인의 신분으로 다시 법정에 서게 된 것은 지난 2012년 10월 9일 오후 2시였다. 이날 재판정은 긴급조치 9호를 위반한 죄로 2년 형을 선고했던 지난 1979년 군사재판의 결정을 뒤집고, 피고 황광우에게 전격적인 무죄 결정을 내렸다.

그랬다. 그때 나의 나이는 21세였다. 군사법정에서 만난 법무관은 만일 이 법정에서 유죄 판결이 나오면 평생 아무런 공직 생활을 하지 못할 것이라며 나에게 잘못을 뉘우치는 반성문을 쓰길 종용하였더랬다. 이제 기억이 난다. 법무관은 앞날이 구만리 같은 젊은이의 미래를 망치고 싶지 않다는 눈치를 자꾸 보냈었다. 반성문만 쓴다면 … 하지만 "나

---

[*] 2012년 작성, 미발표.

뿐 행동을 한 적이 없는데, 왜 당신들에게 빌어야 하느냐"며 나는 항의했다.

이제와 내가 무죄라니, 이것은 무엇을 의미하는가? 내가 무죄라면 나에게 유죄 판결을 내린 그 법무관이 유죄라는 이야기다. 내가 무죄라면 나의 신체를 구금하고, 고문하고, 모욕하고, 협박한 그 보안대의 수사관과 그 헌병대의 하사관들과 그 교도소의 소장과 그 중앙정보부의 요원들 모두가 유죄라는 이야기다.

그런데 긴급조치를 발동하여 죄 없는 국민에게 온갖 악행을 가하던 독재의 하수인들이 과거의 행동을 용서해 달라며 자백하는 경우를 나는 아직 보지 못하였다. 그들의 수괴, 독재자들이 묵비하는데 그들의 하수인이 무슨 말을 할 것인가? 대통령 박정희도 죽었고, 국무총리 최규하도 죽었고, 법무부장관 김치열도 죽었다. 이제 나는 누구에게 사죄를 받아야 하는가?

서부 지법은 나에게 민주주의를 위해 고생한 것을 높게 치하하면서 법률에 정해진 바에 따라 보상을 요구하라고 하였다. 허어, 보상이라…. 나는 이제껏 보상을 바라며 이 길을 걸어오지 않았다. 나라의 독립을 위해 젊음을 바친 독립운동가들처럼 달동네에서 쓸쓸한 노년을 보내다 죽어도 아무 여한이 없다. 안타까운 것은, 무죄 판결이 났지만 그 독재자들의 무리가 아직도 부끄럼 없이 활보한다는 사실이다.

분명히 말하자. 박근혜 후보는 1975년에서 1979년까지 아버지 박정희의 손을 잡고 민주주의를 암살하던 독재의 공범이다. 박근혜 후보는 당신들의 독재로 인하여 평화로운 가정이 어떻게 갈기갈기 찢겨갔던지 똑똑히 듣길 바란다. 형 황지우 시인은 1980년 5월 성북 경찰서에 끌려가 '너 같은 빨갱이들은 믹서기로 갈아 하수구에 처집어 넣어도 대한민국은 끄떡없다'는 이 무시무시한 공갈 협박을 당하면서 혼절해버렸다. 주검이 되도록 고문을 당한 아들의 몸을 보고 또 어머니는 그 자리에서 쓰러졌다. 당신들의 악행이 아니었다면 좀 더 오래 살 수 있었던 어머님이셨는데, 밤을 새워 말해도 다 말할 수 없는 당신들의 공권력 남용을 이제 와 탓하여 무엇할 것인가.

이것만은 분명히 하자. 엊그제 박근혜 후보는 "정치인은 원칙을 지킬 줄 알아야 한다"면서 모 후보에게 훈계를 했다. 이것은 적반하장이다. 민주 정치의 원칙은 헌법이다. 박근혜 후보, 당신의 아버지는 도합 세 차례나 대한민국의 헌정을 유린한 범법자다. 일본 육사의 장교가 되어 독립군을 때려잡은 아버지의 친일 행각도 범죄적 행동이었지만, 헌법의 파괴는 결코 용납할 수 없는 반국가적 범죄 행위였다. 국민을 짐승이나 벌레보다 못한 존재로 간주하지 않았다면 어떻게 세 번씩이나 헌법을 유린할 수 있었을까? 독재의 악행에 대해 빌고 빌어도 부족할 독재자의 딸이 대한민국을 영도하겠다고 나서는 오늘의 이 참담한 현실에서 33년 만에 주어진 무죄 판결과 일련의 보상이 나에게 무슨 의미가 있겠는가?

나의 고백

『국부론』에 대해

아담 스미스는『국부론』에서 개인의 사익 추구가 사회 전체의 공익에
기여하기 때문에 정부는 기업인들의 생산활동에 간섭하지 말고, 경제
를 시장의 자율 조정 기능에 내맡겨야 한다는 이른바 자유방임 경제이
론을 전개했다. 전제 군주가 중상주의를 신봉하며 경제에 대한 전면적
인 규제를 가하던 시기, 스미스의 경제이론은 기업인들의 자유로운 경
제활동을 도와준 역사적 의의를 갖는다. 하지만 자유주의 경제이론은
'보이지 않는 손'을 지나치게 과신한 나머지 현실의 불공정을 간과한
오류를 범했다. 노동자와 자본가가 공정한 거래를 한다는 것은 애시당
초 불가능한 일이며, 대기업과 중소기업이 동등한 조건에서 경쟁한다
는 것은 현실을 무시한 낭만적 사고이다. 스미스의 자유주의 경제이론
은 현실의 불평등을 반영하여 재고되어야 한다.

   아주 낮은 생산력, 파탄 난 경제로 고통당하고 있는 북한의 경우, 무
엇보다 먼저 시장의 원리를 도입하여 경제를 성장시켜 나가야 한다. 북
한은 스스로의 목을 죄고 있는 집단주의를 버리고, 주민들의 자유로운
생산활동을 돕는 자유경쟁 체제로 전환되어야 할 것이다. 하지만 경제
력은 선진국의 수준에 도달했지만, 심각한 빈부 격차, 광범위한 환경

파괴로 고통당하고 있는 남한의 경우 이제 성장지상주의를 버리고 평등의 나라로 가기 위한 일대 변혁이 일어나야 한다. 공자가 그린 대동 사회까지야 실현할 수 없다 할지라도, 교육·의료·주택 등 인간이 인간답게 살아가기 위한 최소한의 조건들을 모두가 부족함 없이 누릴 수 있는 선진 복지 국가로 나가야 할 것이다.

시장을 없앨 순 없다. 정부의 계획으로 시장을 대체하려는 어리석음을 굳이 우리가 반복할 필요는 없을 것이다. 하지만 시장의 기능이 멈추는 곳, 시장의 자율 조정 기능이 작동되지 않는 곳에서 정부는 적극적으로 자신의 소임을 수행해야 한다. 밤이 깊으면 어디선가 나타나 신문지 한 장으로 추위를 막아야 하는 영등포역 노숙자들의 애환을 앞장서 껴안아주는 일에서부터 시작하여, 늙고 병들어 오갈 데 없는 독거노인들의 고독을 가슴 따뜻이 안아주는 일, 갈수록 늘어나는 대졸 청년들의 심각한 실업난을 일자리 나누기의 원리로 풀어주는 일 등등이 시장의 실패를 극복하는 정부의 할 일이다.

—2011년 작성, 미발표.

대화

다시 대학생이 된다면

선생님이 현재 대학생이라면 어떤 식으로 정치적 활동을 했을지 궁금합니다.

명문대를 나와도 좋은 취업하기 힘든 시대적 조건으로 인해

많은 청년들이 보수화되거나 탈정치화됐다는 말도 있습니다.

작금의 대학서열주의, 입시 교육으로는 어림도 없어 보인다는

비관적 생각도 함께 들었습니다.

대학 도서관에서도 토익 공부, 취업 공부하는 사람들이 대부분입니다.

선생님이 말씀해주신 것처럼 저도 인문서적 읽는 소모임을 조직해보려 했으나

어려움이 많았습니다. 알바에, 다른 공부에 뒷전으로 밀리는 것 같아 보였습니다.

이상을 좇기에 현실이 너무 빡빡해진 것 같습니다.

선생님이라면 어떻게 하셨을지 궁금합니다.

먼저, 대학생의 정치 참여는 우리의 위대한 전통입니다. 하지만, 학생이 정치에 참여하지 않는다고 비난하는 것은 오만입니다.

저 같은 경우 학살자가 청와대에 있는데, 도서관에서 공부할 수가 없었어요. 그런데 이런 시기는 역사에서 예외적이에요. 어떻게 대학생이 헌구헌 날 정권과 싸워야 합니까? 공부도 해야지. 지의 동기생 3천 명 중에 데모하는 학생은 100명에 불과했어요. 2900명이 고시 공부하고 해외로 유학 가고 그랬어요. 대의를 위해서 헌신하는 사람은 늘 소수입니다.

다시 대학에 들어가면 뭐하고 싶냐고요? 내가 선택할 것은 뻔하지. 나는 대학에 들어갈 때, 한국 사회가 어떻게 나아가야 할지에 대한 경제적 원리를 연구하고 싶었어요. 그 결과 『소외된 삶의 뿌리를 찾아서』를 썼어요. 내가 여러분의 나이로 다시 돌아간다면 또 우리 사회의 미래를 연구하겠죠.

—2015년 5월

알묘조장(揠苗助長)

—『맹자』, 「공손추장(公孫丑章)」

송인은 싹이 자라지 않는 것을 근심해 그 싹을 뽑고는 피곤한 몸으로 귀가했다. 그 집사람에게 말하길 "오늘 피곤하다. 싹이 크도록 도와주었다." 그 아들이 달려가 살펴보니 싹들이 모두 말라 죽었다. 세상에 싹이 크도록 돕지 않는 사람은 드물다. 아무 도움을 주지 않고 내버려두는 사람은 김을 매지 않는 자이다. 자라는 것을 도와주는 자는 싹을 뽑는 자이다. 무익할 뿐만 아니라 해를 끼치는 짓이다.

토끼가 나무 그루터기에 머리를 박고 죽길 기대하는 어리석은 농부의 이야기는 수주대토(守株待兎)이다. 모가 빨리 자라게 하기 위해 모를 뽑아준 어리석은 농부의 이야기는 알묘조지장(揠苗助長)이다. 두 고사성어에 나오는 농부는 모두 송(宋)나라 사람이다.

무왕이 은나라를 폐하고, 주나라를 건설하던 무렵, 무왕은 은나라의 왕족들에게 조상의 제사를 지내라고 조그만 땅을 봉(封)해주었다. 그 땅이 송나라다. 중국의 문헌들은 늘 송나라 사람들을 바보 취급한다. 송인들이 진짜 어리석은 사람들이었는지, 송인들이 한족에게 어리석게 보였는지 알 수 없는 일이다.

나는 '알묘조장'을 읽으면서 박정희의 성장제일주의를 떠올렸다. 지금도 국민의 다수는 나의 생각에 동의하지 않을 것이다. 나도 굳이 강변하고 싶지는 않다. 하지만 분명한 것 하나는 있다. 우리 아이들의 일자리 문제를 재벌에게 기대하는 것은 토끼가 나무 그루터기에 머리를 박고 죽길 기대하는 농부의 어리석음 아닌가?

행복은 성적순이
아니라는데[*]

교육은 타자와 함께 살아가는 행복의 가르침이어야 한다. 교육은 배움의 즐거움과 기쁨을 주어야 한다. 교육은 자기발견과 삶의 지혜를 깨닫는 과정이어야 한다. 교육의 결실은 억압과 통제가 아니라 자유로움과 협력, 인정과 격려 속에서 피어난다. 대학 입시를 앞둔 고등학교만을 한정해서 하는 말이 아니다. 어떤 교육이든지 모든 교육은 그러해야 한다는 것이다. 학교에서 교육을 한다는 의미는 스스로 행복한 삶을 살아가는 인간이 되도록 도움을 주는 행위라고 생각한다.

행복한 삶은 성공적인 삶일 수는 있어도 성공한 삶이 반드시 행복한 삶인 것은 아니다. 교육은 성공하는 사람을 길러내는 것이 아니라 다른 이들과 함께 행복한 삶을 살아가는 사람으로 만드는 일인 까닭이다. "사회적 성공이 반드시 인생의 성공을 보장해주지는 않는다. 인생의 성공은 남과 더불어 살면서 얼마나 행복한가에 달려 있다. 그렇다면 교육 또한 행복을 얻기 위한 과정이 되어야 한다. 배우는 과정은 즐겁고 행복해야 하고, 배운 것을 기쁜 마음으로 유한한 데 사용할 수 있어야 한

---

[*] 2001년 2월 작성, 《교육비평》에 발표.

다. 미래의 성공을 위해서 지금의 행복을 접어두라는 주문, 성공하면 행복해질 것이라는 막연한 기대는 결코 아이들을 위한 것이 아니다. 진정으로 아이들을 사랑하고 아이들에게 인생의 성공을 안겨주고 싶다면, 언제나 어떤 상황이든 간에 아이들을 행복한 사람으로 만들겠다"[1]는 교육철학이 절실하다.

시대의 성찰: 입시 폐지

한국인의 고뇌, 입시

남과 북의 군사적 대결 구도를 폐기하고 남과 북의 7000만 모두가 평화롭게 사는 통일국가를 만드는 것이 조선족의 역사적 과제라면, 입시 경쟁에 찌든 교육 문제를 바로잡는 것이 4700만 한국인의 최대 현안일 것이다.

아이의 성적이 오르면 부모의 마음이 가벼워지고, 아이의 성적이 떨어지면 부모의 가슴이 무거워진다. 성적이 올라 부모님의 눈빛이 밝아지면 나의 마음 또한 밝아지지만, 성적이 떨어져 부모님의 눈빛이 어두워지면 나의 마음은 지옥에 떨어지는 것 같은 고통을 당한다. 하늘보다 높은 큰 꿈을 품고 바다보다 더 넓은 호기를 키워나가야 할 사춘의 나이에 매달 치르는 시험은 청소년의 발을 쇠사슬로 묶는다. 성적이 오르면 존재의 가치를 인정받지만 성적이 떨어지면 존재의 가치까지 부정당해야 하는 현실, 누가 청소년들에게 이 가혹한 고통을 강제하고 있는가? 입시 지옥에서 벗어나기 위해 한 해에도 수십 명의 학생들이 자살을 한다. '행복은 성적순이 아닌데.'

학교 갔다 집에 오면 밥 챙겨 먹기도 바쁘게 다시 학원으로 가는 것이 우리네 아이들의 생활이다. 부모가 자식을 학원에 보내지 않을 수 없는 것은 자식이 공부를 게을리해서가 아니라 내 자식보다 더 빨리 더 많이 공부하는 이웃집 자식들 때문이다. 강남 졸부의 아이들은 한 달에 몇 천만 원의 과외비를 써가며 체계적인 사교육을 받고 있고, 지방 도시의 잘 사는 집 아이들은 매달 200~300만 원의 과외비를 지불하며 선수 학습을 받고 있는 현실에서 보통 집 아이들은 어쩌란 말이냐.

사회의 지도층 인사들이 앞장서서 만들어낸 이 사교육 열풍 속에서 보통 사람들은 가만히 있으면 뒤떨어질 것 같은 불안을 이기지 못하여 학교 갔다 집에 오는 아이 다시 학원으로 보내고 있는 것이다. 빈부 격차가 성적 격차를 이미 결정해놓고 있는데도 말이다.

그리하여 선수 학습을 한 아이들은 학교에 가면 배울 것이 없다고 잠이나 자고, 공부에 아예 취미가 없는 아이들은 학교 수업을 따라가지 못하여 뒤에서 장난이나 하고, 갈수록 교사의 권위는 땅에 떨어지고, 아이들은 말을 듣지 않고, 공교육이 무너지고 있다, 총체적인 교육 위기다 하는 아우성이 이곳저곳에서 들려온다.

대한민국은 참으로 희한한 나라이다. 정부는 정부대로 해마다 20조여 원을 투입하고 있고, 학부모는 학부모대로 해마다 자식들 학비로 20조여 원을 부담하고 있는데도, 교육 문제 하나 제대로 정상화하지 못하고 있는 것이 대한민국의 답답한 현실이다. 교육 문제 하나 제대로 해결하지 못하고 있는 정부의 무능력 때문에 1000만 학부모들은 또다시 사교육비로 허리가 휜다. 사교육비는 무장무장 늘어나 자녀를 낳아 대학 졸업까지 들어가는 양육비용이 2억 원이다. 한국보건사회연구원에 따르면 출생 후 대학교육까지 자녀 일인당 2억 3199만 원의 양육비가 드는 것으로 추정된다.

이제는 연간 30조여 원이 사교육비로 지출되고 있다니 결코 과장된 수치가 아닐 것이다.[2]

중·고등학생을 자녀로 둔 학부모들은 사교육비로 가계의 1/3을 지출하고 있으니 말이다. 오죽했으면 교수의 부인이 자식 과외비 마련하기 위하여 파출부로 나선다는 이야기가 돌겠는가? 군사적 대결 구도를 해결하지 못하여 휴전선에 20조여 원의 재화를 낭비하고 70만 명의 군인들이 헛고생을 하는 것보다 더 어리석고 심각한 문제가 바로 교육 문제임에 틀림없다.

대한민국의 학부모들은 한결같이 내 자식만큼은 잘 가르쳐 사회의 지도층 인사가 되길 염원한다. 나는 못 배워 서러운 인생 살았지만 내 자식만큼은 잘 가르쳐 떵떵거리며 살게 하고 싶은 이 비뚤어진 욕심 때문에 해마다 수능시험이 다가오면 교회와 절간에서 백일기도를 올린다.

그런데 우리의 부모님들이 선망하는 판·검사, 변호사, 고급 공무원, 전문 경영인, 교수, 의사, 언론인의 수는 다 합해도 20만 명이 되지 않는다. 우리나라 경제활동인구는 2000만 명을 웃돈다. 그렇다면 결국 우리네 입시 교육은 기껏해야 한 장의 출세 티켓을 쥐고서 100명의 지망생들을 유혹하고 있는 교육이라는 결론이 나온다. 한 장의 출세 티켓을 쥐게 된 '시험 잘 치르는 학생'이 이후 사회에서 얼마나 보람된 생활을 영위하고 있는지도 의문이지만, 100명의 학생이 한 장의 티켓을 놓고 벌이는 이 어리석은 경쟁 구조는 어서 빨리 타파되어야 할 우리 시대의 비극이다.

교육 문제를 푸는 세 가지 제언

첫째, 사회·경제적 불평등을 완화하여 교육의 사회적 환경을 바로 세워야 한다.

김대중 정부는 과중한 사교육비의 부담을 덜어낼 것을 대통령 공약 사항으로 내걸었던 것으로 기억한다. 내 아이가 중학교 다닐 적에는 솔직히 말하여 사교육비의 과중함에 대해 별로 심각하게 생각하지 않았다. 그런데 아이가 고등학교에 들어가게 되면서부터 사교육비가 장난이 아니라는 것을 실감하게 되었다. 영어 따로 수학 따로 언어영역 따로 입시 대비를 시켜주어야 할 뿐 아니라 내년에는 사회·과학 과목까지 대비시켜주어야 한다는 이야기를 들으면서, 이놈의 세상이 어떻게 돌아가길래, 세금은 세금대로 내면서 애들 사교육비로 100여만 원을 지출해야 하는가, 욕이 나왔다. 대학에라도 들어가는 날에는 1년에 1000만 원 이상을 학비로 내놓아야 하니, 없는 사람은 어떻게 살라는 말인가.

입시 위주의 교육이 강행되는 한, 사교육비 부담은 없어질 수 없다. 좋은 대학 좋은 학과를 들어가려는 경쟁이 치열해지는 한, 그 어떤 입시 방식이 도입되더라도, 내 새끼, 좋은 대학, 좋은 학과 집어넣으려는 학부모들의 전쟁 같은 열정은 사라지지 않으며, 이를 위한 전투비용은 줄어들지 않는다. 그동안 역대 정권들이 모두 사교육비를 줄이려는 노력을 기울인 것으로 안다. 본고사를 부활했다 폐지했다, 논술을 도입했다 그만두었다, 수능시험을 만병통치약으로 선전했다가 지금은 별 의미 없는 것으로 치부했다, 내년에는 구술시험을 강화한다 어쩐다, 해가 바뀔 때마다 대학 입시정책이 바뀌지 않은 해가 한 번도 없었으나, 나의 느낌으로 사교육비는 무장무장 늘어만 갈 것 같다. 왜 그런가?

오늘날 우리의 아이들이 입시 위주의 교육이라는 멍에에 붙들려 있는 인과관계의 핵심은, 바로 직업 간 사회·경제적 지위의 격차에 있음은 새삼 강조할 필요가 없을 것이다. 그리고 이것이 진실이라면 모든 교육 개혁은 교육제도를 둘러싸고 있는 사회·경제적 불평등을 해소하는 속에서 답을 찾아야 할 것이다.

정말이지 김대중 정부가 현실을 있는 그대로 보는 일말의 양심을 지닌 정부라면, 서민들의 사교육비를 줄여보고자 하룻밤만이라도 고민을 해본 정부라면, 일차적으로 점검해야 할 것이 바로 직업 간의 사회·경제적 불평등이다. 사회·경제적 불평등을 하루아침에 척결할 수는 없어도 그 격차를 조금이라도 줄여보고자 하는 노력을 기울여야 한다. 그런데 김대중 대통령이 취임하여 3년 동안 취한 경제정책은 무엇이었던가? 한마디로 말하자면 미국의 이익 챙겨주고 재벌들 봐주면서 노동자·농민을 비롯한 근로대중만 죽여놓는 정책이었지 않았는가? 능력 있는 놈은 살고 능력 없는 놈은 죽으라는, 가장 반동적인 정책을 뻔뻔하게 자행해왔지 않았는가? 은행돈 갖다 퍼 쓴 재벌들에겐 공적 자금을 퍼다주면서, 구조조정을 한다면서 애매한 노동자들만 대량 해고시키지 않았던가? 선진국형 의약 분업체제를 만든다면서 결국엔 의사들 배만 불려주고 그 부담은 고스란히 서민들에게 전가시키지 않았던가? 하여 지난 3년 동안 잘리고 감봉당하고 비정규직으로 내몰린 사람이 얼마인가. 그리하여 우리 사회는 더욱 심각한 '만인의 만인에 대한 전쟁터'가 되었고 마찬가지로 교육의 장 역시 학부모와 아이들이 함께 벌이는 더욱 격렬한 '계급투쟁의 전쟁터'로 화했다. 특정 전문직을 쟁탈하여야만 생존할 수 있는 사회를 만들어놓고서 사교육비의 부담을 줄여주겠다는 김대중 정부, 어리석은 정부인가 뻔뻔한 정부인가.

고등학교만 나와도 성실하게 일하면 인간답게 살 수 있는 사회적 기반을 마련해야 한다. 지방 대학의 평범한 학과를 나와 전공에 따른 취업을 하여도 최소한의 인간다운 삶을 보장받을 수 있을 때, 지금의 과도한 입시 경쟁이 사라질 것이며 사교육비의 부담이 줄어들 것이라고 나는 확신한다. 직업에 따른 사회·경제적 불평등의 완화야말로 교육이 바로 설 수 있는 사회적 환경임을 김대중 정부의 정책 입안자들에게 전하고 싶다.

『나는 빠리의 택시 운전사』의 저자 홍세화 씨의 이야기를 나는 자주 거론한다. 두 아이들이 대학엘 다니고 있는데, 학비는 물론 공짜이고 공책값·가방값까지 프랑스 정부가 지급해주고 있다고 한다. 아이는 네가 낳은 너의 아이이지만, 너의 아이는 동시에 프랑스의 아이이며, 프랑스의 아이가 받아야 할 교육은 프랑스가 책임진다는 정신의 발로란다. 지구의 한쪽에서는 대학생들의 학비는 물론 학생들의 학습자료비까지 국가가 책임지고 있는데, 세계에서 경제력 12위를 자랑하는 한국에서는 공교육 비용은 물론 사교육비로 한 해 20조 원을 서민들이 부담하고 있다. 저주스러울 만치 이기적인 이 사회에서 우리가 생존하기 위해 각개 약진할 수밖에 없는 까닭은, 100조 원의 세금을 거둬가면서 일체 민중의 삶을 돌보지 않는 못된 우리 정부 탓임을 프랑스는 보여주고 있는 것이다.

둘째, 교사를 늘려 좋은 교육 환경을 조성해주어야 한다.

사교육비를 없애는 첫째 방도가 직업 간의 사회·경제적 지위의 격차를 해소하는 것이라면 둘째 방도는 공교육에 대한 투자를 획기적으로 증대하는 것이다. 전자가 과도한 입시 경쟁을 줄이는 사회적 환경을 조성하는 것이라면, 후자는 제대로 된 교육 환경을 마련하자는 것이다.

솔직히 말하여 내 아이가 학교에서 보내는 시간이 아까운 낭비라는 생각이 들 때가 한두 번이 아니었다. 학교에 여덟 시간을 붙들어놓으면서 아이 교육 하나 책임지지 못한다는 생각이 드는 한, 중간계급의 성원들은 불가피하게 아이 교육 프로그램을 별도로 짤 수밖에 없다. 사교육비로 투입되는 돈이 20조여 원이라는 것은, 꼭 그 액수만큼 대한민국의 학부모들은 공교육을 불신하고 있다고 보아야 할 것이다. 거꾸로 만일 민중을 위한 교육정책을 집행한 결과 사교육비로 들어가는 돈이 없어졌다면, 정부는 민중의 실질소득을 20조여 원 향상시켜준 셈이다.

이러한 우리의 거친 추론이 대강에서 틀리지 않았다면, 그렇다면 정부가 교육 개혁을 위해 투입해야 할 최소의 자금 규모는 20조 원이 되는 것이다. 정부가 20조 원을 투자하여 서민들의 실질소득을 그만큼 향상시켜주면서, 동시에 우리 아이들에게 제공하는 교육 서비스의 질을 획기적으로 개선해준다면, 이처럼 반가운 일이 있으랴.

일선에서 교육을 해본 사람은 안다. 교사 개개인의 역량과 가치관을 떠나 담당하는 학생의 수가 많아지면 교육은 부실해지고 담당하는 학생의 수가 적어지면 교육은 알뜰해진다. 열정적인 교사는 좀 더 많은 학생들에게 애정을 나누어줄 것이며, 소극적인 교사는 좀 더 적은 학생들에게 애정을 나누어줄 것이다. 나의 경험에 의하면 애정을 주고받으며 챙길 수 있는 학생의 수는 15명 내외가 아닌가 한다. 한 교사가 일 년 동안 15명의 아이들을 담당한다면, 아무리 소극적인 교사일지라도 아이들의 특성에 맞는 교육을 할 수 있을 것이다.[3] "학생의 수를 반으로 줄이면 교사의 사랑은 네 배로 늘어난다"는 전교조의 구호는 교육 개혁의 핵심을 표현한 것이라 생각한다.

교육 개혁의 출발은 교사가 담당하는 학생의 수를 반감하는 데서 시작되어야 한다. 그러려면 교사와 교실의 수를 배로 늘려야 하는 것이고, 이를 위한 대대적인 투자가 선행되어야 하는 것이다. 경제학을 전공한 사람으로서 나는 이러한 프로그램을 '한국판 뉴딜 정책'이라며, 제자들에게 떠들어왔다.

교육에 대한 투자는, 적어도 한국인들에게는 아무리 과다해도 지나침이 없다. 교사를 배로 뽑아 보자. 그러면 교사들의 업무가 반감되고 교사들의 싱싱한 생명력은 네 배로 뛸 것이다. 동시에 교사를 배로 뽑으면 대학 출신자들의 실업 문제를 일거에 해결할 수 있다.

특히 박사학위 이수자들의 문제가 심각한 것으로 알고 있다. 학문을 위하여 10여 년의 험로를 걸어온 이들에게 주어지는 것은 택시비도 나오지 않는 시간강사 자리이다. 그나마 시간강사 자리라도 배당받은 사람들은 행운이라나. 고3을 맡은 선생님들은 밤 10시까지 근무하면서, 박사학위를 받은 고학력 소지자들은 놀고 있는 이런 현실은 하루 빨리 극복되어야 할 것이다. 박사학위 이수자들이 일정 기간 중·고등학교에 배치되어 아이들과 함께 머리를 맞대고 토론하고 글쓰기를 지도한다면 이것이야말로 일석이조의 묘책이 아니겠는가.

학교를 두 배로 늘려가야 한다. 조그만 교실에 40~50명이 우글대는 콩나물 교실이 아직도 유산처럼 내려오고 있다는 것은 부끄러운 일이다. 우리 아이들의 귀중한 청춘이 0.4평의 공간에 갇혀 있다는 것은 어찌 보면 우리들의 범죄가 아닐까.

셋째, 교사와 국민이 교육 개혁의 주체가 되어야 한다.

교육 문제처럼 복잡한 문제가 없다고 나는 생각한다. 4천만의 인생이 모두 연관되어 있는 문제이다. 교육 문제처럼 풀기 힘든 문제가 없다. 오늘의 교육 문제에는 정치권력의 계급적 성격, 경제상의 불평등, 사회적 관행, 게다가 한민족의 역사적 전통까지 섞여 있기에, 어느 한편에서 개혁을 성공한다 하여 문제의 전체가 풀린다는 보장이 없다. 중요한 것은, '교육은 사람이 하는 일'이라는 관점이다. 사람을 변화시키는 일이 교육일진대, 사람을 변화시키는 교육의 개혁 문제는 철저히 사람의 변화에서 답을 찾아야 한다. 교사를 누가 개조할 것인가. 교사의 개조는 교사 스스로가 수행할 수밖에 없다. 교육의 담당자들이 스스로 문제를 제기하고 스스로 답안을 찾아가고 스스로 실천하는 속에서 개혁의 물꼬를 트지 않는 한, 교육 개혁은 꿈적도 하지 않을 것이다.

한국인의 교육열은 남다르다. 아이들의 교육 문제를 책임지는 정부가 나온다면 그 정부는 전폭적인 민중의 지지를 누리는 정부가 될 것이다. 조직된 민중의 힘으로 집권했을 때, 우리는 직업 간 사회·경제적 지위의 격차를 완화시키는 정책을 집행할 것이며 교육 환경을 바로 만들기 위한 한국판 뉴딜 정책을 실행해야 할 것이다. 남는 것은 교육 내용이다.

누가 교육을 바로잡을 것인가. 교육정책의 핵심은 '교사가 교육정책의 주체가 되는 것'이다. 모든 중요한 교육정책의 골자를 교사들로 하여금 결정하도록 해야 한다. 교사들이 문제를 제기하고 교사들이 해답을 제시하고, 교사들이 실천하고, 교사들이 반성하고, 교사들이 개혁 방안을 내놓도록 하는 것이다. 40만 교사들이 모두 참여하여, 3년도 좋고 5년도 좋고 토론하도록 하는 것이다. 이 토론의 조직화 과정이야말로 문제를 풀 지혜를 찾는 과정일 것이며 동시에 문제를 풀 실천의지를 조직하는 과정이 될 것이다.

이즈음 전교조에 대한 나의 시선이 이중적임을 고백해야 할 것 같다. 전교조를 건설하는 과정에서 교사들이 보여주었던 그 열정, 지금은 어디로 갔는가? 운동을 통해 전교조를 만들었다. 조직은 만들었는데, 운동이 사라져버렸다. 교육이 바로 서야 나라가 바로 선다는데, 교사들이 교육 개혁 운동의 깃발을 높이 들고 다시 일어나야, 이 사회가 바로 서는 것은 아닌지.

유토피아

"우리 모두 리얼리스트가 되자. 그러나 가슴에 불가능한 꿈을 품자." 체 게바라가 남긴 말이다. 게바라는 아르헨티나에서 태어났고, 의과대학을 다니던 의사 지망생이었다. 방학 때 남미 여행을 하던 중 남미 민중이 겪는 참혹한 삶을 목격하고선 대학을 접고 혁명의 길에 뛰어들었다. 1958년 쿠바에서 카스트로와 함께 10여 명의 무장 투사들로 바티스타 독재정권을 전복시켰다. 혁명 성공 후 국립은행 총재가 되었으나 1964년 홀연히 쿠바를 버리고 남미의 산속으로 들어갔다. 볼리비아에서 게릴라 부대를 조직하여 투쟁하던 중 정부군에 사로잡혔으며, 1967년 미 CIA의 지령으로 총살되었다. 권력에 안주하지 않고 불의와 타협하지 않는 진정한 혁명가로 세계인의 추앙을 받고 있다.

지금으로부터 500년 전 불가능한 꿈을 꾼 이가 또 있었다. 영국의 토머스 모어. 그가 『유토피아』를 쓴 것은 1514년, 우리로 치면 조선의 중종 시절이다. 모어는 영국의 조광조였다. 1504년 왕 헨리 7세의 과도한 세금 징수에 반대하여 의원직을 사직했고, 1535년 대법관을 지내던 중 헨리 8세의 이혼 문제를 비판하다 사형대에 올랐다. "내 목은 짧으니 조심해서 자르게." 대단한 농담이다.

"양이 사람을 잡아먹는다(Sheep devour men)"는 문장으로 알려진『유토피아』제1부는 1500년 영국 농민들이 겪던 참혹한 삶을 고발한다. 플랑드르에서 모직공업이 흥성하여 양모의 값이 폭등하자 영국의 영주들이 밀밭을 목초지로 바꾸어 양떼를 키우기 시작했다. 대대손손 땅에 붙어 살아오던 농민들을 폭력적으로 추방시켜버린 것을 가리켜 '양이 사람을 잡아먹는다'고 비꼰 것이다. 농촌에서 추방된 대량의 무산자들은 오갈 데 없는 거지가 되었고 도둑질을 아니 할 수 없게 되었다.

영국 정부는 부랑자들을 잡아다 달구지 뒤에 묶고선 몸에 피가 흐르도록 때렸다. 부랑자로 두 번 잡히면 이마에 'S'자를 새기고 귀를 잘랐다. 세 번 잡히면 공동체의 적으로 사형에 처했다. 자신의 의지와 무관하게 도둑이 될 수밖에 없었던 이 가난한 부랑자들 7만 2천 명이 헨리 8세의 통치하에 사형되었고, 엘리자베스 시대에 들어서도 300명의 도둑이 교수대에 오르지 않는 해가 없었다.

우리는 닥치는 대로 절도범들을 교수형에 처하고 있습니다. 나는 한 교수대에 20명이 처형되는 것을 본 적도 있습니다. 절도범을 처벌하는 이 방법은 공평하지도, 사회적으로 바람직한 것도 못 됩니다. 처벌로서는 너무 가혹하고 억제책으로서는 매우 비효과적입니다.[4]

모어는 이렇게 영국의 법률을 비판한 뒤 바로 이어 절도범의 양산은 당시 영국의 사회·경제적 산물임을 양의 탐욕을 빌려 풍자한다.

사람들로 하여금 도둑질을 하게 하는 요인이 따로 있습니다. 바로 양떼들입니다. 예전엔 얌전하고 조금씩 먹던 유순한 양들이 이제는 무서운 식욕을 갖고 사람까지 먹어치우고 있습니다. 양떼가 지금 농촌을 삼키고 있습니다. 한 명의 욕심꾸러기 탐식가가 그의 고향을 먹어치우고 농토를 흡수해서 수천 에이커를 울타리 하나로 둘러 막아버립니다. 그리하여 수백 명의 농민들을 쫓아내는 것입니다.[5]

범죄의 사회적 원인을 보라는 것이다. 농촌에서 쫓겨나 도둑질을 하지 않으면 생존할 수 없는 도둑들이 죄인이 아니라, 농민들을 농촌에서 박탈시키고 있는 영국의 지주·귀족들이 바로 주범이라는 것이다. 왕도 공범인 것이고. 지배층의 무위도식과 불의를 향해 삿대질하는 모어의 격노는 계속된다.

이 병적 행위를 근절시키키십시오. 농촌을 파괴시킨 자가 누구입니까? 그들로 하여금 농촌을 재건토록 하십시오. 그렇지 않으면 농민들에게 토지를 넘기십시오. 한 줌의 부자들이 시상을 매섬하지 못하도록 법률을 만들어야 합니다. 일하지 않는 자들, 게으름뱅이들의 수를 줄이십시오.[6]

플라톤은 그의 『국가』에서 철인들의 사유재산을 폐지하여버렸다. 그가 '부인공유제'를 제기한 것이나 사유재산을 폐지한 것이나 모두 청빈한 정치 지도자를 만들기 위한 것이었다. 하지만 이제 토머스 모어가 등장함으로써 사회주의의 원조라는 명예는 모어에게 돌아가야 할 것이다. 플라톤은 노예들의 인격을 인정하지 않았고 계급 사회를 부정하지 않았기 때문에 엄밀한 의미에서 진정한 사회주의자가 되지 못하는 것이다.

사유재산이 존속하는 사회, 모든 것이 돈에 따라 평가되는 사회에서 당신은 진정한 정의를 실현할 수 없습니다. 사회가 건전하려면 재산이 균등하게 분배되어야 합니다. 부자들의 사유재산을 전면적으로 폐지하지 않는 한 당신은 재산을 공평하게 분배할 수 없으며 인간의 참된 행복을 이룰 수 없으리라 나는 확신합니다.[7]

사유재산을 폐지하는 것은 게바라의 어법에 따르면 이룰 수 없는 불가능한 꿈일지 모른다. 물과 공기가 자연이 준 공물(公物)이듯, 토지도 자연이 준 공물이다. 토지 공개념에 따라 필요 이상의 토지를 사유하는 것은 엄금해야 할 것이다.

대통령이며 국회의원이며 장관·장성 등 국가의 주요 공직자들에 관한 한 사유재산 폐지의 정신을 관철할 필요가 있다. 대통령이 되겠다고 나선 사람이 1000억대의 사유재산을 챙기고 있다는 것 자체가 우스운 일이다. 나라의 법률을 만들겠다는 국회의원이 100억대의 사유재산을 챙기고 있다는 것 자체가 창피한 일이다. 집 한 채를 제외한 모든 부동산을 사회에 환원하는 것이 바람직하지 않겠는가?

『유토피아』의 제1부가 현실 비판이라면 제2부는 모어의 사유가 나래를 펴고 날아가는 유쾌한 상상의 나라이다.

2년마다 도시 사람들은 시골에 들어와 2년 동안 농사를 지은 후 다시 도시로 돌아갑니다. 농사는 어린이 교육의 필수 과목입니다. 어린이들은 농업의 원리를 학교에서 배우며 정기적으로 도시에 가까운 들로 나가서 실습을 합니다.[8]

토머스 모어의 가장 큰 공로는 근로 대중의 입장에서 새로운 사회를 설계한 데 있을 것이다. 좋은 말을 한 사상가나 종교 지도자들은 헤아릴 수 없이 많았다. 그러나 노동의 질서를 바로 세우고자 시도한 사상가는 없었다. 모어가 『유토피아』에서 농업노동과 공업노동, 도시와 농촌의 통합을 기획한 것은 획기적인 발상이었다. 분업 노동을 숙명으로 간주할 일이 아니라 인간이 갖고 있는 모든 역량을 다 실현하며 사는 사회를 모어는 상상한 것이다. 교사가 되어 아이를 가르치기도 하고, 목공실에서 책상을 만들어보기도 하고, 집도 지어보고, 배추를 기르기도 하고, 물고기도 잡고…. 분업은 생산성을 높여주는 만큼 원시의 인간이 확보하고 있던 만능의 힘을 해체시켜온 것이다. 현대 사회는 전체적으로 보아 과거의 그 어느 시대가 상상할 수 없는 생산성을 자랑하지만 동시에 그 어느 시대의 인간보다 가장 무능력하고 무감각하고 무책임한 인간들을 빚어내고 있다.

모어가 살았던 16세기 초의 영국은 봉건 귀족이 몰락하면서 신흥 상공업자들이 성장하던 시기였다. 인간의 이성적 사유를 강조하면서 자유와 평등을 주창하는 로크와 볼테르가 출현하기 위해선 100년도 더 기다려야 하는 시기였다. 유럽의 권력이 봉건적 분산 상태에서 중앙집권적 절대군주제를 향하여 나아가고 있던 그 시기, '주민 자치에 입각한 정치체제'를 꿈꾸었다는 것은 참으로 창조적인 상상이었다.

1950년대에 50시간을 투입하여 만든 물건을 지금 미국은 12시간을 투입하여 만들고 있다. 생산성이 4배 향상한 것이다. 우리의 경우 2000년의 생산성을 200이라 하면 1980년대의 생산성은 30이었다. 20년 동안 7배 생산성이 오른 것이다.

유토피아에서는 하루에 여섯 시간 일을 합니다. 오전에 세 시간 일하고 점심을 먹고 두 시간 휴식을 취한 후, 오후에 세 시간 일하고 저녁을 먹습니다. 그들은 여덟 시간 잡니다. 그 나머지 시간은 취미에 따라 자유롭게 보냅니다. 사람들은 교육을 받는 데 여가를 이용합니다. 매일 아침 공개강좌가 열립니다. 직위나 남녀의 구별 없이 강좌를 들으려고 몰려듭니다. 사람들은 각기 자기의 취향에 맞는 강좌를 듣습니다.

여가시간에 자신의 본직을 수행하는 것을 금하지 않습니다. 지적 활동에 흥미가 없는 사람들은 이렇게 삽니다. 오히려 이러한 행동은 사회를 위한 봉사활동이라고 칭찬을 받습니다. 저녁을 먹은 후 정원이나 공동식당에서 한 시간 동안 오락을 즐깁니다. 어떤 사람들은 음악을 감상하고 어떤 사람은 이야기하면서 즐깁니다.

당국은 노동시간 단축을 선언합니다. 유토피아에서는 시민에게 불필요한 노동을 강요하지 않습니다. 경제활동의 주요 목표는 사회적 필요를 충족시키되, 육체노동 시간을 가능한 줄이고 가능한 많은 자유시간을 보장하는 것입니다. 그리하여 각자는 자신의 정신세계를 계발하는 활동에 힘쓰는 것입니다. 그들은 이렇게 사는 것이 행복한 생활의 비결이라고 생각하고 있습니다.[9]

참으로 대단한 발상이 아닐 수 없다. 일제하 노동운동과 독립운동을 이끈 사회주의자 이재유도 하루 7시간, 주 40시간 노동을 주장하여 우리를 놀라게 했는데, 토머스 모어는 500년 전에 하루 6시간 노동을 주장하여 우리는 놀라게 하고 있다.

사실 놀라야 할 것은 우리의 무능력일 것이다. 500년 전과 비교하여 100배의 생산성을 자랑하는 현대적 생산능력을 갖고도 주 3일 필요노동에 종사하고 주 3일 자유노동에 종사하는 이 소박한 꿈을 불가능한 공상이라고들 혀를 차고 있으니 말이다. 우리들 가슴에 유토피아보다 더 유토피아적인 유토피아 하나쯤은 품으며 살 일이다.

—2005년 작성, 미발표.

공부의 노하우

인문학이나 철학 공부를 할 때 구체적인 노하우가 있는지요?
공부하다 막히면 어떻게 해야 할까요?

글을 쓸 때 절망이 차오를 때가 있거든, 도대체 어떻게 헤집고 나가야 할지 난감한 때가 와요. 무에서 유를 창조해나간다는 것이 늘 절망과의 싸움이야. 이겨내야지, 이겨내야 해. 여러분께 습관이 중요하다는 것을 말하고 싶어요. 공부는 습관이 좋아야 해. 좋은 습관을 만들어 보세요.

저는 60이 다 되는 나이인데 일어나면 의자에 앉아 책을 봅니다. 어떤 날엔 아침 5시부터 밤 10시까지 꿈쩍 않고 의자에 앉아 있는 날도 있어요. 머리에선 김이 모락모락 날 정도로 글쓰기에 몰입해요.

몰입만큼 기분 좋은 쾌감도 없어요. 무엇인가 새로운 것을 안다는 것, 무엇인가 새로운 글을 쓴다는 것은 늘 나의 영혼을 흥분시켜요. 내가 하루에 10시간 책을 볼 수 있는 것은 습관인 거예요. 의지로, 억지로 공부하려 하지 말고, 매일 즐거운 마음으로 책을 읽는 습관을 길들이세요. 좋은 습관이 운명을 만든다고 하잖아요?

다음, 일기를 쓰고 메모를 하세요. 저는 초등학교 6학년 때부터 일기를 썼어요. 일기를 쓴다는 것은 '일신우일신(日新又日新)'하는 거예요. 일기를 쓰게 되면 하루하루 반성하는 삶을 살게 된다고. 한 문장이라도 좋으니까 반드시 글을 쓰라고. 안 그러면 아무런 기억이 안 나. 보름 전에 무슨 책 읽었어? 기억 못해. 적어 놔야 해. 일기를 쓰는 습관을 만들면 인생이 아주 성실한 삶이 되고 그 성실한 삶이 축적되어 40년 후에 전혀 다른 사람이 되어 있을 거야.

— 2014년 9월

함께 읽는 고전

너의 무지를 알라

— 플라톤, 『파이드로스』

소크라테스 멋진 휴식처로군. 이 우람한 플라타너스를 보게나. 하늘거리는 버드나무는 또 어떤가. 꽃은 만발하고 향기 가득하네. 나무 밑으로 졸졸 흐르는 샘물은 어떤가? 발은 시원하지? 한여름 매미들의 합창 소리가 쨍쨍 울리는군.

바람 솔솔 불고, 나무 그늘 있고, 누울 풀밭도 있고, 꽃은 만발하고. 꽃향기 가득한 곳에 매미들은 쨍쨍 울고. 이 한가한 여유는 고대인들만의 전유물은 아니었다. 100년 전만 하더라도 이곳 한반도의 시골 아이들은 원 없이 누리던 자연의 품이었다.

파이드로스 이렇게 좋아하시다니 의외예요. 선생님은 정말 종잡을 수 없는 분입니다. 선생님은 아테네 사람이 아닌가 봐요. 성벽 밖으로 한 번도 나가본 적이 없는 분 같으니 말이에요.

소크라테스 이 사람아, 나를 모르는가? 나는 배우기를 사랑한다네. '델포이의 석문(石文) 그대로 나 자신을 알기에도 힘이 부치네.' 자네는 나를 밖으로 끌어내는 묘약을 찾은 것 같네. 자다 왔으니 나는 눕겠네. 자네는 편하게 앉아 읽어 보게나.[10]

그리스어로 '배우기'는 math이다. 영어 단어 수학(math)의 원뜻은 배움이었다나. "나를 배우기를 사랑한다"는 소크라테스의 고백은 공자의 그것을 빼다 박았다. 공자도 그렇게 말했다. "나는 아직까지 나만큼 배우길 좋아하는 사람을 보지 못했노라(不如丘之好學也)."

'델포이의 석문 그대로 나 자신을 알기에도 힘이 부치네'라 했듯이 '너 자신을 알라'는 소크라테스의 말이 아니라 델포이 신전의 기둥에 적힌 글귀였다. 그러니까 신전의 기둥에 이 말이 적혀 있었다는 것은 '인간이여, 하루살이에 불과한 인간이여, 시건방 떨지 말고 신 앞에 복종하라'는 맥락의 이야기였을 것 같다.

그런데 이 말이 소크라테스에게 넘어가 '너 자신의 무지를 알라'는 뜻으로 변조된다. 소크라테스에게 무지는 악의 근원이었다. 인간이 무지하기에 악행을 저지른다고 소크라테스는 보았다. 따라서 선행 혹은 영혼의 좋음으로 나아가려면 필요한 것은 '앎'이었다. 그래서 소크라테스는 평생 '배우기를 사랑'한 것이다.

4
벼랑 위에 선
농촌*

국수

백석

눈이 많이 와서

산새가 들판으로 내려오고

눈구덩이에 토끼가 더러 빠지기도 하면

마을에는 그 무슨 반가운 것이 오는가 보다

한가한 아이들은 어둡도록 꿩 사냥을 하고

가난한 엄매는 밤중에 김치가재미로 가고

마을은 구수한 즐거움에 사서 은근하니

흥성흥성 들뜨게 하며

이것은 오는 것이다

이것은 아득한 옛날 한가하고 즐겁든 세월로부터

---

* 2005년 작성, 미발표.

실 같은 봄비 속을 타는 듯한 여름 볕 속을 지나서

시원한 갈바람 속을 지나서

대대로 나며 죽으며 죽으며 나며 하는

이 마을 사람들의 으젓한 마음을 지나서

지붕에 마당에 우물둔덩에 함박눈이 폭폭 쌓이는

어느 하룻밤

아배 앞에는 왕사발에 아들 앞에는 새끼사발에

그득히 담겨 오는 것이다

아, 이 반가운 것은 무엇인가

이 히수무레하고 부드럽고 수수하고 심심한 것은 무엇인가

겨울밤 쩡하니 익은 동치국을 좋아하고

얼얼한 고춧가루를 좋아하고

싱싱한 산 꿩의 고기를 좋아하는 이것은 무엇인가

이 조용한 마을과 이 마을의 으젓한 사람들과

살틀하니 친한 것은 무엇인가

이 그지없이 고담하고 소박한 것은 무엇인가

시대의 성찰: 농촌을 살리자

사멸하는 농촌

우리에게 농촌은 무엇인가? 농촌은 마음의 고향이요 민족의 삶터이다.

고등학교『사회·문화』교과서는 "농촌은 농산물 생산 기지로서의 가치뿐만 아니라 인간 생활의 원천으로서의 가치도 지닌다. 농민뿐 아니라 도시인들에게도 생활의 활력을 불어넣어 주는 정신적 뿌리로서의 역할을 수행하는 것이다"고 가르친다.

맞는 이야기다. 맞는 이야기다. 도시와 농촌은 상호 의존관계를 맺고 공존해 나가야 한다는 이야기는 매우 교과서적인 말씀이다. 맞는 이야기인데, 틀린 이야기일 수도 있다. 밥이 없어 굶어죽기 일보 직전에 있는 아사자에게 "사람은 밥을 먹어야 건강을 회복한다"는 의사의 진단은 맞는 이야기지만, 아사자에게는 틀린 이야기다. 굶주린 사람에게 필요한 것은 한 그릇의 밥이다. 오늘 2005년 한국 농촌이 사멸의 일보 직전에 있는 엄중한 위기를 교과서는 매우 안이하게 인식하고 있다.

농촌 문제의 해결 방안에 대한 교과서의 접근도 원리적으로 옳다. "농촌과 도시 문제는 근본적으로 두 지역 간의 불균형으로 인한 인구 이동 때문에 발생한 것이다. 따라서 농촌과 도시 문제를 동시에 해결하기 위해서는 농촌 인구를 정착시켜 도시로 인구가 집중되는 것을 억제해야 한다. 떠나가는 농촌을 돌아오는 농촌으로 바꾸기 위해서는 어떻게 해야 할지 다음 사례를 통해 생각해 보자"면서 농가소득을 올려야 한다고 주장한다.

교과서는 매우 근엄한 표정을 지으며 농가의 부가가치를 높이는 전략적 방안을 제출한다. "질 좋은 농산물을 생산하여 부가가치를 높이는 것이 농가의 소득 증대에 도움이 될 것이다."

참으로 한심한 교과서다. 누구는 돈 벌 줄 몰라서 돈을 벌지 않은 것인가? 돈을 벌기 위해 트랙터를 구입하고 유리 하우스를 짓고 생산성을 높일수록 늘어나는 것은 빚뿐이라는 것을 모르는가?

이미 농민의 수가 7%로 축감한 마당에 국가적 차원의 근본적 대책을 마련하지 않고 또 시장의 논리에 따라 농가 소득 운운하는 것은, 다 죽어가는 농촌을 이대로 방치하자는 이야기밖에 되지 않는다.[1] 그동안 한국의 농촌은 공업화를 위하여 농촌의 젊은 노동력을 아낌없이 바쳤다. 시골의 부모님들은 그렇게 옥이야 금이야 키운 자신의 자식들을 나라의 산업 전선에 다 바친 것이다. 농촌은 도시와 상호 의존관계를 맺어온 것이 아니라 도시를 위한 일방적 희생의 길을 걸어온 것이다. 다 떠났다. 그리고 지금 농촌엔 30조 원이 넘는 부채만 덩그머니 남았다. 이제 이 부채를 지고 갈 사람들도 조금 지나면 무덤 속으로 들어간다.

지난 2000년도에 농어촌의 일꾼이 220만 명이었는데, 이들의 절반이 60대 이상의 노인들이었다. 10년 후 우리의 농민들은 백인들의 끝없는 팽창과 침탈로 삶의 터를 빼앗기고 지금은 종족 자체가 없어져버린 미국의 인디언이 될 것이다. 아이 울음소리가 들리지 않는 농촌이 된 지 오래, 3천 년 동안 우리 민족을 키워준 공간이 마지막 최후를 눈앞에 두고 있다. 농민이 사라지면 사람이 없는 시골집이 1년이 못 가 귀신 나오는 흉가가 되듯, 농촌은 유령이 나오는 암흑의 공간이 될 것이다. 농민이 농사를 짓지 않으면 1년이 넘지 않아 농촌은 잡초 가득한 황무지로 변한다. 3천 년 내려온 문전옥답이 아카시아 무성한 폐허로 돌변하는 것은 시간문제이다. 봄이면 우리의 눈을 쉬게 해주는 벼들도 더 이상 볼 수 없게 될 것이고, 가을이면 우리의 마음을 풍요롭게 해주는 누런 벼들을 더 이상 구경할 수 없게 될 것이다. 농촌의 사멸 위기에 대해 우리는 너무 안이하다.

농촌을 살리자

지금 우리 농촌에서는 아이의 울음소리가 들리지 않는다. 일부 젊은이들이 없는 것은 아니나, 지금 농촌을 지키고 있는 분들은 모두 60이 넘어 칠순을 바라보는, 왕년에는 쌀 한 가마니를 어깨에 지고 다녔던 장사였으나, 세월의 부식을 누구 견딜 것이냐, 지금은 앞선 누대의 선조들이 그러했듯, 무덤에 묻힐 날만 기다리고 있다. 이 어르신들이 가면 우리의 농촌은 죽는다. 부모님들이 계시기에 서울 사는 자식들이 설날이며 추석이며 자가용 몰고 애기들 데리고 들썩들썩 찾아오지만, 부모님들이 돌아가시면 서울의 자식들도 발길을 끊을 것이다. 부모님들이 돌아가시면 살던 집들이 폐가가 되고, 동네의 집들이 하나둘씩 폐가가 되면 동네 전체가 귀신 나오는 폐허가 되며, 농업을 지킨 이들 우리의 인디언들이 삶의 마지막 최후를 고하고 나면 5천 년 대대로 물려받고 물려준 농사의 예술도 땅에 묻히고, 농사가 없어지면 5천 년 누대의 조상들의 땀으로 일구어온 논이며 밭이 한순간에 황무지로 돌변하고, 논과 밭이 황무지로 변하면, 봄날 우리의 눈을 쉬게 하여주는 푸른 들판이며 가을날 우리의 마음을 풍성하게 키워주는 황금빛 들녘이 사라지면, 이 소멸을 따라 우리의 마음도 또한 사멸할 것이니, 지금 농촌을 살리는 일은 시장의 손에 맡길 일이 아니요, 너와 내가 손을 잡고 힘을 모으고 지혜를 모아, 손을 거두어 부치고 발로 뛰어다니면서 이루어내야 할 미루어서는 안 되는 급박한 민족의 과제이다.

농촌의 사멸과 서울의 과밀은 공업화와 도시화가 초래한 동전의 양면이다. 사멸하는 농촌을 되살리는 일은 동시에 인구 과밀로 온갖 고통을 당해야 하는 서울을 살리는 길이기도 하다. 무식할 정도로 밀어붙인 국토의 불균형 개발 전략을 국토의 균형 발전 전략으로 바꾸는 근본적인 변화 없이는 농촌도 죽고 서울도 죽고 우리 민족도 다 죽는다.

신행정도시를 만들어 수도권의 인구를 분산시키는 것이나, 서울에 집중해 있는 정부 및 기업체들을 지방으로 분산하는 것은 무조건 환영받아야 할 일이다. 수도권에 밀집한 대학들도 지방으로 이전하는 것을 적극 고려해보아야 할 일이다. 허나 문제를 더욱 근본적으로 접근하면, 문제의 원천은 수도권에 기회가 밀집해 있다는 데 있다. 그렇기 때문에 사람들은 서울로 서울로 몰려갔던 것이고, 지금은 서울이 넘쳐 분당으로 일산으로 평촌으로 몰려가고 있는 것이다. 수도권의 부동산 투기에는 이처럼 기회의 밀집과 인구의 과밀이라는, 극복되어야 할 문제의 원인들이 중첩되어 있는 것이다.

지금 도시의 최저임금이 65만 원이다. 이것은 한 달 60만 원밖에 벌지 못하는 비정규직 노동자들이 우글우글거린다는 것을 의미한다. 동시에 이런 저임금으로 목숨을 부지하는 인구가 우글우글거린다는 것을 의미한다. 수도권의 인구 과밀을 해소하는 시대적 요청과 그리고 농촌을 살리는 민족사적 요청에 부응하기 위해선 얼마의 재원을 우리는 감당해야 할 것인가. 만일 수도권 인구 과밀 해소를 위하고 농촌을 살리기 위한 자금을 연간 10조 원 투입하여 보자.[2]

10조 원이면 연간 1000만 원의 지원금을 100만 가구에 약속할 수 있다. 이 지원금의 명목을 농업 후원금으로 하면 또 WTO가 시비를 걸 것이기 때문에 농촌의 자녀들을 위한 양육비 혹은 교육비로, 즉 사회복지

비용의 일환으로 지급하여 보자. 자녀 1인당 40만 원, 두 자녀의 양육비·교육비 명목으로 80만 원을 지원하여주면 농촌에서는 살림을 할 수 있다. 고추며 가지며 배추를 자급자족하고 남는 것은 시장에 내다팔아 약간의 소득을 올리면 되는 것이다.

아무런 사회적 보장도 없는데 서울 생활을 정리하고 시골로 들어가는 귀농의 용사들이 계속 공중파를 타고 있는 것을 보면, 일정한 정도의 사회적 보장만 약속된다면 도시 생활 청산하고 시골로 들어갈 젊은 이들 꽤 될 것이다.[3] 한 달 내내 죽어라고 일해서 100여만 원의 소득을 올리는 가난한 노동자들에게 이 약속은 삶의 큰 희망일 수 있다. 도시에서 아이들을 키우려면 무조건 아이 한 명당 50만 원이 들어가는데 시골로 들어가는 것은 100만 원의 교육비를 절약하는 셈이 된다. 매달 나오는 정부 지원금 80만 원이 있으면, 자분자분 농사법을 배워 약간의 상업적 영농에 성공만 한다면 남부럽지 않은 삶을 설계할 수 있는 것이다.

100만 가구면 400만 명의 인구다. 이 인구가 시골 구석구석으로 들어가기 시작하면 죽어가던 농촌 마을에 조금씩 활기가 돌 것이다. 아이들이 없는 노인들만의 마을은 이미 죽은 마을이다. 할매 할배들에게 아이들처럼 소중한 선물은 없다. 죽어가던 마을 구멍가게도 돌연 활기를 띠기 시작할 것이며, 폐교를 눈앞에 두고 있던 농촌의 그 좋은 작은 학교들도 부활의 기쁨을 맞이할 것이다. 젊은 부부들은 서툰 솜씨로 농사를 지을 수밖에 없는데, 이때 지팡이 짚고 마실 나온 팔순 노옹은 젊은 부부에게 농사를 전수하는 스승이 된다. 농사란 아무나 짓는 것이 아니다. 생물학, 기상학, 농학, 임학, 축산학, 기계학, 경영학, 건축학, 유전학, 지질학 10명의 박사 학위자들이 모여 지혜를 짜내어도 평생을 농사만 짓고 산 무지렁이 농부의 슬기를 따르지 못한다.

몸에 녹은 경험만큼 소중한 지혜는 없다. 이들 100만 귀농 용사들은 가능한 상업적 영농과는 거리를 두어야 할 것이다. 농사를 지어 돈 벌 욕심이었다면 차라리 도시로 떠나라. 농촌은 돈 버는 곳이 아니다. 고생스럽겠지만 윤구병 선생 같은 분들로부터 유기농의 철학과 영농법을 배워 친환경적 농업에 종사할 일이다. 요즘 웰빙 바람이 한창인데, 웰빙 중에서도 가장 중요한 것은 먹을거리 웰빙일 것이다. 농약을 치지 않은 좋은 먹을거리를 공급하는 생협 같은 곳에 납품하면 그럭저럭 용돈은 마련할 수 있을 것이다. 만일 정부의 지원금을 받아 유기농산물을 생산하면 이 유기농산물의 가격은 지원금만큼 저렴하게 공급될 것이고, 정부가 지원하는 지원금 10조 원은 사실상 도시 서민들이 싼 유기농산물을 먹을 수 있도록 도와주는 도시 서민 웰빙 지원금이 되기도 한다.

농촌이 살리기 위한 이 거룩한 뜻은 우리 민족에게 여러 선물을 베풀어줄 것이다. 100만 가구면 400만 인구이고, 만일 수도권에서 400만 인구가 빠져나가면 이것은 작지 않은 인구 이동이다. 수도권 인구 2400만 명 중 1/6이 빠져나가는 이 일은 수도권 교통 혼잡을 해소하는 데 의미 있는 역할을 할 것이다. 6부제니 5부제니 하는 운동이 얻고자 하는 효과를 장기적으로 안정적으로 획득하는 것이다.

서울 사람들은 교통 혼잡으로 겪는 사회적 비용을 정확히 인지하고 있어야 한다. 물경 10조 원에 달하는 교통 혼잡 비용의 1/6이 줄어든다면 이것 역시 작지 않은 선물이다. 서울 사람들은 교통 혼잡으로 지출하는 인생의 비용이 얼마인지 계산 좀 하고 살아야 한다. 지방에 사는 것이 기회의 상실이요 서울에 사는 것이 기회의 접근이라면, 이 기회 접근의 비용 또한 만만치 않다는 것을 알아야 한다는 것이다.

내가 아는 한 친구는 고양에 사는데 뚝섬에 있는 직장까지 매일 왔다

갔다 네 시간을 출퇴근하는 데 쓰고 있다. 서울인들의 직장 접근 비용이 하루 네 시간이라는 얘기다. 그런데 하루의 길이는 24시간이고, 수면 시간 8시간을 빼면 우리가 사용할 수 있는 하루의 길이는 16시간이다. 서울 사람들이 길바닥에 버리는 4시간은 하루의 1/4. 보신탕 먹고 용봉탕 먹고 곰쓸개를 먹어가면서 수명을 늘여도 인생 80의 1/4, 즉 20년을 길바닥에서 산다는 것이다.

이 얼마나 현명한 인생이냐. 이 훌륭하신 서울 사람들의 인생을 구해주기 위해 이제 400만 명의 귀농인사들이 서울에서 빠져나갈 경우, 만일 하루 4시간 출퇴근 시간이 3시간 반으로 줄어든다고 치자. 이 30분의 경제적 가치를 계산하여 보라. 하루 8시간 일하여 8만 원어치의 부가가치를 창출한다고 가정하면, 30분의 경제적 가치는 정확히 5000원이다. 수도권의 경제활동인구를 1천만 명으로 대충 잡으면 100만 가구의 서울 탈출이 가져다주는 하루의 경제적 가치는 '1000만 명×5천원'=500억 원이고, 연간으로 계산하면 15조 원이 된다. 이 정도의 가치가 돈으로 혹은 삶의 여유로 서울 사람들에게 선물로 제공된다면 이는 제법 큰 선물이다.

100만 가구가 서울을 탈출하면 여섯 집마다 한 집이 비게 된다. 아파트 전세가 뚝 떨어질 것이고, 전세가 내려가면 아파트 시세가 내려갈 것이고, 집값이 내려가면 자동적으로 땅값이 떨어지게 되어 있다. 땅값이 떨어지면 건물 시세가 떨어지고 건물 시세가 떨어지는 만큼 임대료가 내려간다. 임대료가 내려간다는 것은 자영업자들에게 매우 중요하다. 사실 장사를 해보면 인테리어 업자 좋은 일, 건물주 좋은 일 하는 것이라는 것을 뒤늦게 알게 된다. 한국의 자영업 비율은 40%로 전 세계적으로 최고다. 먹고살기 위해, 아이들 학원비라도 마련하기 위해 모든 독일이 '농부의 나라'를 이룬 열쇠는 직불금이다. 농가소득의 60%다. 독일의 농부는 국민으로부터 사회적 합의와 지지를 받으며 '돈 버는 농업'이 아닌 '사람 사는 농촌'을 위한 '농부의 나라'를 지키며 살아간다. 독일의 농부처럼 대접하면 우리도 농민과 국민이 동등한 '농부의 나라'가 될 수 있다.

성인이 경제활동에 참여하고 있는 것이고, 정규 직장이 없으니 장사라도 벌이는 것이다.

400만 명이 서울을 떠날 때 얼마 정도 임대료가 내려갈 것인지, 쉽게 계산할 수 없는 일이다. 수도권의 땅과 건물과 집의 총 시가가 1200조 원일 경우 1/6의 가격 하락을 가정한다면, 떨어지는 200조 원의 연간 임대료 하락분은 자그마치 20조 원이다. 이 정도의 혜택이 수도권의 자영업사 및 가난한 노농자들에게 돌아간다면 경제적 차원에서도 400만 서울 탈출 용사를 지원하는 것은 충분히 생산적이다.

상상력이란 매우 중요한 것이다. 상상력은 모든 창조의 원천이었다. 이상 우리가 전개한 한여름 밤의 꿈이 과연 꿈으로 끝날 것인지 아니면 새 나라를 만드는 기초가 될지 아직 판단을 내릴 때가 아니다. 농촌을 살려야 한다는 절박한 민족사적 과제를 이루기 위해 우리가 투입하는 종잣돈 10조 원은 농촌으로 들어가는 젊은 부부에게 10조 원의 양육·복지비용이 되고, 농촌의 노인들에게 효자 돈이 되어주고, 수도권의 교통 혼잡을 덜어주고, 수도권 서민층에게 적지 않은 임대료 인하 혜택을 준다면, 이것이 분명하다면, 우리는 이 꿈을 함께 꿀 일이다. 함께 꾸는 꿈은 언제나 이루어진다.

독일 간호사로 지낸 5년[*]

1970년대 중반 아직 해외로의 여행도 자유롭지 못하던 시절에 나는 간호사가 되어 독일로 갔다. 3개월의 독일어 수업과 열흘간의 소양교육(반공교육)을 받고 독일의 본 대학 병원에서 근무하게 되었다.

독일어에 능숙하지 못해 업무에 대한 스트레스가 심했다. 나이가 어려(갓 18세) 하루아침에 바뀐 독일에서의 문화와 생활이 너무 낯설었다. 어렵고 막막하여 남몰래 울기도 했다.

동양인인 우리에게 가장 힘든 첫 번째는 음식이었다. 된장국에 보리밥 먹던 우리가 생전 먹어보지 못한 빵과 쓰디쓴 커피를 아침밥이라고 먹으라니 죽을 맛이었다. 아침엔 주먹빵과 삶은 달걀 한 개와 커피 정도이고 점심은 삶은 감자 으깬 것과 쇠고기 스테이크 샐러드, 맥주이다. 저녁은 간단하여 보리빵에 썬 고기를 얹어서 스프와 곁들이고 와인을 마신다.

우리는 빵이 너무 싫어서 한국 음식을 찾아 헤맸다. 한 달에 한 번 찾아오는 식품 트럭은 구세주와 같았다. 한국 먹을거리를 아끼려고 라면, 쌀, 포장 깻잎김치 등을 보물처럼 아꼈다. 한번은 양배추를 사다가 김치를 몰래 담그다 냄새 때문에 기숙사 사감에게 들켜 혼나기도 했다. 또 산책을 하다 보면 산나물과 고사리가 들판에 가득하여 지나치지 못하고 캐어 오면 독일인들은 독초라며 기겁을 하곤 했다. 이는 모두 문화의 차이로 발생한 해프닝이었다. 로마에 가면 로마법을 따라야 하듯이 우리는 고향의 추억만 말할 뿐 고향 시골의 푸른 들판만 생각하곤 했다.

1970년대 초 독일에서는 간호사의 사회적 인식이 높아 간호사의 지

---

[*] 이○○ 씨의 경험담이다.

위가 상당했다. 수술과 진료는 의사의 몫이지만 간호사의 도움 없이는 그 어떤 진료도 원활하지 못했기에 처우가 좋을 수밖에 없었다. 정확히 1973년, 내가 근무할 당시 월급은 한국의 동종 업무에 비해 10배 정도의 급료였다. 지금 외국인 노동자가 한국 사회에 유입되어 노동 대가를 받는 걸 보면 안타까운 마음에 분노가 일 때가 있다. 40여 년 전 독일에서 내가 받은 노동 대가를 보면 노동자에 대한 독일의 처우가 상당히 공정했음을 알 수 있다.

독일 사회를 겪어보니 독일인들은 문학과 철학이 삶의 곳곳에 배여 있어서인지 사람을 대하는 태도나 방식이 정확하며 실수가 적고 매사를 배려했다. 그들의 인격이 높고 풍요로운 생활을 하는 저변에는 검소한 생활을 하면서도 정치에 관심을 가지고 끝없이 토론하는 분위기 때문인 것 같았다. 척박한 환경의 한국과 대비되어 독일인의 삶을 나는 많이 부러워했다. 내 스스로도 언제나 공부를 더하고 싶은 마음이 들었다.

나는 어떤 기회에 독일의 농촌을 가보게 되었다. 나와 친했던 독일인 간호사가 자기 집은 농촌인데 한번 초대하고 싶다고 했다. 기차로 물설고 낯선 독일 농가를 기차로 두어 시간 걸려 찾아가게 되었다.

생각보다 그녀의 부모는 농사를 크게 짓는 부농이었다. 갖가지 농기구와 넓은 땅, 말, 소, 염소 등 가축도 많이 길렀다. 살아보니 독일 농가는 벽지에 있는 것이 아니라 도심하고 가까운 곳들이 많았고 대체로 모두 대농과 부농들이 많았다. 농사를 짓게 되면 정부에서 많은 혜택을 주어 농민이 열심히 농사를 지었다. 농부인 부모님을 가장 존경한다던 독일인 동료 간호사의 밝은 웃음을 잊을 수 없다. 부모님은 농부로서 자긍심이 대단했다.

내가 자란 한국의 농촌과 농부의 모습이 교차되며 상당하게 충격이

왔다. 우리 병동에 농부가 입원하면 "저 환자는 부자야"라고 말하곤 했다. 그도 그럴 것이 농부나 농사는 '농자천하지대본(農者天下之大本)'이라는 우리말이 독일 사회에서는 사회복지면, 정책면에서 이미 정착된 지 오래였기 때문이다. 나는 아침에 일찍 일어나 농가의 전경을 창문 너머로 엿보았다. 소들이 울어대던 너른 마당 위로 염소의 젖을 짜고 있던 그의 어머니, 밭을 갈며 분주히 움직이던 그의 아버지, 참으로 풍요롭고 평화로운 아침 풍경이었다. 그때의 신선한 감동은 지금도 잊히지 않는다.

한번은 기차를 타고 가는데 머리가 하얀 백색의 할머니가 신문을 읽고 있었다. 맞은편 서로 모르는 사이인 어떤 아저씨와 정치에 관한 이야기를 열띠게 하며 심각한 정치 현안에 대해 서로 토론하는 것이었다. 나는 흥미롭게 그들의 대화는 물론 내용도 들어보았는데 수준이 보통이 아닌 것이었다. 독일인들은 서로 토론하기를 좋아한다. TV 프로그램도 종일 토론하는 게 일색이다. 재미있는 드라마를 보려 해도 찾기도 어려웠다. 먹방과 불륜드라마나 종편의 뉴스가 난무한 지금의 한국 사회와 비교해도 그 사회가 지향하는 가치관이 무엇인가를 일찍이 읽을 수 있는 대목이다.

나는 토론하며 자유롭게 자기의 생각을 펼치던 독일인의 생활양식과 풍경에 인상이 깊었다. 삶이 곧 정치이고 정치가 바로 삶이라는 것을 나는 독일 사회에서 배웠다. 그래서 올바른 정치인을 선출하는 문제가 얼마나 중요한 일인지 피부로 느꼈던 것이다. 독일에서 간호사로 지내다 돌아온 5년이라는 시간은 나의 삶에서 중요한 계기가 되었다. 정치와 사회가 앞선 나라의 노동조건과 대우를 몸소 겪으며 한국 사회를 바라다보는 눈이 생겼기 때문이다.

나의 고백

고전을 공부해야 하는 이유

"내가 만들고 싶은 나라는 군사력이 센 나라도 아니요, 경제력이 강한 나라도 아니다. 내가 만들고 싶은 나라는 오직 문화적 수준이 한없이 높은 나라이다"라고 백범 김구 선생은 말했다. 지금으로부터 60년 전의 일이다. 해방은 되었으나 나라가 어디로 갈 것인지 갈피를 잡지 못하고 헤매던 그 시기에 선생은 민족의 나아갈 길을 이렇게 설파했다.

나와 같은 50내가 캠퍼스의 낭만을 누리던 1980년대, 젊은 시절 우리는 김구 선생의 '내가 만들고 싶은 나라'에 눈길을 보내지 않았다. 1980년대는 군사 독재의 총칼 밑에서 국민의 기본권이 심하게 짓밟힌 시절이었기 때문이다. 우리 젊은이들에겐 독재정권을 몰아내고 민주주의를 쟁취하는 것이 급박한 과제였다.

2010년, 다시 30년의 세월이 흘렀다. 지금 한국의 일인당 GDP는 3만 달러를 향해 나아가고 있다. 한국의 경제력은 세계 10위권에 걸쳐 있다. 자살률이 세계 최고를 기록하고 있고, 남녀차별 지수가 세계 꼴찌 그룹에 속하는 등 부끄러운 모습도 많다. 한 가정이 자동차 두 대를 보유하는 나라가 되었음에도 불구하고 청년실업은 심각하고 대학생들의 눈빛은 불안하다.

다시 30년의 세월이 흐르고 난 2040년 우리들은 오늘의 10대들에게 모든 권리를 넘겨주고 인생을 정리하고 있을 것이다. 30년 후 오늘의 10대들은 기성세대로부터 대한민국을 건네받고 자신들의 세계를 만들어가고 있을 것이다. 어떤 세상을 만들어나가고 있을까? 청소년들이 고전을 읽어야 하는 이유는 자신들의 미래와 긴밀한 관계가 있기 때문이다. 나는 세 가지를 생각한다.

첫째, 한·중·일 세 나라를 중심으로 하는 동아시아 경제권이 세계 경제를 이끌고 있을 것이다. 19세기는 영국이 세계 경제를 이끌었고, 20세기는 미국이 세계 경제를 이끌었다. 21세기 중반의 시점엔 동아시아가 세계 경제를 주도할 것이다.

이 예측은 굳이 경제 전문가의 권위를 빌려 말할 필요도 없다. 간단하다. 2013년 현재 미국의 GDP가 17조 달러이고, 중국의 GDP가 9조 달러이다. 지금 중국의 일인당 GDP가 7천 달러인데, 이 수치가 1만 달러를 넘어서는 데에는 많은 시간을 필요로 하지 않는다. 조만간 한·중·일 세 나라의 경제가 세계 경제를 주도할 것이라는 예측은 큰 무리가 아니다.

영국과 미국은 과학기술의 힘으로 세계를 이끌었다. 영국과 미국은 인류에게 가난을 극복하는 과학기술과 질병을 치료하는 의료기술을 주었으나 세계를 전쟁의 도가니에 빠뜨렸고 약소국가들을 수탈했다는 비판으로부터 자유롭지 못하다. 동아시아가 세계사를 주도하는 시기가 온다면, 동아시아의 지도자들은 영국과 미국의 지도자들과 뭔가 달라야 할 것이다.

한·중·일 세 나라에는 오랜 역사가 있고, 그 역사 속에서 깃든 시와 사상이 있다. 우리는 『논어』와 『도덕경』을 알아야 한다. 두보의 시를 읽어야 하고 『맹자』와 『장자』를 알아야 한다. 그래야 서양인을 만나 동아시아의 특성과 가치를 말할 수 있을 것이다.

동시에 서양의 인문정신을 알아야 한다. 호메로스의 『일리아스』와 『오디세이아』를 논의할 줄 알아야 하고, 소크라테스와 플라톤의 철학을 가지고 대화할 수 있어야 한다. 30년 후 동아시아 경제가 세계 경제를 주도하게끔 되어 있는데, 동아시아의 청소년들이 미래를 대비하여 세계인의 지성을 예비하는 것은 시대의 요청이다. 이것이 오늘의 청소년들이 고전을 공부해야 하는 첫째 이유이다.

둘째, KTX가 시베리아를 횡단하여 달리고 있을 것이다. 동아시아 경제가 세계를 이끄는 것은 우리의 의지와 무관하나, KTX가 시베리아를 횡단하여 달리는 것은 남과 북의 정치적 지도력에 달려 있다. 아직 남북의 통일이 요원한 과제이지만 우리 민족도 스스로의 힘으로 대승적 통합을 이루지 못하리란 법은 없다.

나는 남과 북이 통일되고 KTX가 시베리아를 횡단하는 그날을 어서 보고 싶다. 서울에서 KTX에 올라타 평양과 신의주를 지나 만주의 길림을 지나, 블라디보스토크로 이르쿠츠크로 달리고 싶다. 끝없는 시베리아 숲을 헤치고 모스크바를 거치고 베를린을 지나 파리에 가고 싶다. 내친김에 런던까지 가자.

오늘의 청소년들은 지금부터 세계시민의 교양을 쌓아야 한다. 베이징에 가면 중국인들과 두보의 시를 말할 수 있어야 하고, 모스크바에 가면 러시아인들과 톨스토이의 『전쟁과 평화』에 나오는 대화재를 거론할 줄 알아야 하며, 파리에 가면 프랑스인들과 『레미제라블』의 하수도를 말할 수 있어야 한다. 런던에 가면 누굴 이야기할까? 그렇다. 뉴턴과 다윈을 말하고, 더하여 1850년대의 영국 현실을 담은 마르크스의 『자본』을 말할 수 있다면 이 사람이야말로 세계시민이 아니겠는가?

나는 우리의 청소년들이 차표 한 장으로 시베리아로 유럽으로 달려갈 수만 있다면, 유럽인들과 함께 철학과 문학을 논하면서 동아시아의 시와 사상을 전할 수 있다면, 나는 여한 없이 눈을 감겠다. 세계시민의 교양을 쌓는 것, 이것이 청년들이 고전을 공부해야 하는 두 번째 이유이다.

셋째, 한국 경제는 조만간 일인당 GDP 3만 달러를 돌파할 것이고, 주 4일 노동제가 도입될 것이다. 필요로 하는 것이 가장 적은 사람이 가장 부유한 사람이라고 소크라테스는 말한 적이 있다. 소크라테스에게 보배는 한가로움이었다. 한국 사회가 주 4일 노동하는 사회로 진입할 경우 일하지 않는 주 3일을 어떻게 보낼 것인가?

한국이 선진국이 되려면 우리 모두가 성숙한 인간이 되어야 한다. 삶과 죽음에 관해 나름의 생각을 갖는 철학자가 되어야 한다. 유행하는 삶의 양식, 주어진 쾌락에 머물지 않고 자기 나름의 행복의 원리를 찾아야 한다.

나는 인간의 행복한 삶은 인간 본성의 건강한 실현에서 나온다고 생각한다. 아리스토텔레스의 금언에 따르면, 인간은 알고자 하는 본성을 지닌 존재이다. 왜 공부하는가? 알고자 하는 본성 때문이다. 왜 책을 읽는가? 새로운 진리를 깨달을 때 인간은 최고의 순수한 기쁨을 누리기 때문이다. 독서는 삶의 방편이 아니라 삶의 목적, 즉 행복으로 가는 지름길이다.

지난날 공부는 생존하기 위한 삶의 방편이었다. 이제 이런 공부는 그만하자. 공부는 수단이 아니라 목적이다. 고전을 읽자. 고전의 지혜로 나의 영혼을 아름답게 가꾸자. 한국인 모두가 철학자가 되고 세계시민의 교양을 갖추자. 한국이 선진국이 되는 길은 여기에 있다. 이것이 바로 우리가 고전을 읽어야 할 세 번째 이유이다.

—황광우·홍승기, 『고전의 시작』(생각학교, 2015), 「서문」.

한국의 미래는 어떻습니까

대한민국의 현재 경제 상황과

앞으로 어떻게 해야 더 나아질 수 있을지 듣고 싶습니다.

1980년대에는 연 10% 성장했어요. 이후 쭉 내려가고 있어요. 올해는 4% 정도 되시요? 성장률은 무조건 내려갑니다. 질내토 올라길 수가 없어요. 이 예측은 아주 확실합니다. 왜냐면 축적된 총 자본이 일정 크기에 도달하면 성장률은 내려갈 수밖에 없지요.

우리 세대가 아주 이상한 현상을 겪었던 거예요. 연 10% 경제성장은 비정상적인 성장이에요. 성장률이 높다는 말은, 분배해야 할 자원을 분배하지 않고 기업가에게 몰아줬다는 거죠. 노동자에게 가야 할 정당한 소득을 기업가에게 몰아줘서 대기업들이 거부가 되었다는 말이에요. 따라서 성장률이 크다는 것은 빈부 격차가 그만큼 크다는 거예요. 지금은 성장의 시대에서 벗어나서, 성장을 추구하는 과정에서 쌓인 삶의 모순들을 해결해 나가야 할 때예요.

피케티라는 경제학자에 의하면 지난 300년 동안 영국의 평균성장률이 1.5%였어요. 영국이 300년간 이룬 성장을 짧은 기간에 따라잡으려고 하는 나라가 중국과 한국이에요. 지금 영국과 한국의 경제성장은 비슷비슷해요. 이제 우리는 성장의 마취에서 깨어나 탈성장 시대를 준비해야 돼요.

전 세계적으로 가장 노동시간이 짧은 나라가 네덜란드예요. 굉장히 자유롭고 평화로운 나라지요. 다른 모든 나라는 종교의 자유가 없었는데, 이 나라만큼은 16세기부터 종교의 자유가 있었지요. 왜 스피노자가, 데카르트가 네덜란드에서 사상을 폈겠어요? 종교·사상의 자유가 보장된 나라가 네덜란드였으니 그랬지요. 그 나라가 주 32시간 노동을 하고 있어요.

진보는 언제나 확산되게 되어 있어요. 여러분들이 이 사회를 이끌어 갈 때 네덜란드처럼 주 32시간 노동을 할 수 있으면 좋겠어요.

—2015년 7월

함께 읽는 고전

귀거래사(歸去來辭)
—도연명(陶淵明)

돌아가리라

전원이 장차 황폐해지려 하는데 어찌 돌아가지 않으랴

지금까지는 마음이 육신의 노예였으니

어찌 홀로 슬퍼하여 서러워만 할 것인가
이미 지난 일 후회해도 소용없음을 깨달아
다가올 일 쫓아야 함을 알겠네
길을 잃고 헤맸으나 아직 멀지 않아
지금이 옳고 지난날의 벼슬살이 잘못 되었음을 이제야 깨달았네

배는 가벼이 흔들거리고
바람은 표표히 옷깃을 스치네
길손에게 고향 길 얼마 남았는가 묻는데
새벽빛 희미하여 한이 서리네

마침내 저 멀리 대문과 처마 보이자
기쁜 마음에 급히 뛰어간다
머슴아이 길에 나와 나를 반기고
어린 아들 문 앞에서 나를 맞이한다

뜰 안의 세 갈래 길 잡초 무성하나
나무와 국화는 아직도 있구나
어린아이 손잡고 방으로 들어가니
술 항아리엔 향기로운 술이 가득

술 단지 끌어당겨 혼자 자작하고
뜰의 나뭇가지 바라보며 웃음 짓는다
남쪽 창가에 기대어 마냥 의기양양해하니

무릎 하나 들일 만한 작은 집이지만 이 얼마나 편안한가

날마다 동산을 거니니 풍취가 이루어지고
문은 달렸으나 항상 닫혀 있어
지팡이에 늙은 몸 의지하며 발길 멎는 대로 쉬다가
때때로 고개 들어 먼 하늘 바라보네

5

DMZ의 철조망을 거두자[*]

지금 지구상에 있는 200여 개의 국가들을 통틀어 우리 한국인들처럼 멍청한 짓을 하고 있는 족속도 없다. 뭐냐? 그것은 남북 간의 군사적 대결이다. 지난 50년 전 '식민지 세대'들이 물려준 이 남북 간의 군사적 대결 구도는 '모래시계 세대'들에게 고스란히 계승되어, 너희 '붉은 세대'들에까지 그대로 물려 넘어가고 있는 양상이다. 왜 이 군사적 대결이 세계적으로 멍청한 짓이냐? 나는 그 이유로 다음의 네 가지를 들고 싶다.

* 2003년 작성, 미발표.

시대의 성찰: 어리석은 냉전

첫째, 이 군사적 대결에 동원된 군인의 수가 너무 많다는 것이다. 북한의 정규군이 120만 명, 한국의 정규군이 60만 명, 합하면 180만 명이다. 이 군인의 숫자는 전 세계 2위를 기록한다. 인구 12억인 중국의 경우 군인 수가 350만 명이고, 전 세계를 호령하기 위해 미국이 보유하고 있는 군인 수가 150만 명, 따라서 180만 명의 군대를 유지하고 있는 조선족은 군인 수로 세계 2위인데, 이 사실은 자랑이 아니라 수치다. 인구 12억에서 350만 명을 군인으로 보유하고 있는 중국의 기준으로 치면, 조선족의 군대는 20만 명이면 족하다. 남한 군대 10만 명, 북한 군대 10만 명 정도로 말이다. 지구적 패권을 지키기 위하여 요구되는 미국의 군인 수가 150만 명이라고 할 때, 이 작고 작은 한반도에 180만 명의 군인이

김제동은 호소한다

"…성주의 아이들이 전쟁의 피해나 분단의 피해를 보면 안 되듯이, 대한민국 모든 아이들이 전쟁의 피해와 분단의 피해를 보면 안 되겠다고 하는 것이 여러분들이 한반도 평화를 정착시키는 일이 되는 것입니다.

그래서 앞으로…한반도에 평화체제를 정착시키겠다 하는 사람이 여러분의 대표가 되도록 해주어서, 적어도…남자아이들은 군대 안 가는 나라 만들어서 좀 물려줘야 하지 않겠습니까.

여기 중·고등학생들…자라서 맨날 휴전선 근처에 가는 게 아니고, 통일 대한민국을 물려주어서 중국과 국경을 맞대고, 러시아를 바라보고, 적어도 KTX를 대구에서 타든 성주에서 타든 거기서 기차 타고 평양 거쳐서, 러시아 거쳐서 유럽으로 수학여행 갈 수 있는 나라를 애들한테 만들어줘야 할 것 아닙니까.…"

—《경향신문》, 2016년 8월 6일.

우글거리고 있다는 것은 너무 멍청한 짓이 아닌가?

둘째, 이 군사적 대결의 목적이 너무 맹목적이라는 것이다. 이씨 왕조가 이끈 조선 사회가 문반을 숭상하고 무반을 천시하여 임진왜란이며 병자호란을 당했다. 기마민족의 나라였던 고구려가 수십여 차례 파상으로 밀고 오는 수나라와 당나라의 외침을 당당하게 막아내었던 것에 비하여, 조선 왕조는 너무 무력했다. 이런 선조들의 역사에서 교훈을 끌어낸다면 우리 민족에게 자주 국방은 너무 당연한 과제다.

그런데 지금 180만 명이 무엇 때문에 군사적 대결을 벌이고 있는가? 러시아의 남침을 막기 위한 것도 아니요, 일본의 북침을 막기 위한 것도 아니다. 무언가? 그것은 같은 동포들끼리 서로의 목을 향하여 총구를 겨누고 있는 짓이다. 나는 군대에서 그 추운 겨울밤 새벽 2시에 경계 근무를 설 때, 왜 나는 이 무모한 대결의 노예로 서 있어야 하는지 치를 떤 적이 있다. 경상도 사람이나 전라도 사람이나 다 똑같은 한국인이 듯, 남쪽 사람이나 북쪽 사람이나 다 똑같은 조선족임을 새삼 강조할 필요가 있을까.

셋째, 이 군사적 대결 때문에 치르는 비용이 너무 막대하다는 것이다. 우리는 연간 16조 원을 군비에 꼴아박고 있다. 미군 주둔을 위하여 대한민국 정부가 감당하는 비용이 연간 3조 4천억 원이라고 하니, 사실상 우리는 20여조 원의 재원을 이 싸움에 낭비하고 있는 것이다. 지난 50년 동안 그래왔는데, 앞으로 또 몇 십 년 동안 이런 무모한 낭비를 해야 할까?

20조 원이면 유치원생부터 대학생들까지 교육을 무상으로 받을 수 있는 재원이다. 20조 원이면 건강보험료를 걷지 않고도 전 국민의 의료 문제를 알뜰하게 해결하고도 남는 재원이다. 세상에 그 많고 많은 경제

코헨의 조언

하버드 한국연구소의 특별 고문인 코헨(Jerome A. Cohen)은 트럼프 대통령이 북한과 평화협정을 맺는 길로 가는 것이 합리적이라는 견해를 내놓았다. 닉슨이 중국과 화해하고 클린턴이 베트남과 화해했듯 말이다. 그는 북한의 ICBM 개발을 미국이 저지하는 데 실패할 것이라고 보았다. 남한에 사드를 배치하는 것에 대해 중국이 단호하게 반대하고 있기 때문이다.

적 활동 중에서 사람 죽이는 일에 재원을 낭비하는 것만큼 비생산적인 활동은 없다. 뿐만 아니다. 60만 명의 젊은이들이 2년여의 세월을 그야말로 삽질하면서 보낸다는 것은 너무 억울하지 않은가? 이들 60만 명의 젊은이들이 생산활동에 투입될 때 예상 가능한 재화의 생산량이 10조 원. 우리는 연간 30조여 원의 재화와 인력을 낭비하고 있는 것이다.

넷째, 이 군사적 대결은 시대착오적인 대결이라는 것이다. 백번 양보하여 북한의 남침을 우려해야 하는 시기가 있었냐고 치자. 1975년 4월 30일 북베트남이 15년 동안 미군과 대결하여 마침내 미군을 몰아내고 남베트남을 통일하던 시기, 정말 백번 양보하여 북한의 남침을 막아내야 한다는 박정희의 주장은 최소한의 정황적 타당성이 있었다.

1970년대만 하더라도 북한의 경제력은 남한의 경제력을 앞질렀다고 한다. 그러던 것이 1980년대를 넘어서면서 북한과 남한의 경제력은 역전되기 시작했고, 지금은 20대1의 격차를 보이고 있다. 남한 경제력의 20분의 1밖에 되지 않는 북한이 남한을 침공한다는 것은 있을 수 없는 일이다. 기름이 없어 굴러가지 않은 탱크를 가지고 어떻게 남침한다는 말인가. 그래서 이 군사적 대결은 시대착오적이라고 하는 것이다.

더 중요한 사실이 있다. 원래 남북 간의 군사적 대결은 미국과 소련의 군사적 대결의 축소판이요, 그 대리전적인 성격이 짙었다. 적어도 남한이 미국에게 있어서 대(對)소련 전초기지였다는 것만큼은 부인할 수 없는 사실이다. 그런데 그 소련이 무너져 내렸다. 1990년도에. 정말이지 미국에게 일말의 양심이 있다고 한다면, 그들이 염려했던 소련이 무너진 상황에서는 자진하여 미군을 남한에서 철수시켰어야 한다.

한국의 경제력에 비하여 20배나 큰 경제력을 자랑하는 나라 미국이, 그 한국의 20분의 1도 되지 않는 북한을 "항복하지 않으면 죽여버리겠다" 협박이나 하고, 남한의 극우세력을 앞세워 군사적 대결을 지속시키고 있는 오늘의 현실은 눈물이 나올 정도로 너무나 부끄러운 일이다. 정말 모욕적인 일이다.

나는 민족주의자가 아니다. 그렇다고 대단한 국제주의자도 되지 못한다. 다만 인류의 평화와 평등을 소망하며 약소민족이 힘이 없다는 이유로 고통 받아서는 안 된다고 생각하는 사람이다. 나는 명성황후를 미워한다. 민중의 저항을 통어할 힘이 없으면 그대로 물러앉을 일이지, 왜 전봉준의 동학농민군을 짓밟기 위하여 청군을 불러들이고 이어 일본군을 불러들였느냐는 것이다. 나는 어린 나이였지만, 청군과 일본군

페스트라이쉬의 조언

미국 하버드대에서 동아시아 문명학 박사학위를 받은 임마누엘 페스트라이쉬는 "평화로운 통일은 한국이 매력국가로 가는 도약대이자 한반도의 신(新)르네상스를 만들어낼 기회"라고 단언했다. 페스트라이쉬 교수는 "남북 평화통일은 한민족이 가진 전통의 장점을 살려 한반도를 업그레이드할 수 있는 기회"라며 "통일 한국은 제국주의적 침략을 하지 않고도 강대국으로 올라서는 최초의 국가가 될 것"이라고 말했다.—《중앙일보》, 2015년 9월 22일.

의 한반도 진출을 엄청난 민족의 수치로 느꼈다.

이후 한국전쟁 때 이승만이가 하는 짓을 보니, 지배자들이란 본시 그런 것인가 싶었다. "뭉치면 살고 흩어지면 죽는다"며 평상시에는 그렇게 나라니 민족을 떠들던 이승만이가 정작 위기에 처하니 일본으로 날아가 맥아더의 치마 속으로 들어가더니만 국군통수권을 맥아더에게 상납하는 등 나라와 민족을 헌신짝 버리듯 버리는 꼴을 보며, 위기에 처하면 민족을 지키는 것은 민중이고 잘 먹고 잘 사는 지배자들은 민족의 이익을 강대국에게 갖다 바치는 것임을 보게 되었다.

나는 한국전쟁에 가담한 '식민지 세대'들을 원망할 수 없다. 내가 아버님 산소에 찾아가 왜 한국전쟁의 비극에 가담했냐고, 왜 징용에 끌려갔냐고 항의할 수 없는 노릇이지 않는가. 부모님들은 그런 역사를 우리에게 물려주었고, 지금 우리에게 필요한 것은 이 역사적 과제를 극복하는 일이다. '모래시계 세대'는 그 비극의 역사 속에서 태어난 대한민국의 독재자들을 몰아내는 일을 했다. 이제 살날이 많지 않았다. 어서 휴전협정을 폐기하고 평화협정을 맺도록 하자. 어서 DMZ의 철조망을 거두어내자. 이 일이야말로 우리에게 남은 마지막 역사적 과제가 아닌가.

철학,
광장에 가다

나의 고백

30년 후

이제 우리는 인생을 정리하고 후대에게 열쇠를 넘겨주어야 할 나이다. 여기서 또 30년의 세월이 흐르면 우리의 몸은 흙으로 돌아가 있을 것이다. 정의로운 세상을 만들기 위해 젊은 시절을 불처럼 살았으니 한 점 후회 없다.

30년 전 우리는 '독재 타도'를 부르짖으면서 시위를 했다. 전투경찰의 페퍼포그에 맞서 화염병을 던지는 것이 하루의 일과였다. 독재정권을 몰아내고 민중이 주인 되는 사회를 만드는 것이 내 청춘의 과제였다. 30년 후 우리의 젊은이들은 무엇을 하고 있을까?

내일의 일도 모르는 인간이 미래를 예측한다는 게 가당치도 않지만, 가만히 생각하면, 확실한 이야기 한두 가지는 할 수 있을 것이다. 나는 생각한다. 30년 후 우리의 후대는 '성장하지 않는 경제'에서 살고 있을 것이다.

낮이 가면 밤이 오고, 여름이 가면 겨울이 온다. '성장의 시대'는 가고 '성장하지 않는 시대'가 오는 것은 자연의 섭리이다. 이미 선진국의 경제는 제로 성장의 시대를 향해 진입했고, 한국 경제 역시 조만간 제로 성장의 시대로 진입할 것이다. 인간의 삶이나 자연계를 보더라도 성장은 특정 시기 일어나는 현상이지 천년만년 지속되는 현상은 아니다.

우리는 성장의 마약을 먹으며 살아온 것인지도 모른다. 이제 마약 중독으로부터 벗어날 때가 되었다. 성장을 멈추면 나라 경제가 파탄 날 것처럼 떠드는 경제학자들이 있다. 성장은 멈춘다. 우리가 해야 할 일은 지난 40년 성장의 시대 속에서 배태시켜온 사회적 모순들을 직시하고 이 모순들을 슬기롭게 풀어나가는 일이다.

나는 가끔 강연회의 연사로 불려나가 청중들로부터 '당신이 생각하는 정의로운 사회는 무엇인가'라는 질문을 받는다. 그때마다 나는 주저 없이 '주 3일 노동하는 사회요'라고 답한다. 주 3일 노동은 내가 오랫동안 붙들어온 '정의로운 사회의 이데아'이다.

태고 적부터 인간은 자신의 생존에 필요한 재화를 생산했다. 자신의 삶에 필요한 재화를 의식적으로 만들어내는 것, 즉 노동은 인간 역사의 제1전제이다. 그런데 기쁨의 원천이어야 할 노동이 인간의 삶을 고역에 빠뜨려온 게 지난 인간 역사의 실상이었다. 적당한 노동은 행복한 삶의 필수조건이지만 과도한 노동은 삶을 피폐하게 만든다. 생존하기 위해 요구되는 노동을 '필연의 노동'이라 하고, 창조적 활동에 투여되는 노동을 '자유의 노동'이라 하자. '필연의 노동시간'은 줄이고, '자유의 노동시간'은 늘려야 한다.

주 3일 일하고도 경제가 돌아갈까 우려하는 경제학자들이 많을 것이다. 현대의 과학기술이라면 주 3일 일하고도 필요한 의식주를 충분히 생산할 수 있으리라 나는 확신한다. 이렇게 놀라운 수준으로 발달한 과학기술을 갖고 주 3일 일하는 사회를 만들지 못하는 것은 우리의 무능력[1]이다. 세계에서 가장 자유롭고 평등한 나라 네덜란드는 이미 주 33시간 노동을 구현하고 있다. 진보는 확산된다. 주 3일 노동은 역사의 필

연이다.

한국 경제는 일인당 GDP 3만 달러의 시대를 향해 나아가고 있다. 조만간 주 4일 노동제의 도입이 여론의 화두로 오를 것이다. 일자리를 공유하지 않으면 비극은 불가피하다.[2] 왜 젊은이들의 눈빛이 불안한가? 실업과 그로 인한 취업 경쟁 때문이다. 사람으로 태어나 일하는 것은 인간의 본성적 요구인데, 왜 일자리가 없어 고통을 당해야 하는가? 일자리를 나누지 않기 때문이다.[3]

질 높은 교육을 받고 양질의 의료를 받는 것이 선진국이다. 한국이 선진국으로 가려면 좋은 교육과 좋은 의료의 혜택을 누려야 한다. 그러려면 교육 종사자의 수[4]를 늘려야 한다. 교사의 근무 환경이 교수처럼 연구하면서 가르칠 수 있도록 되어야 한다. 의사와 간호사의 수도 턱없이 적다.[5] 한국의 간호사들은 선진국에 비해 두 배 이상의 과다 노동에 시달리고 있다. 교육과 의료에 종사하는 사람들을 대폭 증원하여, 수준 높은 교육을 받고 양질의 의료를 받는 것이 우리 사회가 나아가야 할 방향이다.

야스퍼스가 말한 '축의 시대'[6]를 생각한다. 왜 기원전 6세기와 5세기에 공자와 석가와 소크라테스가 동시에 출현했을까? 경제적 차원에서 접근하면 '축의 시대'는 성장의 시대였다. 철기의 보급으로 생산력이 올라가고 재화를 둘러싼 인간의 다툼이 노골화되던 시기, 역사는 인간의 탐욕과 그로 인한 비극을 어떻게 다스려야 할지 답을 찾는 현자를 불러내었다.

"나에게 보물이 셋 있으니 첫째는 검소요, 둘은 자애요, 셋은 천하의 선두에 굳이 나서지 않는 것이다"라고 노자는 말했다. '탐욕과 성냄과 어리석음'을 버리고 '자비'의 삶을 살 것을 석가모니는 가르쳤으며, '인'

과 '안빈낙도'의 삶을 공자는 강조했다. "필요로 하는 것이 가장 적은 사람이 가장 부유한 사람"이라고 소크라테스는 말했고, 예수는 무소유와 사랑을 가르쳤다.

이제 우리는 과욕을 버리고 검소를 실천할 때가 되었다. 무한경쟁의 광기에서 벗어나 어려운 이웃을 돌보며 사는 '연대의 삶'[7]을 실천하자. 인간의 모든 소중한 가치를 희생하면서 오직 성장을 위해 자원을 총동원했던 한 시대와 이별하자. 성장의 시대는 가고 있다. 지금은 성숙의 시대를 맞이할 때이다.

우리는 어떻게 사는 것이 훌륭한 삶인지 저마다 행복한 삶에 대한 철학을 가져야 한다. 행복은 인간의 본성을 충실하게 실현하는 곳에 있다고 나는 생각한다. 인간은 노동하는 존재이다. 창조적 활동을 하는 곳에 기쁨의 원천이 있다. 인간은 사회적 존재이다. 나누고 도우며 사는 곳에 즐거움의 원천이 있다. 또 "인간은 본성적으로 알고자 하는 욕구를 지닌다"라고 아리스토텔레스는 말했다. 지난 역사 속에서 현자들이 발견한 '정신의 보물'을 음미하며 사는 것이야말로 높고 깨끗한 삶의 비결이다. 호메로스의 시를 읽고, 플라톤의 철학을 논하고, 공자의 고뇌와 장자의 자유를 음미하고, 두보와 소동파의 시심을 공유할 수 있다면, 지난 20세기 식민지 통치하에서 나라의 주권을 찾기 위해 목숨을 잃고 군사독재하에서 투옥되고 고문당했던 선배들의 희생, 그 '수고의 열매'를 맺게 되는 것이 아닐까 나는 생각한다. '시와 철학'의 시대[8]가 저만치에서 우리를 손짓하고 있다.

—『철학의 신전』(생각정원, 2015)에 발표.

불의한 삶은 살고 싶지 않은데…

저는 그러한 비겁하게 불의의 편에 있는 어른이 되고 싶지 않은데,

그러지 않기 위해서 제가 해야 할 것은 무엇일까요?

나도 이 문제 때문에 감옥에서 많이 고뇌했습니다. 어떻게 살아야 하는 가? 짧은 인생입니다. 의미 있는 성취를 이루는 것도 쉽지 않으나, 이름 석 자 더럽히지 않고 사는 것도 무척 힘든 일입니다. 젊은이가 기성세 대를 비판하는 것은 그들의 권리입니다. 부패하고 타락한 늙은이들을 비판하는 것은 당연한 일입니다. 그런데 그 젊은이가 청년 시절의 기개 를 잃지 않고 맑고 깨끗하게 늙어가는 것은 아주 드문 일입니다.

세 가지를 말씀 드립니다. 첫째, 사욕을 버리는 훈련을 해야 합니다. 공익 앞에서 사익을 양보하는 훈련 말입니다. 무소유는 좀 비현실적입 니다. 자발적 가난이라는 말이 있습니다. 삶에서 꼭 필요한 것 말고는 비웃어버릴 수 있는 용기·지혜·습관이 요구됩니다. 저는 지금껏 'No Car, No Phone'으로 살아갑니다.

둘째, 어렵게 사는 이웃, 약자를 돕는 훈련을 해야 합니다. 이웃을 돕 는 봉사야말로 사회적 존재인 인간에게 둘도 없는 기쁨의 원천입니다. 농촌에 사는 내 후배는 밤 아홉 시에, 혼자 사는 아주머니가 감기약 좀 사달라고 부탁하면 바로 시내에 나가 감기약을 사다 드립니다. 조그만

봉사가 여러분의 영혼을 맑게 키워줄 것입니다.

셋째, 인간의 정신은 물과 같아서 흐르지 않고 고이면 썩습니다. 금방 썩습니다. 물은 흘러야 합니다. 정신은 끊임없이 새로워져야 합니다. 아리스토텔레스에 의하면, 앎은 인간의 본성입니다(Men have, by nature, the desire to know). 새로운 것을 깨달을 때 인간의 영혼은 들뜨게 됩니다. 세계에 대한 비판적 의식을 놓치지 말아야 하며, 의문을 제기하고 답을 찾아가는 지적 탐구를 계속해야 합니다.

—2016년 12월

함께 읽는 고전

적벽부(赤壁賦)

— 소동파

임술년 가을, 칠월 보름 다음 날,

나(蘇子)는 손님과 더불어 배를 띄워 적벽 아래에서 노니는데

맑은 바람 고요히 불어오고, 물결은 일지 않더라.

술을 들어 손님에게 권하며 명월(明月)의 시를 읊고 그윽한(窈窕) 문장을 노래하노라.

……

이는 조조의 시가 아닌가요?

서쪽으로 하구를 바라보고, 동쪽으로 무창을 바라보니,

산천은 서로 엉겨, 울창하고 푸르디 푸르네.

이곳은 조조가 주유에게 곤욕을 치른 데가 아닌지요?

바야흐로 형주를 격파하고, 강릉으로 내려와, 순풍을 타고 동으로 흘러가니,

......

일엽편주를 타고 조롱박 술잔을 들어 서로 권하고 있음에,

천지간의 하루살이요, 드넓은 바다 가운데의 한 알 좁쌀이지요.

우리네 수유처럼 자나는 인생이 슬프고, 장강(長江)의 한없음이 부럽구료.

......

내가 말했다. "손님도 저 강물과 달을 아시지오?

강물은 이렇게 흘러가고 있으니 일찍이 지나간 바 없고,

달은 차고 비움이 저와 같으나, 그럼에도 줄거나 늘어나지 않지요.

무릇 변한다는 데서 보면 천지에 일찍이 한순간도 변하지 않음이 없으며

변하지 않음에서 보면 만물과 내가 모두 무한하지 않음이라.

또 무엇을 부러워하리요.

무릇 하늘과 땅 사이에는 만물에 각기 주인이 있어,

진실로 내 소유가 아니면 비록 터럭 하나라도 취할 수 없음이라.

오직 강 위의 맑은 바람과 산속의 밝은 달은,

귀로 들으면 음악이 되고 눈으로 만나면 빛을 이루나니,

이를 취하여도 금함이 없고 아무리 써도 마르지 않으니,

이는 조물주의 무궁무진한 보물이요.

나와 그대가 함께 누릴 즐거움입니다."

촛불에 바란다

주 3일 일하는
사회를 만들자

실업과 시험 사이에서 우리 청년들이 죽어가고 있다. 25만 명이 공무원
시험에 몰렸다. 경쟁률이 50대1이다. 한 명의 합격자를 위해 49명이 낙
오자가 되어야 하는 이것은 시험이 아니다. 죽음이다. 그래서 '이번 생
은 망했다'고 청년들은 절망한다. 내가 만난 모든 청년들이 우울하다.
당신 자식만 우울한 게 아니다. 나의 자식도 그렇다.

1 서울의 아파트 한 채가 평균 5억 원이다. 30세에 결혼하면 55세까지
  매년 주택구입비로 연간 2천만 원을 지급해야 한다. 대한민국의 땅
  을 밟고 다닌다는 이유로 우리의 청년들은 집의 노예가 되었다. 아
  이를 낳을 경우 대학 졸업까지 양육하려면 두 아이에게 5억 원이 소
  요된다. 두 아이를 키우기 위해 부부가 55세까지 매년 양육비로 연
  간 2천만 원을 지급해야 한다. 지금 대한민국은 재벌과 건물 소유주,
  CEO 임원 등 20만 명의 졸부들의 나라이다. 교수, 교사, 의사, 약사,
  간호사, 공무원, 대기업 정규직의 경우 겨우 견딜 수 있다. 나머지
  90%는 희망이 없다.

2 비정규직 노동자가 600만 명이고 '사실상의 청년실업자'가 400만 명이다. 어떻게 할 것인가? 대통령마다 일자리를 만들겠다고 공약을 내놓았다. 다 입바른 소리였다. 언 발에 오줌 누기, 그만하자. 이대로 청년들을 사지로 내몰 셈인가? 이것이 우리의 문제의식이다.

3 생각해보자. 한 사회에서 5명은 하루 8시긴 진골을 빼며 과다 노동에 시달리고 있고, 5명은 일자리가 없어 탱자탱자 놀고 있다. 어떻게 할까? 간단하다. 10명이 다 같이 4시간씩 일하면 된다. 과다 노동에 시달리던 노동자들은 '저녁이 있는 삶'을 누리게 되고, 일자리가 없어 절망했던 청년들은 이제 살아야 할 이유를 찾는다.

4 잠깐, 임금노동자가 나는 직장이 있다며 안도의 숨을 쉬면 곤란하다. 높은 실업률은 현직 노동자의 임금 수준을 하향 압박한다. 갖다 쓸 노동자가 넘고 차 있는데 임금을 올려줄 이유가 없잖은가? 오늘 저임금노동자가 1000만 명을 상회하는 것이나 '사실상의 실업자'가 400만 명에 육박하는 것은 톱니바퀴처럼 맞물려 나타나는 경제 현상이다. 실업자는 임금노동자와 같은 운명 공동체이다. 두 손을 잡고 연대해야 한다.

5 시장을 부정하는 것은 아니다. 시장은 있어야 한다. 상품의 가격은 시장의 수요와 공급에 맡겨야 한다. 그런데 노동력의 수급을 시장에게 일임했을 때, 시장은 특정의 호황기를 제외하고 일반적으로 실업을 양산한다. 시장의 실패다. 여기에 정부가 존재할 이유가 발생한다. 일자리의 문제를 시장에게 일임하지 않고 정부가 책임지는 것,

완전고용은 복지국가의 첫째 과제다.

6 자, 2천만 명의 임금노동자가 주 5일 일하고 있다고 하자. 그런데 500만 명의 청년들이 취업을 하지 못하고 경제활동 밖에서 서성이고 있다. 어떻게 하면 좋은가? 간단하다. 2500만 명이 다 같이 주 4일 일하면 된다.

7 한국노동사회연구소의 연구[1]에 따르면 연장근로를 주 12시간만 허용할 경우 주 52시간 상한제를 전면 적용하면 59만~77만 개의 새로운 일자리가 만들어진다고 한다. 일자리를 나누자는 거다.

8 내가 구상하는 '주 3일 일하는 사회'는 '주 4일 노동과 주 2일 노동'이 공존하는 사회이다. 주 4일 노동은 정규직이고, 주 2일 노동은 파트타임 노동이다. 단, 조건이 있다. 동일노동·동일임금의 원칙을 준수한다. 주 4일 일하는 사람이 연봉 4천만 원을 받을 경우 주 2일 일하는 사람은 연봉 2천만 원을 받는다.

9 제조업의 경우 주 4일 노동으로 운영하면 공장을 계속 돌리기 위해 주 2일 파트타임 노동자를 대거 필요하게 될 것이다. 학교의 경우 상당수의 보조교사를 파트타임 교사로 채용할 수 있다. 병원의 경우 상당수의 간호사를 파트타임 간호사로 채용할 수 있다.

10 단, 조건이 있다. 주 3일 일하는 사회가 가능하려면 생계비를 최소화해야 한다. 먼저 주택 구입비가 최소화되어야 한다. 아파트 건축비

는 평당 500만 원이다. 정부는 20평짜리 신혼주택을 1억 원에 공급해야 한다. 다음으로 양육비가 최소화되어야 한다. 사교육비가 없어야 한다. 따라서 대학 입시를 폐지하는 거다.

11 주 2일 파트타임 노동자에게 연봉 2천만 원을 지급할 능력이 없는 영세 상공인이 많다. 이 경우 부족분은 정부가 보전한다. 최저임금 1만 원을 실현하는 것이 우리 사회의 당면 과제이다. 대기업은 사내 유보금 700조 원을 창고에 축장하고 있으나, 자영업자를 위시한 영세 상공인은 부채 투성이다. 지불능력이 없는 영세 상공인 밑에서 일하고 있는 저임금노동자의 경우 최저임금 시급 1만 원의 부족분을 정부가 보전해야 한다. 우리 사회에서 일하는 모든 사람이 최소 연봉 2천만 원을 받도록 하자.

12 주 3일 일하는 사회는 사회적 생산을 세대 간 분업에 의존하는 사회이다. 가계를 책임지지 않는 미혼의 청소년은 생활비 부담이 적다. 마찬가지로 자식을 다 키운 60대의 경우도 생활비 부담이 적다. 하지만 일자리는 필요하다. 20대의 청소년과 퇴직하여 일이 없는 60대의 노인들에게 주 2일의 파트타임을 맡기는 거다. 결혼을 하여 가계를 책임지는 30~50대의 장년들에게 주 4일 노동을 맡긴다.

13 주 3일 일하는 사회는 자신의 노동시간을 자유롭게 선택할 수 있는 사회이다. 주 4일 일하는 장년들도 여건만 되면 주 3일 노동 혹은 주 2일 노동을 선택할 수 있다. 주 2일 노동하고, 주 5일 자유로운 활동을 하며 사는 것이 우리의 희망이다.

14 '동일노동·동일임금'의 원칙이 준수된다면 파트타임도 나쁘지 않다. 네덜란드는 파트타임의 천국이다. 12시간 이하 근무하는 사람도 있고, 12~19시간, 20~27시간, 28~34시간 등 파트타임은 다양하다. 2000년부터는 '노동시간 권리법'이 시행되면서 모든 노동자는 자신의 노동시간을 단축할 수 있는 권리를 갖는다.

15 왜 노동시간은 단축되어야 하는가? 노동시간의 단축은 세계사적 법칙이다. 인류 역사에서 잔혹할 정도로 과도한 노동, 장시간 노동을 강제한 생산체제는 자본주의이다. 산업혁명 초기 노동자들은 하루에 12시간 이상 공장에서 착취를 당했다. 8시간 일하는 세상에서 살고 싶다고 외친 것은 1886년 5월 1일이다. 잠시 노동시간이 단축되어온 지난 역사를 살피자.

- 1516년 『유토피아』에서 하루 6시간 노동을 제안한 이는 토머스 모어였다.
- 1817년 산업혁명의 초기 로버트 오웬이 하루 8시간 노동을 정식화했다.
- 1847년 아동노동과 부인노동을 하루 10시간으로 제한하는 법이 영국에서 제정되었다.
- 1848년 12시간 노동제가 도입되었다. 당시 평균 노동시간은 하루 14~16시간이었다.
- 1866년 마르크스가 이끄는 국제노동자협회에서 하루 8시간 노동일을 정식 채택했다.
- 1886년 5월 1일 미국노동연맹이 8시간 노동을 요구하는 총파업에 돌입했다. 200여 명의 파업 노동자가 총과 폭탄에 사망했다.
- 1889년 인터내셔널은 5월 1일을 노동자 단결의 날로 지정했다.
- 1917년 러시아 혁명 직후 8시간 노동제가 선포되었다.

- 1919년 국제노동기구(ILO)의 첫 총회는 8시간 노동제를 채택했다.

- 1936년 프랑스에서 8시간 노동제가 실시되었다.

- 1938년 독일과 미국에서 8시간 노동제가 정착되었다.

- 2000년 프랑스, 스위스, 네덜란드 등에서 주 35시간 노동제를 채택하다.

1866년 8시간 노동제를 주장한 후 100년도 되지 않아 8시간 노동제가 실시되었다. 노동시간의 단축은 세계사의 필연이다. 주 3일 노동제는 몇 년이 걸릴까?

16 왜 노동시간은 단축되어야 하는가? 노동시간의 단축은 생산성 향상의 정당한 귀결이다. 미국의 경우 1950년대와 1980년대 사이에 생산성이 네 배 올랐다. 1950년대 50시간을 투입하여 만든 물건을 1980년대 12시간으로 만들고 있다. 한국의 경우 1980년대와 2000년대 사이에 생산성이 일곱 배 신장했다. 1980년대 생산성이 30이던 것이 2000년대 200으로 신장되어있다.

생산성의 증대가 노동시간의 단축으로 이어지지 않는다는 것은 노동자가 창출한 가치가 노동자가 아닌 사람에게 흘러가는 것을 말한다. 생산성의 증대가 노동시간의 단축으로 이어지지 않는다는 것은 그만큼 많은 노동자가 생산의 영역에서 축출될 수 있음을 의미한다. 생산성이 두 배 신장되면 노동시간이 절반으로 줄어야 한다.[2] 그렇지 않으면 노동자의 절반이 해고된다.

17 왜 노동시간은 단축되어야 하는가? 그것은 정보화·자동화 시대의 거부할 수 없는 요구이다. 전 국제기계협회의 회장이었던 윈피싱어는 말한다. "향후 30년 이내 세계 전체 수요에 필요한 재화를 생산하

는 데 있어서 현 세계 노동력의 단지 2%만 필요하게 될 것이다."

18 왜 노동시간은 단축되어야 하는가? 과학 연구에 의하면 인간 지적
노동의 적정 시간은 주 3일이다. 호주 멜버른 대학의 응용경제학 사
회연구소가 실시한 결과에 따르면 근로자의 인지능력이 주 25시간
근무까지는 상승하지만, 그 이후에는 떨어진다고 한다.[3] 40세 이상
은 주당 근로시간 20~30시간이 이상적이다. 전문가들은 4차 산업
혁명이 진행되면 근무시간 및 근무일이 점차 축소될 것으로 예상한
다. 로봇 및 인공지능 등의 확산으로 장시간 노동 대신 지식 기반의
창의적 노동이 더욱 중요해진다는 의미다.

19 일본이 바뀌고 있다. 일본에서 1주일에 4일만 일하는 '주 3일 휴무
제' 도입 기업이 급속히 늘어나고 있다. 대기업 중 주 3일 휴무제를
시행하고 있는 대표적인 기업은 일본 KFC 홀딩스이다. 켄터키프라
이드치킨 점포를 운영하는 일본 KFC 홀딩스는 2016년부터 3일을
쉴 수 있는 제도를 도입했다. 주당 근무시간을 20시간으로 줄이고
희망하는 날에 쉴 수 있다. 의류매장 유니클로를 운영하는 패스트리
테일링도 주간 휴일 3일 선택제를 시행 중이다. 정보통신기업인 야
후도 곧 같은 제도를 도입한다.[4]

20 2015년 독일 노동시간은 OECD 국가 중 가장 짧다.[5] 1371시간이다.
한국은 2113시간이다. 독일과 한국은 742시간 차이가 난다. 742시
간은 1일 8시간 노동할 경우 약 93일에 해당한다. 결과적으로 한국
사람들은 독일 사람들보다 1년에 3달 넘게 더 일하는 셈이 다. 실질

적으로 독일은 이미 주 3일 노동을 실현하고 있다.

21 한국 사회의 합의된 노동시간 단축 목표는 '2020년까지 연간 1800시간' 수준이다. 향후 400시간이 넘는 노동시간을 줄여야 한다. 박근혜 후보는 대선 당시 '2020년까지 OECD 수준으로 노동시간 단축'을 공약했다. 당시 문재인 후보도 'OECD 회원국 평균 수준으로 실노동시간 단축'을 공언했다. 노사정위원회 또한 수차례에 걸쳐 '2020년까지 연간 1800시간대로 노동시간 단축'에 합의한 바 있다.

22 필요로 하는 것이 가장 적은 사람이 가장 부유한 사람이라고 소크라테스는 말한 적이 있다. 우리는 너무 바쁘게만 살아왔다. 일중독 환자(work holic)의 삶은 결코 정상인이 가야 할 삶은 아니다. 적당한 노동은 행복한 삶의 필수조건이지만 과도한 노동은 삶을 피폐하게 만든다. 충분한 여가시간의 확보가 절실히 요청되고 있다.

역사는 인간이 해결할 수 있는 과제만을 인간에게 제기한다. 이 과제를 남들보다 먼저 고민하는 이가 진보적 지식인이다. 지배자들이 당대의 문제를 외면하면 민중이 고통 받는다.

나는 진주민란과 동학농민을 보았다. 그때 일어선 민중은 제 한목숨 살고자 일어선 소인배가 아니었다. 모두가 세상을 바꾸자고 일어선 호민(豪民)이었다. 전 세계 어느 나라에서도 찾아볼 수 없는 역동적 역사, 역동적인 민족이 있었다. 평시에는 제 잇속만 차리는 것으로 알았던 그 어리숙한 민중이 한번 일어서니, 화산이 되고 해일이 되어 못된 세상을 휩쓸어버렸다. 우리 민중에겐 그 힘이 있다.

망월동에서

2016년 12월 17일, 나는 한 선배의 기일을 맞이하여 망월동 국립묘지에 갔다. 그날 태양은 묘지를 따스하게 비추고 있었다. 많은 인사들이 왔다. 박원순 서울시장도 오고, 이종수 전 KBS 이사장도 오고, 이현배와 신철영, 조성우와 강영원, 김주언과 문국주도 오고.

우리들은 먼저 간 이를 추억하며 덕담을 나누었다. "선배님의 큰 그릇을 다시금 느낀다"고 말한 이는 박원순이었고, "나병식이 추진하면 거부할 수가 없었다"고 말한 이는 이종수였으며, "나병식과 함께 평생을 살았다. 보고 싶다"고 말한 이는 정찬용이었다. 이날은 1974년 민청학련 사건에 연루되어 스물다섯 젊은 나이에 사형선고를 받은 이, 나병식의 기일이었다.

"얘가 말이야, 젊은 나이에 말이야, 대장암으로 타계를 했어. 젊은 놈이 말이야." 누군가 보았더니, 목청을 높인 분은 민청학련의 좌장 이현배였다. 허허. 내가 보기에 다들 같이 늙어가는 나이인데, 칠순을 바라보는 나병식이 이현배에겐 어린 후배였나 보다.

예전엔 죽음이 낯설었다. 윤상원과 김남주, 박효선과 윤한봉을 망월동에 묻을 때 나에게 죽음은 먼 것이었다. 요즘엔 죽음이 가깝게 느껴진다. 얼마 후면 나도 망월동에 묻힐 것이다. 나는 가끔 내가 묻힐 곳에 혼자 와 생각에 잠긴다. 삶이란 추억의 홑옷 몇 벌 남기는 것인가? 사람은 가고 추억의 사진 몇 장 남기는가 보다.

유독 병식 형은 어떤 이미지만 남기고 갔다. 형은 만나면 열정적으로 시국을 논했다. 무슨 말을 했는지 기억이 나지 않는다. 내가 기억하는 것은 형의 말이 아니라 그 말투다. 안경 너머 이글거리는 눈빛, 다 토해 내지 못한 분노, 쩌렁거리는 고성, 어떻게 말로 표현할 수 없는 열정적인 어떤 것, 거대한 어떤 것을 이미지로 남기고 갔다. 그래서 "내 머리에 남아 있는 형의 이미지는 항공모함이다"라는 양춘승의 회고에 나는 동의한다.

형은 학창 시절 몹시 술이 고팠다고 한다. 형은 후배들을 만나면 자신의 원을 풀고 싶었나, 만나면 술집으로 데려가 삼겹살을 먹였다. 그냥 보내주지 않았다. 다시 맥주를 박스로 시켰다. 밤 12시가 넘어도 보내주질 않았다. 새벽 5시가 되면 해장국 집을 찾아 어슴푸레한 여명의 길거리를 헤매는 것이 우리의 관례였다. 다시 고양에 있는 자택으로 갔다. 바둑판을 꺼낸다. 한 판만 더 두지? 끝이 없었다. 돌이켜 생각하니 병식 형은 애정이 참 많은 분이었다. 고은 시인은 형을 이렇게 기억했다.

전봇대 키/ 도수 높은 안경이면 되었다/ 거기다가/ 숨차며 말 이어가면 되었다// 서울대 사학과 학생이었다가/ 민청학련 사건 사형짜리/ 몇 차례나 감옥에서 나오면/ 마늘장수도 하고/ 아버지와 아들 사이도 속인다는/ 꿀 장사도 하고/ 그러다가 양복점 풀빛도 차려 보았다/ 그러다가/ 출판사 풀빛 차려/ 이 책/ 저 책을 내어/ 그 책더미 속에서/ 숨차며 말 이어가면 되었다…(고은,『만인보』 11권, 창비, 1996, 62쪽).

나는 지난 1980년대 생활이 궁할 때 나병식 선배를 찾아가 번역감을 얻어다 입에 풀칠을 했다. 노동자가 되어 살겠다고 공장에 나가 일하지만 공장 월급으로는 생계를 이을 수 없었다. 형이 은평구 역촌동에서 풀빛출판사를 운영하던 시절이었다. 교수들 원고료는 주지 않으면서 우리들 원고료는 꼭 챙겨주었다.

박현채 선생의 이름으로 출간된 『경제학 사전』은 사실 내가 번역한 책이다. 서울의 낙골에서 야학을 하면서 벗들과 함께 번역했다. 일본 오츠키쇼텐(大月書店)의 『경제학 사전』을 번역했던 것 같다. 그 번역료가 지금은 난곡교회가 되어 있다. 『유럽노동운동의 비극』을 번역한 역자 황인평도 나의 필명이다. 또 나는 『노동가치론의 역사』를 번역했는데, 역자는 김제민으로 되어 있다. 그땐 입에 풀칠하기 위해 뛰어든 번역 일이었다. 나중에 공부를 해보니 번역은 연구 활동의 토대였다.

이 책으로 풀빛풀판사와 다시 인연을 맺게 된다. 이제는 실명을 밝힐수 있어 그 감개가 자못 크다. 선배와 내가 뚫고 온 그 모진 세상은 가고, 어서 새 세상이 오길 빈다. 촛불에게.

2017년 5월
빛고을에서
황광우 씀

● 참고문헌 ●

- 국회예산기획처,『2003년도 세입 세출 결산 분석』

- 국회예산기획처,『2003년도 기금 결산 분석』

- 고용노동부,『2010 고용노동통계연감』

- 곽정수,『재벌들의 밥그릇』, 홍익출판사, 2012.

- 김상조,『종횡무진 한국경제』, 오마이북, 2012.

- 김용철,『삼성을 생각한다』, 사회평론, 2010.

- 김태동,『땅』, 비봉출판사, 1989.

- 김태일,『국가는 내 돈을 어떻게 쓰는가』, 웅진지식하우스, 2013.

- 김혜진,『비정규 사회』, 후마니타스, 2015.

- 디오게네스 라에르티오스,『그리스철학자열전』, 전양범 옮김, 동서문화사, 2008.

- 민주개혁 국민연합,『한국경제 위기의 배경과 진상』, 풀빛, 1999.

- 박명섭,『교육의 배신』, 지호, 2012.

- 이원재,『이상한 나라의 경제학』, 어크로스, 2012.

- 이원재,『아버지의 나라 아들의 나라』, 어크로스, 2016.

- 이정우,『불평등 한국, 복지국가를 꿈꾸다』, 후마니타스, 2015년.

- 장하성,『한국 자본주의』, 헤이북스, 2014.

- 전강수,『부동산 투기의 종말』, 시대와 창, 2010.

- 전희식, 『소농은 혁명이다』, 모시는 사람들, 2016.
- 정기석, 『농촌마을 공동체를 살리는 100가지 방법』, 전북대학교 출판문화원, 2016.
- 제레미 리프킨, 『노동의 종말』, 이영호 옮김, 민음사, 1996.
- 제레미 리프킨, 『유러피언 드림』, 이원기 옮김, 민음사, 2005.
- 카렌 암스트롱, 『축의 시대』, 정영목 옮김, 교양인, 2014.
- 크세노폰, 『소크라테스의 회상』, 최혁순 옮김, 범우사, 2002.
- 크세노폰, 『크세노폰의 향연, 경영론』, 오유석 옮김, 작은이야기, 2005.
- 클라이브 해밀턴, 『성장숭배』, 김홍식 옮김, 바오, 2011.
- 토마 피케티, 『21세기 자본』, 장경덕 옮김, 글항아리, 2014.
- 토머스 모어, 『유토피아』, 원창엽 옮김, 홍신문화사, 1994.
- 통계청, 『2011년 경제활동인구연보』
- 통계청, 『2003년 국제통계연감』
- 통계청, 『2009년 국제통계연감』
- 통계청, 『2014년 사회조사보고서』
- 통계청, 『1998년 한국의 사회지표』
- 통계청, 『2002년 한국의 사회지표』
- 통계청, 『2003년 한국의 사회지표』

- 통계청, 『2008년 한국의 사회지표』
- 통계청, 『2010년 한국의 사회지표』
- 통계청, 『2003년 한국의 사회지표』
- 통계청, 『2014년 한국의 사회지표』
- 통계청, 『2014년 한국통계연감』
- 플라톤, 『고르기아스』, 김인곤 옮김, 이제이북스, 2011.
- 플라톤, 『파이드로스』, 김주일 옮김, 이제이북스, 2012.
- 플라톤, 『국가』, 천병희 옮김, 숲, 2013.
- 황광우, 『소외된 삶의 뿌리를 찾아서』, 거름, 1984.
- 황광우, 『들어라 역사의 외침을』, 거름, 1985,
- 황광우, 『레즈를 위하여』, 실천문학, 2003.
- 황광우, 『철학콘서트』, 생각정원. 2006.
- 황광우, 『사랑하라, 소크라테스 전』, 생각정원, 2013.
- 황광우·홍승기, 『고전의 시작』, 생각정원, 2014.
- 황광우, 『철학의 신전』, 생각정원, 2015.
- 황광우, 『역사콘서트』, 생각정원, 2016.

책을 펴내며

1 프랑스의 바칼로레아에서 계열별로 주어진 철학 논제들을 소개하면 다음과 같다.
- 과학 부문: 적게 일하는 게 더 잘사는 것인가?
- 인문 부문: 욕망은 본디 무한정인가?
- 기술 부문: 정당하기 위해서는 법을 준수하는 것으로 충분한가?

2 2015년 재무제표를 집계한 결과, 한국 10대 재벌의 사내유보금은 644조 원에 달하는 것으로 드러났다. 삼성그룹 259조 원, 현대자동차그룹 138조 원, SK그룹 72조 원이다. 재벌의 부는 주체할 수 없을 만큼 쌓여가고 있지만, 오히려 대중의 빈곤은 그에 비례해 증대하고 있다. 전경련마저도 가계부채의 폭증을 '임계점에 도달'했다며 우려할 정도이다. 2015년 가계부채는 1207조 원으로 관련 통계를 편제하기 시작한 이래 최대치를 기록했다. 이것은 이미 정상적인 사회가 아니다. 이제 그 누구도 낙수효과라는 허구를 믿지 않는다.

3 2017년 4월 8일 시행된 국가공무원 9급 필기시험에 역대 최다인 22만여 명이 응시했다.

4 핀리가 쓴 『고대노예제』에 따르면, 노예의 평균 가격은 160드라크마였다. M. I. 핀리, 『고대노예제』, 김진경 역(탐구당, 1987), 26쪽. 참고로 1드라크마는 노동자 하루 일당에 해당하는 가치를 갖는 화폐 단위였다. 따라서 노예의 평균 가격 160드라크마를 오늘의 화폐로 환산하면, 대략 2000여만 원이 된다.

5 황광우, 『역사콘서트』(생각정원, 2016), 160쪽.

6 칠포세대(七抛世代)는 연애, 결혼, 출산, 집, 경력, 취미, 인간관계 7가지를 포기한 세대를 일컫는다. 현재 많은 대한민국의 20~30대의 젊은이들은 치솟는 물가, 등록금, 취업난, 집 값 등 경제적·사회적 압박으로 인해 스스로 돌볼 여유도 없다는 이유로 연애와 결혼을 포기하고 출산을 기약 없이 미루고 있다.

7 2016년 7월 27일 국회교육포럼 주최 조정래 작가 초청 토크콘서트에서 조 작가는 "암기만 시킨 교육이 서울대를 망쳤고, 그것이 대한민국도 망쳤다. 1등만 하면 되는 거라고 가르치다 보니 한 명의 엘리트를 기르기 위해 수만 명을 버리고 있다. 이게 한 국가의 교육인가"라며 쓴소리를 아끼지 않았다. 그는 자신이 서울대를 찾았던 일화를 다음과 같이 소개했다. "제가 서울대에 가서 학생들 모인 곳에서 물었어요. '너희가 머리가 좋아 서울대에 왔는데 그게 너희의 능력이라고 생각하느냐'라고. 그랬더니 90퍼센트가 손을 들어요. 아, 이 나라 망했다고 생각했어요. 그 사람들은 1퍼센트의 행운을 타고난 거예요. 재능에 대한 겸손이 없으면 인간이 아닌 거예요.'"

1 〈대한뉴우스〉 1971년 6월 26일.

2 〈대한뉴우스〉 1972년 8월 12일, '스포오츠.' "제2회 봉황기 고교 야구대회가 서울운동장에서 화려하게 개막되었습니다. 김종필 총리의 시구로 시작되었습니다. 전년도 우승팀인 휘문고와 부산 경남상고의 경기 실황입니다. 이날 경기에서 휘문고가 연장전 끝에 2:1로 승리했습니다." (이하 〈대한뉴우스〉 내용은 필자가 축약 또는 윤문함.)

　〈대한뉴우스〉 1972년 8월 26일, '스포츠.' "제2회 봉황대기 고교야구대회 결승전이 열림. 서울 배명고 대 중앙고 경기 실황. 배명고가 7대 5로 고교야구 승리."

3 〈대한뉴우스〉 1970년 4월 11일, '미스·코리아.' "한국일보사가 주최하는 1970년도 미스코리이 선발대회 실황입니다. 이날 각 도에서 뽑힌 1등 등 37명이 출전하여 저마다의 아름다움을 뽐냈습니다. 해를 거듭할수록 미스코리아대회가 수준도 나아지고 있는데 미스 유니버시아드 대회를 비롯해 6개 대회에 미의 사절로 참가하게 됩니다. 진·선·미·정·숙·현에 뽑힌 미인들입니다."

4 〈대한뉴우스〉 1970년 1월 31일, '수출목표 10억불.' "박정희 대통령은 수출진흥 확대회의를 주최했습니다. 대통령은 창의와 기술혁신으로 금년도 10억 불 달성을 당부했습니다. 수출 지원 방안을 각 부처가 일사불란하게 협의·완료하고 연간 달성목표를 그달 안에 경과 달성해서 연말에 서두르는 일이 없도록 하라고 지시했습니다."

　〈대한뉴우스〉 1972년 1월 27일, '수출은 국력의 총화.' "1972년도 제1차 수출진흥위원회 확대회의가 열렸습니다. 박정희 대통령은 '수출은 국력의 총화, 수출은 농촌 아낙네의 노동, 과학자의 기술 정부 협력체제의 종합예술이다'라고 말했습니다."

5 〈대한뉴우스〉 1970년 4월 18일, '쥐를 잡자.' "이번 쥐잡기에 사용되는 약은 진회색가루로 20그램 한 봉지씩 배당되는데 전 국민은 이에 호응해주길 바랍니다. 쥐약을 놓을 때는 먼저 주위 환경을 깨끗이 청소해서 먹이가 없도록 하고 투약 3일 전부터 약을 섞지 않은 채 약 놓을 자리에 놓아 쥐가 의심 없이 먹도록 해야 합니다. 쥐약 미끼로는 들깨, 싸래기, 밥, 옥수수, 고구마, 감자, 수수 등이 좋은데 들깨 같은 것은 약과 그대로 섞고, 고구마는 찌고, 옥수수 같은 것은 물에 담근 뒤 사용해야 합니다. 한 집에서만 놓으면 효과가 적으니 온 국민은 일제히 쥐약을 놓아야 합니다. 약을 먹고 죽은 쥐는 한곳에 모아 땅 속 깊이 묻어야 합니다."

6 〈대한뉴우스〉 1970년 5월 30일, '전국 대학 교련 실기대회.' "자주국방의 이념을 드높이는 전국 대학 교련 실기대회가 서울에서 열렸습니다. 박정희 대통령은 치사를 통해 '우리가 내세운 자주국방은 구호에만 그쳐선 안 되고 범국가적 과제인 동시에 우리의 생존과 직결된 문제라는 것을 깊이 명심하고 통일 한국의 새 역사를 개척해서 후세에 길이 기록되도록 힘써야 한다'고 강조했습니다. 이날 52개 대학에서 400여 학생들이 참석했습니다. 우리는 지금 준전시하에 살고 있으며, 북한 괴뢰는 언제 어디서 어떠한 형태의 전쟁을 도발할지 모릅니다. 현역병 못지않게 완전무장한 학생들은 각 대학별로 총검술, 재식훈련, 행군, 실탄사격을 벌였습니다."

7 〈대한뉴우스〉 1971년 10월 16일.

8 〈대한뉴우스〉 1975년 5월 17일, '국가안전, 공공질서 수호 긴급조치 9호 선포.' "국론분열과 국민총화를 저하하는 유언비어 금지, 헌법을 부정하거나 개정, 폐지 등의 거론 행위 금지, 학생의 불법집회, 시위, 정치 관여 금지, 재산의 해외 도피 금지, 공무원, 국영기업 임직원들의 부정비리 발본색원하는 등 사회 부조리의 제거, 모든 국력을 총 집결하여 북괴의 흉계에 대처한다는 것이 긴급조치의 참뜻입니다."

9 〈대한뉴우스〉 1975년 8월 2일.

10 〈대한뉴스〉 1977년 3월 30일.

11 Man will not live only by bread./Ουκ επαρτωμονωζησεται ο ανθρωπο.

12 No slave can serve two masters./Ουδει οικετη δυνατι δυσι κυριοι δουλευειν.

13 You cannot serve God and wealth./ ου δυνασθε θεωκαι μαμωνα. Luke,16:13.

14 "구하라 그러면 주어질 것이요(Ask and you will be given/ αιτειτε και δοθησεται υμιν)", "찾으라 그러면 볼 것이요(Seek and you will find/ζητειτε και υρησετε)", "두드려라 그러면 열릴 것이다(Knock and the door will be opened./ κρουετε και ανοιγησεται υμιν)."

2장

1 황광우, 『들어라 역사의 외침을』(거름, 1985), 160-161쪽.

2 같은 책, 161-162쪽.

3 1984년의 물가는 2017년의 물가와 현저하게 다르다. 당시 공장노동자의 월급은 5만~10만 원이었고, 교사의 월급이 20만 원 정도였다.

4 1978년 7월 4일 《동아일보》에 실린 관련자 명단을 정리하면 다음과 같다.

경제기획원	15명	산업기지개발공사	1명
조달청	1명	건설부	3명
외무부	13명	상공부	5명
내무부	8명	특허청	1명
재무부	2명	동력자원부	1명
국세청	3명	교통부	2명
관세청	1명	보사부	1명
법무부	검사 15명	과학기술처	4명
	행정직 2명	총무처	4명
국방부	장성 3명	원호처	1명
	영관 6명	서울시	13명
병무청	1명	주택공사	1명
총리실	3명	무역진흥공사	2명
감사원	1명	한전	2명
청와대 경호실	8명	언론기관	24명
청와대 비서실	3명	서울대 교수	5명
중앙청 본부	10명	사립대 교수	7명
국회사무처	1명	변호사	7명
은행감독원	2명	의사	13명
은행	14명	예비역 장성	6명

5 황광우, 『들어라 역사의 외침을』, 177-178쪽.

6 같은 책, 178-179쪽에서 재인용.

3장

1 염무웅·임홍배 공편, 『김남주 시전집』(창비, 2014).

2 《일요신문》, 1988년 10월 9일.

3 재벌그룹 총수 일해재단 출연 액수.

금액(원)	재벌그룹 총수
45억	정주영(현대), 박태준(포철), 이건희(삼성)
30억	김우중(대우), 구자경(럭키금성), 최종현(선경), 신격호(롯데), 조중훈(한진), 이희건(신한은행)
15억	김승연(한국화약), 김석원(쌍용), 최원석(동아건설)

4장

1 여수 U-1-1 기지공사 1189억 원: 선경 749억 원(63%), 럭키 439억 원(37%).

여수 U-1-2 기지공사 645억 원: 현대 407억 원(63%), 대호건설 238억 원 (37%)

평택 L-1 기지공사 217억 원: 한양 198억 원(98%), 삼부토건 19억 원(2%)

구리시 K-1 기지공사 111억 원: 범양 73억 원(59%), 삼성 45억 원(41%)

거제도 U-2 기지공사 852억 원: 대림 537억 원(63%), 동부 315억 원(37%)

2 《중앙일보》, 1995년 11월 5일.

3 황광우, 『사랑하라, 단 한 권의 소크라테스전』(생각정원, 2013), 103쪽.

5장

1 민주개혁국민연합, 『한국경제 위기의 배경과 진상』(풀빛, 1999), 183쪽.

2 황광우, 『사랑하라, 단 한 권의 소크라테스전』(생각정원, 2013), 104쪽.

3 크세노폰, 『향연, 경영론』, 오유석 옮김(작은이야기, 2005), 94쪽.

제2부

1장

1 이 글을 쓴 2002년의 재정 규모가 100조 원이었다. 2017년은 400조 원이 넘는다.

2 1991년부터 입주가 시작된 분당 서현동 시범단지 우성아파트의 32평형의 분양가는 5166만 원이었다. 2015년 우성아파트 32평형의 실거래 가격은 5억 8천여만 원이었다.

3 이준구 서울대 경제학부 명예교수는 2017년 3월 19일 「부동산 관련 정책에 관한 두 가지 단상」(한국경제학회, 《한국경제포럼》, 9권 4호)이라는 논문에서 정부의 부동산 정책에 대한 쓴소리를 쏟아냈다. 그는 종합부동산세의 부활을 촉구했다.

4 이 글을 쓴 2003년 노무현 정부의 재정은 200조 원이었다.

5 2003년 통합재정(중앙정부+지방정부) 227조 원. 중앙정부 162조 원, 일반회계 118조 원, 특별회계 44조 원, 지방정부 64조 원. 기획예산처 『예산개요참고자료』, 각 연도.

6 GDP가 삶의 질을 제대로 보여주지 못한다는 비판은 예전부터 있었다. 노벨 경제학상 수상자인 조지프 스티글리츠(Joseph Stiglitz)와 아마르티아 센(Amartya Sen) 등이 중심이 된 위원회는 물질적 풍요를 제대로 측정하기 위한 다양한 대안을 내놓았다. 김태일, 『국가는 내 돈을 어떻게 쓰는가』(웅진지식하우스, 2013), 229쪽.

7 플라톤, 『고르기아스』, 김인곤 옮김(이제이북스, 2011).

2장

1 경제학을 배우다 보니, 삼성경제연구소의 싱크탱크들의 강의를 자주 접했다. 삼성경제연구소의 임원을 지내신 모 교수로부터 한국경제론을 수강했고, 그분의 동북아 물류 중심 국가론을 재미있게 들은 적이 있었다. "동경과 북경 사이를 통과하는 원을 그어 보라. 희한하게도 이 원의 중심에 서울이 위치하지 않은가? 21세기 세계 경제를 주도하는 경제권은 한·중·일 동북아시아권이 될 것이다. 만일 일본과 한반도를 해저 터널로 잇고, 만일 남북을 자유로이 왕래하는 철로가 열린다면, 명실상부하게 서울이 동북아의 물류의 중심이 아니 되리라는 법은 없을 것이다. 여기에다가 한반도를 관통하는 철로가 길림

으로 북경으로, 블라디보스토크로 이르쿠츠크로 이어진다면? 부산에서 김밥 도시락 하나 챙긴 다음 모스크바로 파리로 런던으로 여행하는 시대가 불가능한 꿈만은 아닐 것이다." 이런 강의를 재미있게 들은 기억이 있다.

2 2009년 5월 27일 노회찬 의원 한양대 강연회 내용.

3 김용철, 『삼성을 생각한다』(사회평론, 2010), 147쪽.

4 같은 책, 180쪽.

5 윤석규, 「노무현의 불행은 삼성에서 비롯됐다」, 《프레시안》, 2010년 3월 17일.

6 김용철, 『삼성을 생각한다』, 44쪽.

7 같은 책, 44쪽.

8 윤석규, 「노무현의 불행은 삼성에서 비롯됐다」.

9 김용철, 『삼성을 생각한다』, 61쪽.

10 같은 책, 146쪽.

11 같은 책, 253쪽.

3장

1 삼성전자는 이사들의 보수 한도를 종전보다 160억 원 늘리기로 했다. 사내·외 이사의 보수 한도를 종전의 390억 원에서 550억 원으로 확대한 것이다. 권오현 부회장은 2015년 연봉으로 149억 원을 받았다고 한다. 《한국경제》, 2017년 3월 25일.

2 "대다수 사람들이 소득 증대를 선호할 것이고 지출 증대를 즐길 것이기 때문에 일인당 GDP는 평균적인 개인의 경제적 행복을 대변해주는 당연한 척도이다."(46쪽). 맨큐의 언급에는 신자유주의 경제학자들의 신념이 자리 잡고 있다. 생태계 악화를 비롯하여 성장으로는 치유되지 않는 온갖 사회적 문제들, 실업과 과다노동, 고용불안의 확산 등 경제성장이 유발하는 사회적 비용은 날로 늘어간다. 경제가 성장하더라도 삶의 질이 나아지지 않음을 인정하는 것은 그 자체 경제학자들에게 치명적 타격이다. 클라이브 해밀턴, 『성장숭배』, 김홍식 옮김(바오, 2011), 45-48쪽.

3 우리나라의 연간 노동시간은 2070시간으로 OECD 회원국 중 두 번째로 많다. 노동시간 단축이 세계적 추세다. 하지만 "경쟁력이 떨어진다", "많이 일해야 좋은 성과가 나온다"는 등의 검증되지 않은 가설에 매달려 여전히 긴 노동시간을 고집하고 있다. 2012년 전부터 '하루 6시간 노동제'를 시행하는 회사가 있다. 어린이책 전문 출판사인 '보리출판사'이다. 아침 9시에 출근해 오후 4시에 퇴근한다. 이 회사의 연간 노동시간은 1417시간으로, 세계에서 네 번째로 노동시간이 적은 덴마크(1414시간)와 비슷한 수준이다.

4장

1 이원재, 『이상한 나라의 경제학』(어크로스, 2012), 7-8쪽.

2 장하성, 『한국 자본주의』(헤이북스, 2014), 513쪽.

3 "대기업의 선도적 투자를 통한 성장의 과실이 중소기업과 서민으로까지 흘러넘치게 한다는 낙수효과, 유효한가"(75쪽)라고 물은 김상조는 "1997년 외환위기 이후 수출-대기업은 잘나가는데 내수-중소기업은 생존조차 힘들다. 21세기 한국 경제에서 낙수효과는 허구다'(102쪽)라고 밝혔다. 김상조, 『종횡무진 한국경제』(오마이북, 2012).

4 비정규직의 비율이 높은 산업은 숙박/음식점업(94%), 건설업(78.1%), 도소매업(77.1%), 오락/문화/운동(69.3%), 교육 서비스업(47.9%) 등이다.

5 이원재, 『이상한 나라의 경제학』, 70-71쪽.

6 곽정수, 『재벌들의 밥그릇』(홍익출판사, 2012), 25쪽.

7 같은 책, 51쪽.

8 "10대 재벌 사내 유보금은 2009년 288조 원에서 2013년 522조 원으로 4년 만에 234조 원이 증가했다." 김유선, 「한국의 임금 불평등」, 이정우·이창곤 외, 『불평등 한국, 복지국가를 꿈꾸다』(후마니타스, 2015), 157쪽.

9 곽정수, 『재벌들의 밥그릇』, 183쪽.

10 김상조, 『종횡무진 한국경제』, 184쪽.

11 같은 책, 202쪽.

12 신광영, 「한국의 사회계급과 불평등 실태」, 《경제와 사회》 59호.

13 정규직과 비정규직의 임금 격차

	총수	평균 연봉
임금노동자	1415만 명	1766만 원
정규직	631만 명	2412만 원
비정규직	784만 명	1236만 원

출처: 한국비정규노동센터, 《비정규노동》 27호.

14 통계청, 『2015년 3월 경제활동인구조사 근로형태별 부가조사 결과』, 2015.

15 김혜진, 『비정규 사회』(후마니타스, 2015), 146쪽.

16 통계청, 『2014년 한국의 사회지표』.

17 2012년 임금근로자의 사업체 규모별 구성비는, 1~4인 14.7%, 5~29인 35.8%, 30~99인 19.0%, 100~299인 13.3%, 300인 이상 17.2%이다.

5장

1 2002년 경제활동인구

	경제활동인구	실업자	임금노동자	자영업주
2001	2241만 명	84만 명	1366만 명	605만 명
2002	2287만 명	71만 명	1418만 명	619만 명

출처: 노동청, 『2003 한국의 사회지표』, 182쪽.

2 「'빚 500조' 넘어선 자영업자들 갈 곳이 없다」, 〈YTN NEWS〉, 2017년 4월 7일.

3 황광우, 『사랑하라, 단 한 권의 소크라테스전』, (생각정원, 2013), 106쪽.

6장

1 대졸자 1070명 중 74.5%가 학자금 대출을 받았으며 아직까지 1인당 평균 1445만 원에 달하는 빚을 지고 있다 한다. 이들은 매달 평균 24만 원의 대출금을 갚고 있으며, 10명 중 5명은 그마저도 갚지 못해 연체한 경험이 있다.

7장

1 김용철, 『삼성을 생각한다』(사회평론, 2010), 226-228쪽.

2 같은 책, 229-231쪽.

3 "와병 중인 이건희 삼성전자 회장이 지난해 11월 서울 장충동 고급주택가의 부동산을 사들인 사실이 밝혀졌다. 이번에 이건희 회장 명의로 구입한 부동산은 장충동 1가 101번지 단독주택으로 고(故) 이병

철 회장이 살던 110번지 저택과 북쪽 대각선 방면으로 이웃하고 있고, 107-1번지 이재현 CJ그룹 회장의 집을 내려다보는 위치에 있다. 5일 부동산 등기부등본 확인 결과 삼성그룹 오너 일가는 이건희 회장 명의로 지난해 11월 장충동 1가 101번지에 있는 1645m² 규모(497평)의 토지를 한국자산신탁주식회사로부터 350억 원에 소유권 이전을 완료했다."《조선비즈》, 2015년 1월 6일.

4 김용철,『삼성을 생각한다』, 233쪽.

5 같은 책, 244-245쪽.

6 "2006년 10월의 집값 상승은 정말 대단하다. 집값이 미쳤다고 하는 사람도 있고 '단군 이래 최대 폭등세'라고 말하는 사람도 있다." 전강수,『부동산 투기의 종말』(시대와 창, 2010), 146쪽.

7 "우리나라에서는 1960년대 말 전국 땅값 상승률이 30퍼센트를 초과할 정도로 엄청난 지가 폭등이 일어난 이후 10년 주기로 부동산 투기 광풍이 불었다." 같은 책, 36쪽.

8 김태동·이근식,『땅, 투기의 대상인가 삶의 터전인가(경실련문고)』(비봉출판사, 1990), 13쪽.

9 같은 책, 19쪽.

10 "국토개발연구원의 조사결과에 따르면, 54만 명이 전국 민유지의 65.2%를 차지하고 있다. 상위 5%는 88년 한 해 토지보유를 통해 212조 원의 70%인 148조 원 이상 더 부자가 되었다. GNP보다 더 큰 액수를 땅으로 번 것이다." 김태동·이근식,『땅, 투기의 대상인가 삶의 터전인가』, 41쪽.

11 이원재,『아버지의 나라 아들의 나라』(어크로스, 2016), 49-52쪽.

12 《이데일리》, 2017년 3월 22일.

13 "각종 부동산 규제에도 아파트값 '고공 행진'이 멈출 줄 모르고 있습니다. 서울은 아파트값이 처음으로 평균 6억 원을 돌파했습니다. 강남 3구는…11억 원에 육박하고 있습니다.…10억 원을 넘긴 건 6년 만입니다. 부동산 거품이 절정이었던 2006년 10억 4천여만 원도 넘어섰습니다.…전국 아파트값 평균도 3억 2천만 원으로, 약 3년 만에 14%나 올랐습니다.…" YTN 뉴스, 2016년 10월 19일.

14 「집값 35% 뛴 강남아파트, 전국 상승액 13%나 챙겼다」,《경향비즈》, 2017년 2월 10일.

제3부

1장

1 플라톤,『국가』, 천병희 옮김(숲, 2013), 384쪽.

2 같은 책, 386쪽.

2장

1 《오마이뉴스》, 2009년 5월 16일.

3장

1 박명섭,『교육의 배신』(지호, 2012), 45쪽.

2 "정부연구기관 발표에 따르면 초중고생 사교육비 지출액은 2010년 20조 9000억 원이었다. 현대경제연구원은 2006년도 사교육비를 33조 5000억 원으로 추정했다." 김태일,『국가는 내 돈을 어떻게 쓰는가』(웅진지식하우스, 2013), 227쪽.

3 2010년 학급별 학생 수를 보면, 초등 26.6명, 중등 33.8명, 고등 33.7명이다(통계청,『2014년 한국의 사회지표』).

4 토머스 모어,『유토피아』, 원창엽 옮김(홍신문화사, 1994), 31쪽.

5 같은 책, 35쪽.

6 같은 책, 39쪽.

7 같은 책, 70쪽.

8 같은 책, 90쪽.

9 같은 책, 91쪽.

10 황광우, 『사랑하라, 단 한 권의 소크라테스전』(생각정원, 2013), 131쪽.

4장

1

연도	취업자 수	연령(각 연령이 차지하는 비율)					
		10대	20대	30대	40대	50대	60대 이상
1965	474만 명	14.2	25.8	22.1	19.3	13.6	5.0
1975	533만 명	11.5	17.7	20.9	22.1	18.0	8.6
1985	373만 명	1.8	13.4	18.2	26.2	24.8	15.1
1995	254만 명	0.2	3.3	12.8	19.8	27.9	36.1
2000	228만 명	0.2	2.4	8.3	17.9	25.5	45.7

출처: 고등학교 『사회문화』, 법문사, 107쪽.

2 "18~50세의 청장년 10만 명에게 5년 이상 150만 원씩 월급을 지급하는 '청년 공익 영농 요원제'는 어떤가. 다음으로 소득 인정액 하위 30%의 영세농에게, 65세 이상 고령 농에게, 각각 90만 명에게 월 50만 원씩 지급한다면 연간 5조 4000억 원이 소요된다." 정기석, 『농촌마을 공동체를 살리는 100가지 방법』(전북대학교 출판문화원, 2016), 19쪽.

3 "농민기본소득제란 농민들의 생활 안정성을 높이고 시장 구매력을 증대시키는 제도다. 여타의 소득 수준과는 상관없이 모든 농민에게 일정액을 월급처럼 지급하는 것이다.… 농민기본소득제가 실시되면 도시의 반실업 상태 청년들이 농촌으로 시선을 돌릴 것이다." 전희식, 『소농은 혁명이다』(모시는 사람들, 2016), 63~69쪽.

4 《한겨레21》 제1116호(2016년 6월 16일) 기사 참조.

5장

1 전 국제기계협회의 회장이었던 윈피싱어(William Winpisinger)는 말한다. "향후 30년 이내 세계 전체 수요에 필요한 재화를 생산하는 데 현 세계 노동력의 단지 2%만 필요하게 될 것이다." 제레미 리프킨, 『노동의 종말』, 이영호 옮김(민음사, 1996), 27쪽.

2 그동안 자살과 관련해 제대로 된 국제적 보고서는 없었으나, 2013년 세계보건기구(WHO)에서 처음으로 세계 자살 통계 보고서인 『자살예방: 전 세계적 과제(Preventing Suicide: A Global Imperative)』를 발표했다. 전 세계 66개국을 대상으로 조사한 이 보고서에 따르면, 한국은 지난 10년간 자살률이 109.4% 늘었다. 세계에서 두 번째로 높은 증가율을 보였다. OECD 국가 중 한국의 자살률은 지난 10년 동안 OECD 평균의 두 배를 넘는, 부동의 1위를 지키고 있으며 2위와의 격차는 압도적이다.

3 영국의 위대한 수학자이자 철학자인 러셀은 말한다. "누구는 하루 8시간 일하고 누구는 하루 0시간을 일할 필요 없이 모두가 하루 4시간 일을 하면 된다." 제레미 리프킨, 『노동의 종말』, 49쪽.

4 2013년 기준 교사 1인당 학생 수는 초등학교 19.6명, 중학교 18.8명, 고등학교 15.8명으로 각각 OECD 평균(15.4명, 13.3명, 13.9명)과 상당한 격차가 있다. 학급당 학생 수도 초등 26.3명, 중등 34.0명으로 OECD 평균(21.2명, 23.3명)에 크게 뒤진다. 《한국경제》, 2015년 2월 4일 기사 참조.

5 보건복지부가 분석한 OECD의 건강 데이터에 따르면 의료인력 숫자는 가장 낮았다. 우리나라 임상의

사 수는 인구 1천 명당 2.1명으로 OECD 평균인 3.2명보다 적었고, 간호사 역시 1천 명당 4.8명으로 OECD 평균의 절반 수준이었다. 보건복지부, 『OECD Health Date 2014 주요지표분석』.

6 "나는 우리가 독일의 철학자 카를 야스퍼스(Karl Jaspers, 1883~1969)가 '축의 시대(Axial Age)'라고 부른 시기에서 영감을 얻을 수 있다고 믿는다. 이 시기가 인류의 정신적 발전에서 중심축을 이루기 때문이다. 대략 기원전 900년부터 기원전 200년 사이에 세계의 네 지역에서 이후 계속해서 인류의 정신에 자양분이 될 위대한 전통이 탄생했다. 중국의 유교와 도교, 인도의 힌두교와 불교, 이스라엘의 유일신교, 그리스의 철학적 합리주의가 그것이다. 축의 시대는 붓다, 소크라테스, 공자, 예레미야, 『우파니샤드』의 신비주의자들, 맹자, 에우리피데스의 시대였다." 카렌 암스트롱, 『축의 시대』, 정영목 옮김(교양인, 2014), 2-3쪽.

7 OECD에 따르면 미국이 국내총생산의 11%만을 소득 재분배에 사용하는 반면, 유럽 국가들은 국내총생산의 26% 이상을 할애한다. 미국은 형편이 어려운 근로자들을 돕는 데 특히 인색하다. 1990년대 미국의 최저임금은 평균임금의 39%에 불과했다. EU의 경우 55%였다. 제레미 리프킨, 『유러피언 드림』, 이원기 옮김(민음사, 2005), 63쪽.

8 "나는 현대의 소크라테스가 등장하여 오늘날 세계의 정신의 방향을 바꾸어놓았으면 하고 바랍니다. 우리에게는 과학과 기술을 바르게 사용하는 정신적 힘, 예지와 선이 결여되어 있습니다. 우리는 새로운 소크라테스를 필요로 하고 있습니다." 토인비, 『토인비와의 대화』, 원창엽 옮김(홍신문화사, 1998), 136쪽.

촛불에 바란다

1 김유선, 『노동시간 실태와 단축 방안』(한국노동사회연구소, 2017).

2 "케인스는 1930년에 쓴 논문에서 경제성장 이후의 생활에 대해 주 15시간이 임금노동자의 합리적인 노동시간이 될 것이라는 생각을 밝힌 바 있다. 생산성 증대의 결실을 노동시간의 단축으로 실현한다고 가정하면 50년 이내에 현행의 소득 수준을 유지하면서도 노동시간을 주당 40시간에서 15시간으로 줄일 수 있다." 클라이브 해밀턴, 『성장숭배』, 김홍식 옮김(바오, 2011), 313-314쪽.

3 기사 원문: http://www.bbc.co.uk/news/business-36069754

4 《중앙일보》, 2017년 1월 19일.

5 《세계일보》, 2017년 1월 30일.